2019 上海民营经济

SHANGHAI MINYING JINGJI

上海市工商业联合会
上海市发展和改革委员会
上海市市场监督管理局
上海市统计局
上海市民营经济研究会

复旦大学出版社

主办单位

上海市工商业联合会

上海市发展和改革委员会

上海市市场监督管理局

上海市统计局

上海市民营经济研究会

《2019上海民营经济》编委会成员

主　　　任：王志雄
副　主　任：马春雷　　赵福禧　　陈学军
　　　　　　周　亚　　季晓东
编　　　委：徐惠明　　朱　民　　彭文皓
　　　　　　汤汇浩

《2019上海民营经济》编辑部成员

主　　　编：徐惠明
副　主　编：夏斯德　　贾　川　　罗永勤
　　　　　　陈永奇　　张　捍
成　　　员：陈　菁　　王晓琳　　曹美芳
　　　　　　金从强　　朱海燕　　李　琳

目 录

经济发展

专题一

2018 年度上海市民营经济运行分析报告 ······ 3
  一、引言 ······ 3
  二、上海市民营经济运行的主要特点 ······ 3
  三、上海市民营经济运行存在的主要问题和相关建议 ······ 10
  四、附录——2018 年上海市民营工业经济运行分析 ······ 13

专题二

全面提升民营经济活力　有效促进民营经济健康发展 ······ 17
  一、民营经济政策有效激发民营经济活力 ······ 17
  二、民营经济发展面临的主要问题 ······ 19
  三、进一步促进民营经济发展的考虑 ······ 20

专题三

2019 年上半年上海市民营经济运行分析报告 ······ 22
  一、引言 ······ 22
  二、上半年上海市民营经济运行的主要特点 ······ 22
  三、上半年上海民营经济运行存在的主要问题和相关建议 ······ 26
  四、附录——2019 年上半年上海民营工业经济运行分析 ······ 28

专题四

2019 年上半年上海市民营经济运行分析及下半年趋势预测 ······ 32

一、2019年上半年上海民营经济运行情况 ……………………………………………… 32

二、2019年下半年上海民营经济运行趋势预测 ………………………………………… 34

三、上海民营经济运行中存在的主要问题和相关建议 ………………………………… 35

专题五 …………………………………………………………………………………… 38

长三角一体化中的企业需求调研研究报告 …………………………………………… 38

一、概述 …………………………………………………………………………………… 38

二、长三角金融一体化建设 ……………………………………………………………… 40

三、长三角合作区一体化建设 …………………………………………………………… 43

四、长三角区域政务信息一体化建设 …………………………………………………… 44

五、长三角招商环境一体化建设 ………………………………………………………… 46

六、长三角人才流动一体化建设 ………………………………………………………… 47

七、自贸区扩区与长三角一体化的融合 ………………………………………………… 48

八、长三角法治一体化建设 ……………………………………………………………… 50

九、长三角市场准入一体化建设 ………………………………………………………… 51

十、长三角一体化应对外部环境变化 …………………………………………………… 52

专题六 …………………………………………………………………………………… 54

推进中国（上海）自由贸易试验区新片区建设，加快构建开放型经济新体制 ……… 54

一、上海自贸试验区设立以来的改革成就 ……………………………………………… 54

二、上海自贸试验区当前实践探索中仍存在的主要问题 ……………………………… 56

三、海南自贸港探索的经验借鉴 ………………………………………………………… 57

四、上海自贸试验区新片区正式启动建设的相关建议 ………………………………… 59

专题七 …………………………………………………………………………………… 62

上海民营科技创新企业科创板上市痛点分析 ………………………………………… 62

一、上海科创板上市（申报）民营企业特点 …………………………………………… 62

二、上海拟上市民营企业现状以及对接科创板的障碍 ………………………………… 63

三、关于进一步发挥科创板制度优势，促进上海民营科创企业高质量发展的建议 …… 68

四、附录 …………………………………………………………………………………… 70

专题八

上海民营经济"27条"相关政策第三方评估 73

一、总体成效 73

二、存在问题 76

三、进一步优化民营经济发展环境的对策建议 80

专题九

长三角产业分布及协同发展研究 84

一、研究背景及意义 84

二、长三角城市群产业协同发展能力评价 87

三、国外城市群协同发展经验借鉴 95

四、长三角城市群产业协同发展对策建议 99

专题十

上海民营经济相关产业、专业性政策系统集成研究（A） 105

一、十八大以来上海民营经济政策现状 105

二、上海民营经济政策存在的问题分析 107

三、进一步完善民营经济发展政策的思路和建议 113

专题十一

上海民营经济相关产业、专业性政策系统集成研究（B） 118

一、上海民营经济相关产业、专业性政策梳理和集成 118

二、上海民营经济相关产业、专业性政策特色和效果 124

三、上海民营经济相关产业、专业性政策存在的问题 126

四、兄弟省、区、市的经验借鉴 131

五、对策建议 134

专题十二

完善市场主体退出机制进一步优化营商环境工作研究 138

一、摸清企业注销过程中的"堵点""痛点" 138

二、找准症结，拿出破解问题瓶颈的实策 …… 140

　　三、勇于担当，办成企业期盼的实事 …… 143

　　四、完善市场主体退出机制的下一步改革方向 …… 143

专题十三 …… 145

优化徐汇营商环境提高企业感受度和竞争力的研究 …… 145

　　一、优化营商环境改革的初步成效 …… 145

　　二、企业创新发展存在的瓶颈问题 …… 147

　　三、进一步提高企业感受度和竞争力的建议 …… 150

专题十四 …… 154

创新生态中的加速器：对杨浦区知识型现代服务业发展的调研 …… 154

　　一、引言 …… 154

　　二、杨浦区"环同济带"成长、发展历程回顾与规律总结 …… 156

　　三、杨浦区知识型服务业发展现状与问题分析 …… 159

　　四、杨浦区发展知识型服务业的对策建议 …… 164

专题十五 …… 167

聚焦"三大两高一特色"产业，推进青浦区民营企业做强做优的思考与建议 …… 167

　　一、做强大物流、大会展、大商贸 …… 167

　　二、重点发展高端信息技术和高端智能制造 …… 171

　　三、加快发展文旅健康产业 …… 173

理论研究

专题十六 …… 177

民营企业和民营企业家是自己人 …… 177

　　一、经济制度的内在要素 …… 177

　　二、民营企业家是自己人 …… 180

专题十七 ………………………………………………………………………… 185

上海市开展司法延伸服务保障民营经济健康发展情况调研报告 ………………… 185

- 一、司法延伸服务的理论基础 ………………………………………………… 185
- 二、我市司法延伸服务的主要做法 …………………………………………… 187
- 三、民营企业对我市司法延伸服务的评价 …………………………………… 190
- 四、对我市完善延伸服务的建议和展望 ……………………………………… 193

专题十八 ………………………………………………………………………… 196

改革完善商会组织建设　推进民营经济发展 …………………………………… 196

- 一、商会组织建设改革与发展 ………………………………………………… 196
- 二、商会组织的现状特征 ……………………………………………………… 198
- 三、商会组织在推进民营经济发展中作用分析 ……………………………… 199
- 四、商会组织在推进民营经济发展中存在的主要问题 ……………………… 202
- 五、商会组织在推进民营经济发展中存在问题原因分析 …………………… 205
- 六、商会组织助推民营经济高质量发展的对策建议 ………………………… 206

专题十九 ………………………………………………………………………… 214

从民营企业视角看"充满激情、富于创造、勇于担当"的上海干部队伍建设 …… 214

- 一、主要问题 …………………………………………………………………… 214
- 二、原因分析 …………………………………………………………………… 218
- 三、对策建议 …………………………………………………………………… 220

专题二十 ………………………………………………………………………… 223

推动上海市青年民营企业家积极参与"三大任务和一个平台"建设研究 ……… 223

- 一、引言 ………………………………………………………………………… 223
- 二、上海民营青年企业家的群体特征 ………………………………………… 223
- 三、青年民营企业家参与"三大任务和一个平台"建设的动力 ……………… 229
- 四、工商联推动参与的总体思路与路径 ……………………………………… 244
- 五、推动参与的具体建议 ……………………………………………………… 246

专题二十一 ·· 249

创新宝山优秀民营企业发现培育机制,形成宝山区名品、名企、名家区域产业特色 ·············· 249

  一、宝山区优秀民营企业发现机制探索 ·· 249

  二、宝山区优秀民营企业培育机制探索 ·· 251

  三、创新宝山区优秀民营企业发现培育机制的工作建议 ·· 252

专题二十二 ·· 259

非公企业人才量稳质增 行业结构优化——2018年上海非公有制企业人才发展报告 ············ 259

  一、总体发展平稳,质量有所提升 ·· 259

  二、行业配置结构优化,区域分布显特点 ·· 260

  三、上海非公企业人才发展面临瓶颈 ·· 263

  四、关于发展非公企业人才的几点建议 ·· 263

2019 经济发展

上海民营经济

专题一

2018年度上海市民营经济运行分析报告

一、引言

2018年,全球经济复苏稳中有变,主要经济体分化加剧。美国向全球挑起贸易摩擦。我国积极应对国内外复杂多变的形势,国民经济持续平稳发展,全年实现国内生产总值900 309亿元,同比增长6.6%,实现了6.5%左右的预期增长目标。上海全面贯彻落实党的十九大和十九届二中、三中全会精神,坚持稳中求进的工作总基调,全面贯彻新发展理念,全力以赴推动高质量发展、创造高品质生活,加快提升城市能级和核心竞争力,全市经济社会发展总体平稳、稳中有进、稳中向好,实现地区生产总值32 679.87亿元,同比增长6.6%,继续处于合理区间,经济发展的韧性、活力和包容性增强,高质量发展态势显现。

上海市民营企业始终坚持以创新驱动发展,谋求企业转型升级,为全市经济发展做出了重要贡献。2018年,上海民营经济呈现总体平稳、稳中向好的发展态势,实现增加值8 633.82亿元,同比增长6.3%,较2017年提高0.5个百分点;民营经济增加值占全市生产总值的比重为26.4%,较2017年提高0.2个百分点。民营经济发展的质量和效益不断提升,经济运行呈现出以下四个主要特点:一是三大需求协调提速,出口保持较快增长,投资增速加快,消费平稳增长;二是主要产业稳中向好,服务业继续引领发展,企业效益有所分化,工业效益持续改善,建筑业发展势头良好;三是以企业为主体,创新驱动发展格局加快形成;四是税收贡献突出,创业带动就业显成效。

同时,民营经济也面临着不少困难和问题,如民营经济发展不快、企业经营负担较重、融资环境有待改善等。为进一步促进民营经济发展,本报告建议:进一步优化上海营商环境,鼓励民营企业加快发展;进一步减轻民营企业负担;进一步改善民营企业融资环境。

二、上海市民营经济运行的主要特点

2018年,上海市民营经济运行呈现平稳向好发展态势,实现经济增加值8 633.82亿元,同比增长6.3%,增速较2017年提高0.5个百分点(见表1-1);民营经济增加值在全市生产总值中的比重为26.4%,较2017年提高0.2个百分点。上海民营企业始终坚持在结构调整和创新转型中提质增效,为全市经济发展做出了重要贡献。

表1-1 2018年上海民营经济主要指标

指标	2018年绝对值(亿元)	2018年增速(%)	增速较全市平均水平(%)	2017年增速(%)
经济增加值	8 633.82	6.3	-0.3	5.8
第一产业	96.02	-5.8	+1.1	-9.5
第二产业	2 436.00	1.5	-0.3	4.2
第三产业	6 101.80	8.4	-0.3	6.8
工业总产值	5 607.90	1.6	+0.2	4.2
工业主营业务收入	6 064.60	4.0	+1.4	8.1
工业利润总额	394.30	4.5	+0.2	7.8
建筑业总产值	2 556.17	10.7	+0.7	-3.9
服务业营业收入	5 710.19	15.1	+3.5	—
服务业营业利润	242.61	-13.0	-26.4	—
社会消费品零售额	2 926.37	5.4	-2.5	—
进出口总额	6 684.02	12.6	+7.1	19.4
出口	3 156.5	16.2	+12.0	15.5
进口	3 527.52	9.6	+3.2	23
固定资产投资	—	21.1	+15.9	8.2
房地产开发投资	—	21.9	+17.3	10.0
工业投资	—	17	-0.7	1.3
新设企业数量	38.33[注]	12.7	-0.4	2.0
新设企业注册资本	14 415.74	-2.6	-16.4	-25.4
税收收入	4 731.5	8.2	-0.1	13.9

注:新设企业数量的单位为万户。

(一)出口、投资、消费三大需求协调提速

1. 出口保持较快增长,民营外贸占比提高

受中美经贸摩擦、全球贸易局势紧张影响,2018年上海对外贸易增速有所放缓。上海民营企业全年实现进出口总额6 684.02亿元①,同比增长12.6%,增速较2017年回落6.8个百分点,但快于全市平均水平7.1个百分点;其中出口额增长16.2%,进口额增长9.6%,增速分别快于全市12.0和3.2个百分点。对外贸易占全市比重进一步提高。2018年,上海民营进出口总额占全市比重为

---

① 民营企业进出口数据的统计范围为私营企业。

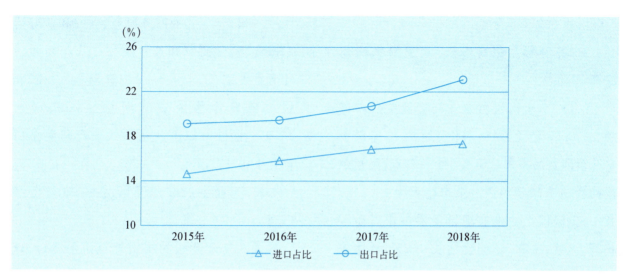

图 1-1 上海民营企业进、出口额占全市比重情况

图 1-2 上海民营固定资产投资增长情况

19.7%，较 2017 年提高 1.3 个百分点。其中，出口额占比为 23.1%，进口额占比为 17.3%，分别较 2017 年提高 2.4 和 0.5 个百分点（见图 1-1）。

2. 受房地产投资拉动，民营投资增速加快

在房地产投资较快增长拉动下，上海民营投资呈现快速回升态势，2018 年固定资产投资[①]同比增长 21.1%，增速较 2017 年提高 12.9 个百分点，且高于全市平均水平 15.9 个百分点（见图 1-2）。从投资结构看，民营房地产投资同比增长 21.9%，增速较 2017 年提高 11.9 个百分点，快于全市平均水平 17.3 个百分点；民营工业投资同比增长 17.0%，增速较 2017 年提高 15.7 个百分点，略低于全市工业

---

① 民营固定资产投资额、商品零售额的统计范围包括私营、集体、私营控股和集体控股企业。

投资增速 0.7 个百分点。

3. 民企零售保持增长,增速同比略有提高

2018 年,上海民营企业社会消费品零售额 2 926.37 亿元,同比增长 5.4%,增速低于全社会消费品零售总额 2.5 个百分点;民营企业社会消费品零售额占全市比重为 23.1%。其中,限额以上企业实现批发零售业商品零售额 2 657.66 亿元,同比增长 6.2%,增速较 2017 年提高 1.1 个百分点;占全市批发零售业零售额的 23.0%,高于 2017 年 0.7 个百分点。

(二) 主要产业发展总体平稳、稳中向好

1. 服务业继续引领发展,企业效益有所分化

2018 年,上海民营经济实现服务业增加值 6 101.80 亿元,同比增长 8.4%,增速快于各产业平均水平 2.1 个百分点。服务业增加值占民营经济增加值的比重达 70.7%,高于 2017 年 1.2 个百分点,高于全市平均水平 0.8 个百分点。民营经济规模以上服务业企业实现营业收入 5 710.19 亿元①,同比增长 15.1%;实现营业利润 242.61 亿元,同比下降 13.0%;营业收入利润率为 4.2%,低于全市服务业平均水平 4.8 个百分点。民营服务业营业收入、营业利润占全市服务业的比重分别为 20.7% 和 9.8%。2018 年,民营批发零售企业实现商品销售额 27 790.48 亿元,同比增速由 2017 年增长 14.8% 转为下降 6.6%。

分行业看,主要行业盈利分化严重,交通、文体娱乐业营业利润同比分别增长 24.7% 和 43.3%,而商务服务、软件和信息技术服务、科学研究和技术服务业营业利润同比分别萎缩 21.4%、57.2% 和 74.8%。限额以上批发零售企业利润总额同比增长 14.9%,而限额以上住宿餐饮企业利润总额同比萎缩 43.1%。

2. 工业生产增速回落,企业效益持续改善

面对复杂严峻的国内外经济形势,2018 年民营工业生产呈现总体平稳、稳中有变的发展态势。受汽车、有色金属等行业产值下滑影响,2018 年 5 月份以后规模以上工业总产值增速呈现下行态势,全年规模以上工业总产值 5 607.90 亿元,同比增长 1.6%,较 2017 年回落 2.6 个百分点,但仍快于全市工业平均水平 0.2 个百分点。民营工业总产值占全市工业的比重为 16.1%,较 2017 年提高 1.1 个百分点。企业效益进一步提高,全年实现规模以上工业主营业务收入首破 6 000 亿元大关,达到 6 064.60 亿元,同比增长 4.0%,增速较 2017 年回落 4.1 个百分点,但高于全市工业平均水平 1.4 个百分点;实现规模以上工业利润总额 394.30 亿元,同比增长 4.5%,增速较 2017 年回落 3.3 个百分点,但高于全市工业平均水平 0.2 个百分点。工业总产值利润率、主营业务收入利润率分别为 7.0% 和 6.5%,分别较 2017 年提高 0.2 和 0.1 个百分点,但低于全市工业平均水平。民营工业主

---

① 服务业营业收入、营业利润的统计范围为规模以上服务业企业,不包括房地产业,下同。

营业务收入、利润总额占全市工业的比重分别为15.6%和11.8%,分别较2017年提高1.2和1.0个百分点。

分行业看,行业产值增长面有所收缩,32个工业行业中有12个行业规模以上工业总产值同比增长,较2017年减少7个。其中,电子设备制造、电气机械制造和化工行业产值增量排名前3位。效益方面,17个行业实现盈利增长,较2017年减少2个,12个行业盈利同比萎缩,3个行业处于亏损状态。利润增量居前的分别是化工、通用设备制造和电气机械制造业。

(三)以企业为主体,创新驱动发展格局加快形成

上海拥有一大批创新能力强、业态模式新、质量品牌优、管理水平高、国际融合好的创新性成长型民营企业。目前全市共有9 200多家高新技术企业,其中民营企业数量占比达到80%。2018年,上海民营企业持续坚持自主研发和科技创新,积极参与国家重大科技任务,通过产学研合作提升创新能力和经济效益,已经成为上海自主创新和产学研协同创新的重要力量。

在生物医药领域,上海民营企业积蓄的技术与创新优势日益显现,为加快药品研发和高端医疗器械国产化做出了重要贡献。联影医疗以50亿美元估值在《2017年中国独角兽企业发展报告》的164家上榜企业中排名第18位,2018年联合各大高校院所、三甲医院,牵头开展5.0T超导磁共振等4个国家"十三五"重点研发计划"数字诊疗装备研发专项"研发工作,不断挑战科研新高地。微创医疗荣获"2018年度上海市质量金奖",已上市产品约300个,进入全球逾8 000家医院,覆盖心血管介入及结构性心脏病医疗等十大业务集群。逸思医疗2018年大中华区业务取得高倍速增长,已成为国内肿瘤微创外科细分领域的领军企业,其"通用腔镜切割吻合器及钉匣"荣获"2018年中国优秀工业设计奖优秀奖"。复星医药持续完善"仿创结合"的药品研发体系,荣获2018年度"改革开放医药工业优秀企业""医药上市企业研发实力40强"等多项大奖。

在人工智能领域,上海企业在软件开发和硬件制造方面均具备较强优势。素有"计算机视觉独角兽"之称的依图科技,在美国国家标准与技术研究院公布的算法测试中以千万分之一误报下的识别准确率超过99%,继续保持全球人脸识别竞赛冠军。2018年底强势进军智能语音领域,其语音识别算法在全球最大开源中文数据库AISHELL-2上词错率仅3.71%,大幅刷新现有纪录。"依图人像大平台"在2018年上海国际工博会斩获银奖。云从科技在国内首发3D结构光技术,在跨镜追踪(ReID)技术上刷新三项世界纪录,首次将准确率提升到商用水平,并在语音识别技术和自然场景下的文字识别技术上取得重大突破。深兰科技致力于人工智能与产业融合发展,其智能移动零售商用车、TakoGo自助贩卖设备等为新零售提供了解决方案,各类机器人产品已在国内安防、酒店、物流、追声语音客服等场景中成熟运用。

在高端装备领域,民营企业致力于产品自主创新和效率提升,助力上海制造业向智能制造转型升级,打响"上海制造"品牌。凯泉泵业积极打造"智慧凯泉",2018年销售额创历史新高(42亿元),已连续十七年名列全国泵行业第一,相继研发20个核电产品并获国家级产品鉴定,填补国内空白,打破国外垄断。LNG海水泵国产化研制及应用项目荣获"2018年度中国机械工业科学技术二等奖"。此外,凯泉泵业成功与英国业主方和法国电力公司签署欣克利角三代核电站设备包项目,成为中国首家成功进入欧洲核电市场的民营企业。拓璞数控着力打造以轨道交通、汽车、船舶重工为主要市场的高端智能制造技术及装备总部中心基地,并成功收购德国EEW-PROTEC公司,在高速五轴机床舞台上新添利器。集团向国际一流水平制造商看齐,以"轻资产"、技术优势、供应商协同模式,带动供应链上企业技术水平的提升。

在新能源汽车领域,主攻智能网联汽车的研发生产。蔚来汽车成为全国首家获得由上海市政府颁发的智能网联汽车道路测试号牌的企业,首款量产车型ES8实现交付量破万。"蔚来专属充电桩"接连斩获德国设计协会颁发的2018红点奖最高奖项"最佳设计奖"和2018年上海国际工博会工业设计金奖。威马汽车首款量产车型EX5也已进入交付阶段,完成了从汽车产业上游到下游的全面布局。

在现代金融领域,华瑞银行开业三年多来紧密围绕金融服务实体经济、民营经济,始终保持了质量良好、规模适度、利润稳步增长。截至2018年10月末,该行民企贷款余额占比达2/3,户数占比达92%,助力民营、小微企业破解"融资难"困局,提供灵活可持续的金融支持,服务覆盖信息技术、生物医疗、海洋工程、节能环保等多个"硬科技"领域。复星集团品牌传播实力备受肯定,荣膺美通社"2018新传播年度论坛"最具分量的"中国品牌全球影响力年度大奖";"Protechting全球青年创新创业项目"被授予2018年"一带一路"企业社会责任创新案例,以该项目为平台,三年多来已支持来自42个国家487个初创项目。

(四)税收增长贡献突出,创业带动就业显成效

1. 税收同比增长,全市占比保持高位

2018年,上海民营经济完成税收收入4 731.50亿元[①],同比增长8.2%,增速低于全市平均水平0.1个百分点。其中,私营企业和非国有控股企业上缴税收分别同比增长13.5%和4.0%。

从占比情况看,民营经济税收收入占全市税收收入的比重为35.3%,略低于2017年(历史高点)0.1个百分点(见图1-3)。

---

① 民营经济税收收入不含海关代征的增值税、消费税以及证券交易印花税。统计范围包括私营企业、集体企业、个体经营以及非国有控股的联营企业、有限责任公司、股份有限公司。

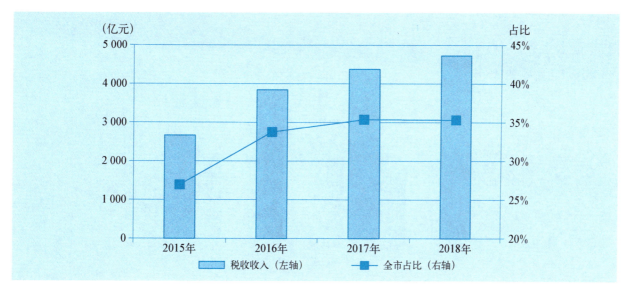

图 1-3　上海民营企业税收收入及全市占比情况

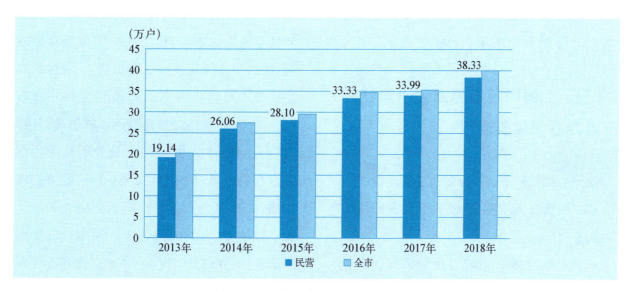

图 1-4　上海民营新设市场主体户数

2. 政策效应凸显,创业热情高涨

全国商事制度改革以来,民间创业热情持续攀升。2018年,《关于落实上海鼓励创业带动就业专项行动计划有关事项的通知》的发布,对上海相关创业扶持政策作了全新升级,全面加大创业扶持力度,进一步激发了创新创业活力。2018年,上海注册登记的新设民营市场主体38.33万户①(见图1-4),同比增长12.7%;新设民营市场主体户数占全市比重为95.9%,较2017年小幅回落0.3个百分点。

新设民营市场主体注册资本合计14 415.74亿元(见图1-5),同比小幅下降

---

① 民营市场主体户数、注册资本的统计范围包括私营企业、个体工商户和农民专业合作社。

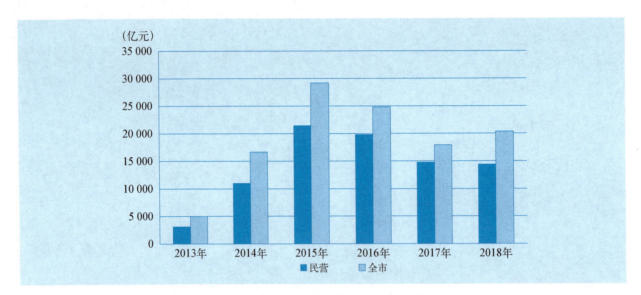

图 1-5 上海民营新设市场主体注册资本

2.6%,占全市新设市场主体注册资本总额的70.8%,较2017年下降了11.9个百分点。

三、上海市民营经济运行存在的主要问题和相关建议

(一)民营经济运行存在的主要问题

1. 民营经济发展不快,营商环境还有改进空间

2018年,上海民营经济增加值同比增速为6.3%,低于全市生产总值增速0.3个百分点,民营经济的作用有待进一步发挥。上海入围2018年"全国民营企业500强"的民营企业仅18家,入围数量不仅远少于浙江(93家)、江苏(86家)、广东(60家)等省份,也不及深圳(26家)等城市。近年来,上海贯彻落实中央和国务院要求,着力优化营商环境,并出台《着力优化营商环境加快构建开放型经济新体制行动方案》,不断强化服务意识,改革成效显著。工商联调查结果显示,上海政务环境不断优化改善,市场环境满意度总体较高,法治环境优化步伐逐渐加快。不过,调查也反映出目前上海营商环境还存在一些瓶颈。例如,政策制定实施细则不够明确,且存在"一刀切"的现象;49.7%的企业认为当前不少政策过于严格,如"文创50条"缺乏实施细则,可操作性不强。政策的便捷性和操作性有待加强,51.5%的企业认为不少政策的申请程序、资料过于复杂、烦琐。市场准入存在"隐形门槛",39.52%的企业认为政府招投标公开性、公平性不足,51.50%的企业认为企业参与PPP项目、国家及上海市重大战略项目的门槛太高。市场监管的升级步伐有待加快,60.28%的企业认为上海缺乏与新产业、新业态、新模式相适应的监管模式。司法执行的透明度、便利度有待提高,司法不公开不透明、司法不便民、司法效率不高成为民营企业对司法环境反映最集中的三个问题,占

比分别达到38.62%、37.62%、33.93%。

2. 民营企业经营负担较重

一是成本持续上升。2018年底的采购经理调查数据显示,65.5%的民营制造业企业认为"劳动力成本高",58.8%表示"原材料价格上涨",55.7%则反映"物流成本高";民营非制造业企业遇到的困难和问题占比前三位的分别是：劳动力成本高(51.0%)、市场需求减少(40.4%)和资金紧张(40.2%)。受最低工资标准不断抬高、各城市人才新政等因素影响,劳动力成本高已成为制约上海民营企业发展的最大瓶颈。自2017年底以来,各种原材料及大宗商品价格持续上涨,且部分原材料的上游生产企业因环保原因关闭,导致量减价涨。

二是税费减免还有空间。2018年,上海民营企业税收收入同比增速为8.2%,高于民营经济增加值同比增速1.9个百分点。民营企业对于加大税收优惠扶持力度的期盼日渐强烈。从2018年第四季度抽样调查结果来看,希望政府实施减税降费相关政策的民营企业比例超过六成,远高于企业对其他政策的期望比例。近年来,上海清理非税收费取得明显进展,但经营服务性收费仍有压缩空间,比如企业项目申办、项目建设过程中的各种收费项目。

三是中介机构和垄断性项目收费仍然偏高,尤其是第三方中介评估服务增加企业额外成本。现阶段,政府部门监管(消防年检、政府项目补贴申请等)很多采用"需出具第三方检验报告"的做法,但出具报告的中介机构往往由政府指定,垄断地位越来越强、要价越来越高,而且普遍存在行业自律意识不强、市场竞争机制缺失、服务效率不高、监管措施不到位等问题。

3. 民营企业融资环境有待改善

据采购经理调查数据显示,2018年表示资金紧张的民营制造业企业和非制造业企业分别达到48.6%和38.1%。民营企业融资隐性成本高于长三角平均水平。工商联民营企业融资状况调查结果显示,上海近三成的民营企业在获得银行融资时,需要承担财务顾问费、公证费、咨询费等成本,高于长三角平均水平13个百分点;四分之一的民营企业在获得银行融资时,被银行要求存贷挂钩、以贷转存等,高于长三角平均水平5个百分点。在经济形势下滑的预期下,金融机构对民营企业的放贷意愿明显下降,更加趋于谨慎,抽贷、断贷和停贷的现象十分普遍。调查结果显示,上海仅8%的民营企业享受过国家陆续推出的"无还本续贷""小微企业应收账款融资"等金融产品,比长三角平均水平低12个百分点。同时,上海股权投资类企业注册困难,自2016年4月起,在上海几乎无法注册带"投资"两个字或者经营范围包含"投资"业务的企业;相比深圳等城市,上海天使投资引导基金规模偏小,效率偏低。

(二) 进一步促进民营经济发展的建议

1. 进一步优化上海营商环境,鼓励民营企业加快发展

一是切实落实上海优化营商环境的行动

方案和各项举措,并加快推出各项配套措施。充分发挥"上海市企业服务云""民营经济发展联席会议"的作用,努力提升城市服务功能,兼顾公开平等与效率优先,在强调一视同仁的同时,引导资源向效率倾斜,在提升经济密度上出实招硬招,为民营经济发展创造机会、拓展空间。同时,发挥第三方评估作用,抓紧建立上海营商环境评价机制。

二是不断提升政务环境的友好度。细化、量化政策措施,如明确《上海市行政审批告知承诺管理办法》等的实施细则、执行标准、落实部门的责任分工等。不断提升政府部门间的协同性,如继续推进"一网通办"改革,打通国家部委和上海各委、办的信息交流和功能对接,加快推进上海市经济社会发展综合数据平台的建设工作,形成大范围信息共享的大数据中心。

三是逐步增强市场环境的创新性,从理念上解决对民营经济的歧视问题。兼顾规范管理和服务创新,以《上海市新兴行业分类指导目录(2017版)》中的产业类别为基础,完善与新产业、新业态、新模式相适应的监管模式,解决与传统管理之间存在的兼容和过渡问题。在政府采购中明确民营企业的比例和份额,如有规模、资金等方面对中小企业有明显限制的情况,建议运用社会信用分、已成功案例证明等形式替代,破解市场准入中对民营企业设置"隐性门槛"的问题。

四是推动优化法律环境的新探索。借助产权保护、市场公平竞争审查等相关的改革方案专项督察,不断推动落实民营企业权利保护案件的受理、执行。对个人侵害民营企业财产权、知识产权等案件参照国有企业同等管理。推进商事争议多元化解决体系建设,切实发挥商(协)会和社会组织在涉企纠纷解决中的作用。优化公共法律服务供给模式,推进法律服务进楼宇(商圈)、"送法进商会"等工作。对标国际标准,借鉴兄弟省、区、市经验,结合上海实际,探索营商环境地方性立法。

2. 进一步减轻民营企业负担

一是建立上海企业减负综合服务平台,并纳入"一网通办"总门户之中。将惠企减负政策以及简政放权服务信息纳入平台,帮助企业高效获取减负信息、及时享受优惠政策,方便企业反映、投诉涉及企业负担的问题和意见,对投诉内容及时登记、调查核实、提出处理意见,并将处理结果告知企业。

二是落实国家各项税费减免政策,形成长效机制。研究并建议国家推动留抵退税的制度化、长效化,扩大增值税留抵退税的行业范围。进一步扩大涉税事项电子申报以及"全市通办"的业务范围,随着企业所得税优惠由"事前备案"到"以报改备",税务部门积极做好事中风险提示以及完善后续管理相关工作。动态修订调整上海执行的全国涉企行政事业性收费目录清单,确保其他收费项目只减不增;进一步减少涉企收费,按照成本补偿和非营利原则,降低一批收支结余过大、明显超过服务成本的涉企收费项目的收费标准；对于名目繁多的建设项目收费，应加强研究、系统梳理，进一步缩减收费项目。

三是进一步规范中介服务。及时梳理上海各类中介服务事项，发布行政许可中介服务收费目录清单，清单之外的涉企行政审批中介服务事项一律取消；清理有关行政部门通过指定第三方服务机构办理相关事项方式进行变相收费的行为；加强培育有创新活力的市场中介组织，形成良性竞争的市场，为企业提供更多的自主选择空间。

四是加快落实国家降低企业社保费率的相关措施。一方面，在不影响参保人员待遇水平情况下，切实减轻小微企业实际缴费负担，激发企业用工意愿。另一方面，加强监管，对故意不缴、少缴的企业加大惩罚力度。同时，探索建立初创期小微企业社会保险缓（补）缴实施办法，允许其在经营困难期间免缴或缓缴各类社保费用。

3. 进一步改善民营企业融资环境

一是落实并完善民营企业融资服务政策及长效机制。加快贯彻落实国家《关于加强金融服务民营企业的若干意见》，并制定上海实施细则。同时，建议由市经信委牵头完善民营企业融资服务长效机制，市地方金融监管局、央行上海总部、市银保监局、市财政局、市税务局、市科委、市工商联等参加，并适时邀请金融机构、企业（包括金融服务企业）等相关方面，完善信贷例会沟通机制，宣传、推广融资服务政策举措、经验做法，强化民营企业融资服务需求信息共享和协作配合，推动措施落地。

二是健全金融机构相关激励机制，加大金融政策实施督查力度。建议上海进一步完善《上海市2016—2018年小型微型企业信贷奖励考核办法》，加大奖励力度；参照外省、区、市经验，将部分财政性存款按照商业银行中小企业信贷规模、贷款增幅相挂钩。同时，落实银保监会《关于进一步加强金融服务民营企业有关工作的通知》以及对民营企业贷款"一二五"的目标要求，督促各银行全面梳理涉及小微企业信贷的不公平规章和问责制度，引导各大商业银行建立健全民营企业贷款尽职免责和容错纠错机制，提高民营企业融资业务在内部绩效考核机制中的权重。

三是适当放松股权投资类企业登记注册，扩大天使引导基金规模。建议上海对金融服务类机构实施差异化管理，逐步放松对创业投资机构、金融信息服务机构注册和更名的限制，积极培育天使投资、创业投资机构，以及融资信息服务机构。进一步扩大上海天使引导基金的规模，提高对子基金出资比例，强化对初创期、种子期科技企业的融资支持；推动创业投资引导基金进一步简化投资决策流程，提高运作效率。

四、附录——2018年上海市民营工业经济运行分析

2018年，上海市民营工业经济面对复杂严峻的国内外经济形势，工业生产呈现总体

平稳、稳中有变的发展态势,全年规模以上工业总产值 5 607.90 亿元,同比增长 1.6%。企业效益有所提高,工业投资实现较快增长,经济发展质量进一步提升(见表1-2)。

表1-2 2018年民营规模以上工业主要指标

指　　标	民营企业		全市企业	
	金额绝对值(亿元)	同比增长(%)	绝对值(亿元)	同比增长(%)
工业总产值	5 607.90	1.6	34 841.84	1.4
主营业务收入	6 064.60	4.0	38 886.41	2.6
利润总额	394.30	4.5	3 350.44	4.3

(一)工业生产总体保持平稳

面对复杂严峻的国内外经济形势,2018年民营工业生产呈现总体平稳、稳中有变的发展态势。1—5月,规模以上工业总产值增速一度达到7.4%,之后呈现逐步下行趋势,全年增速为1.6%,较2017年回落2.6个百分点,但快于全市工业0.2个百分点。民营工业总产值占全市工业的比重为16.1%,较2017年提高1.1个百分点(见图1-6)。

分行业看,32个工业行业中有12个行业规模以上工业总产值同比增长,较2017年减少7个,20个行业同比下降。

其中,计算机、通信和其他电子设备制造业(380.82亿元,23.8%)、电气机械和器材制造业(763.73亿元,6.8%)、化学原料和化学制品制造业(485.35亿元,10.8%)、通用设备制造业(586.37亿元,7.8%)和专用设备制造业(337.94亿元,8.3%)等行业工业总产值同比增加量居前,对工业生产保持平稳起到了主要支撑作用。

而汽车制造业(561.04亿元,-7.8%)、有色金属冶炼和压延加工业(186.41亿元,-17.7%)、农副食品加工业(118.34亿元,-12.9%)、非金属矿物制品业(205.81亿元,

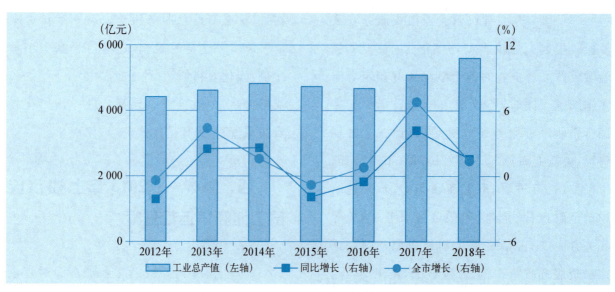

图1-6 上海民营规模以上工业总产值情况

—6.6%)和金属制品业(416.53亿元，—2.4%)等行业工业总产值同比缩减量居前。

(二) 主营业务收入同比小幅增长

2018年，民营企业规模以上工业主营业务收入首次突破6 000亿元大关，达到6 064.60亿元，同比增长4.0%，增速较2017年回落4.1个百分点，但高于全市工业1.4个百分点。民营工业主营业务收入占全市工业的比重为15.6%，较2017年提高1.2个百分点。

分行业看，32个工业行业中有21个行业实现主营业务收入同比增长，较2017年减少2个。

其中，计算机、通信和其他电子设备制造业(421.92亿元，16.9%)、通用设备制造业(619.35亿元，9.9%)、电气机械和器材制造业(841.05亿元，6.7%)、化学原料和化学制品制造业(517.30亿元，9.6%)、专用设备制造业(360.04亿元，9.5%)和非金属矿物制品业(236.60亿元，12.2%)等行业主营业务收入同比增加量居前。

而汽车制造业(607.23亿元，—6.3%)、有色金属冶炼和压延加工业(214.68亿元，—10.9%)和农副食品加工业(131.83亿元，—10.7%)等行业主营业务收入较2017年缩减量居前。

(三) 工业企业效益持续提高

2018年，民营企业实现规模以上工业利润总额394.30亿元，同比增长4.5%，增速较2017年回落3.3个百分点，但高于全市工业0.2个百分点。工业总产值利润率、主营业务收入利润率分别为7.0%和6.5%，分别较2017年提高0.2和0.1个百分点，但均低于全市工业平均水平。

分行业看，32个工业行业中有17个行业实现盈利增长，较2017年减少2个，12个行业盈利同比萎缩，3个行业处于亏损状态。

盈利增长的行业中，化学原料和化学制品制造业(42.74亿元，29.4%)、通用设备制造业(39.75亿元，18.0%)、电气机械和器材制造业(55.64亿元，9.0%)、非金属矿物制品业(11.96亿元，38.2%)、金属制品业(20.62亿元，12.3%)和医药制造业(31.51亿元，4.4%)等行业利润增加额排名靠前，支持民营工业利润总额同比增长。

而盈利缩减金额靠前的行业包括汽车制造业(43.74亿元，—18.0%)，皮革、毛皮、羽毛及其制品和制造业(8.97亿元，—16.9%)，橡胶和塑料制品业(23.55亿元，—5.8%)等。此外，酒、饮料和精制茶制造业等3个行业持续出现亏损，均在一定程度上抑制了利润总额的快速增长。

(四) 工业投资出现较快增长

随着上海加快落实支持实体经济发展的各项政策举措，实体领域投资企稳回升，出现了快速增长势头。2018年，上海民营企业工业投资也逐步摆脱了之前持续低迷的状态，全年投资增速达到17.0%，较2017年提高了15.7个百分点(见图1-7)。

图 1-7 上海民营企业工业投资增长情况

（供稿单位：上海市工商业联合会，主要完成人：徐惠明、封丹华、张捍、刘佳、韩莹、徐玲玲）

专题二

全面提升民营经济活力　有效促进民营经济健康发展

上海民营经济在稳定增长、促进创新、增加就业、改善民生等方面发挥了重要作用,是推动上海经济社会发展的重要力量。为进一步促进民营经济发展,上海聚焦民营企业在投资兴业中遇到的难点和问题,出台了一系列改革政策和措施。2018年以来,上海市经济总体向好的基本态势没有改变,民营经济运行总体平稳、符合预期,民营企业家信心明显提振,民营经济发展环境进一步优化。

一、民营经济政策有效激发民营经济活力

（一）民营经济政策不断完善

上海高度重视民营经济的发展,为持续优化民营经济发展环境,推进民营经济转型升级、高质量发展,先后出台了一系列促进民营经济发展的政策,充分激发民营经济发展活力。

1. 综合性支持政策

上海为支持民营经济发展,出台了一系列覆盖面广、综合性强的政策,从民营"准入""准营"等环节提出措施,帮助民营企业解决实际问题,全方位支持民营企业发展,激发民营经济创新创造活力。比如,上海市于2018年11月率先出台的《关于全面提升民营经济活力　大力促进民营经济健康发展的若干意见》,从进一步降低民营企业经营成本、营造公平的市场环境、提升民营企业核心竞争力、缓解融资难融资贵、构建亲清新型政商关系、依法保护民营企业合法权益、加强政策执行等7个方面,提出了27条改革举措,将民营经济打造成为上海改革开放新高地、科技创新新先锋。

2. 个性化支持政策

为推动不同领域、不同规模的民营企业实现更好的发展,上海针对性出台了个性化的支持政策。例如,市文化和旅游局出台了《上海市文化"走出去"专项扶持资金管理办法》《2018年上海市"中华文化走出去"专项扶持资金项目申报指南》,进一步促进文化领域民营企业发展;市科委出台了《关于开展生物医药人体临床试验责任保险、生物医药产品责任保险试点工作的通知》,进一步促进上海生物医药产业健康发展。

3. 专项支持政策

为继续为民营企业发展营造良好的营商环境,上海市针对民营企业投融资、创新创

业、产权市场等发展环节出台了专项政策,进一步加强支持力度。例如,市政府于2018年6月印发了《鼓励创业带动就业专项行动计划(2018—2022年)》,为创新创业企业提供发展平台;市财政局、金融办于2018年4月出台了《上海鼓励中小企业开展股权托管交易有关财政专项转移支付管理办法》,完善法人治理结构,进一步强化民营企业管理(见表2-1)。

表2-1 支持上海民营经济发展的相关政策汇总

时间	相关部门	政策文件	聚焦环节
2018.11	市政府	《关于全面提升民营经济活力大力促进民营经济健康发展的若干意见》	总体指导
2017.12	市政府	《优化营商环境加快构建开放型经济新体制行动方案》	营商环境
2016.6	市经信委、市财政局	《上海市社会信用体系建设专项资金管理办法》	融资
2018.3	市金融办	《关于提升金融信贷服务水平优化营商环境的意见》	融资
2016.1	市政府	《上海市融资性担保公司管理办法》	融资
2018.6	市政府	《鼓励创业带动就业专项行动计划(2018—2022年)》	创新创业
2017.12	市科委	《关于开展生物医药人体临床试验责任保险、生物医药产品责任保险试点工作的通知》	创新创业
2017.4	市人大	《上海市促进科技成果转化条例》	创新创业
2017.8	市文化和旅游局	《上海市文化"走出去"专项扶持资金管理办法》	资金支持
2014.9	市经信委、市财政局	《上海市中小企业发展专项资金管理办法》	资金支持
2018.4	市财政局、金融办	《上海鼓励中小企业开展股权托管交易有关财政专项转移支付管理办法》	产权市场

(二) 民营经济稳步发展

2019年上半年,上海市民营经济运行总体稳中有进,继续为全市经济发展做出了重要贡献。

一是对外贸易增速加快,向好势头得到巩固。民营企业实现进出口总额3 429.35亿元①,同比增长8.9%,增速同比提高0.2个百分点。其中,出口额增长10.3%,增速同比下降3.7个百分点;进口额增长7.7%,增速同比提高3.4个百分点。民营进出口总额占全市比重为21.6%,较2018年同期提高2.1个百分点,进一步引领全市。其中,出口额占全市比重26.1%,进口额占全市比重18.7%,分别较2018年同期提高2.5和1.8个百分点。

二是产业结构进一步优化,质量效益持续改善。规模以上服务业企业实现营业收入3 193.92亿元②,同比增长8.8%;营业利润

---

① 民营企业进出口数据的统计范围为私营企业、集体企业和个体工商户。
② 服务业营业收入、营业利润的统计范围为规模以上服务业企业,不包括房地产业。

63.92亿元,同比增速由2018年同期下降35.3%转为增长5.6%,营业收入利润率2.0%,较2018年同期提高0.4个百分点。分行业看,互联网和相关服务、商务服务业表现突出,规模以上营业利润分别同比增长216.8%和90.0%。从民营房地产投资看,同比增长18.6%,增速快于全市同期14.7个百分点,为全市房地产市场"价稳量升"提供有力支撑。

三是税收增速高于全市,占全市比重再攀新高。民营经济完成税收收入3 005.34亿元①,同比增长5.4%;民营税收占全市比重为35.4%,较2018年同期提高2.3个百分点。私营企业、非国有控股企业、个体经营者税收收入分别同比增长2.9%、2.8%和30.3%。

四是创业热情依旧,新动力不断孕育。在上海注册登记的新设民营市场主体为19.73万户②,同比增长1.6%,占上海全部新设市场主体比重为96.1%;全市新增246家高新技术企业中,约八成为民营企业。7月22日,科创板正式开市,首批25家上市企业中上海企业5家(其中民企3家),占60%。

二、民营经济发展面临的主要问题

一直以来,上海市非常重视民营企业,为民营经济发展营造了较好的营商环境。在当前国际环境复杂多变、我国经济发展由高速增长进入高质量增长的换挡期的大背景下,上海民营企业还面临着不小的压力、困难和挑战。

一是融资难、融资贵问题依然存在。企业的借贷、融资类信用信息由央行征信中心归集,资质、监管类信息分别由企业信用信息公示系统和市公共信用信息平台归集,银行和评估机构难以准确判断企业信用情况,金融服务供给与小微企业需求之间存在一定缺口。

二是民间投资环境有待继续改善。构建亲清新型政商关系存在"清有余而亲不足"的现象,市场准入依然存在"隐形门槛",行业准入中对民间资本仍存有一定限制,比如在大型项目招投标中,民营企业因规模、资质、经验等招标所重要考量因素而处于弱势地位。

三是公共服务体系的支撑作用还有待发挥。民营经济量大面广、诉求差异明显、新型业态增多,但获得创新资源的渠道有限,综合性、行业性创新服务平台和市场化、专业化的科技中介服务机构对民营企业发展的服务和支撑作用尚待发挥。

四是政务服务供给能力和水平有待提升。上海正全力推进"一网通办"政务服务,在行政审批、政策宣传等方面仍有继续优化提升空间;在促进民营企业健康发展的相关政策信息公开过程中,有关政策申请流程、实

---

① 民营经济税收收入不含海关代征的增值税、消费税,证券交易印花税。统计范围包括私营企业、集体企业、股份合作企业、个体经营以及私营控股、集体控股企业(联营企业、有限责任公司、股份有限公司)。

② 民营市场主体户数的统计范围包括私营企业、个体工商户和农民专业合作社。

施细则等企业重点关注的信息,需继续提高信息公开的范围和详细程度。

三、进一步促进民营经济发展的考虑

（一）着力改善民间投资环境

一是努力践行亲清新型政商关系,切实转变思想观念,加强督办问责制度,着力破除隐性障碍,为民间投资拓展空间。二是鼓励民间资本参与上海重大项目建设,在战略性新兴产业和教育、医疗、养老等社会事业领域,研究推出一批鼓励民间投资参与建设运营的具体项目进行公开招标活动。三是进一步消除隐性投资壁垒,推动能源、金融、文化、社会事业等领域向民营企业有序放开,优化民企投资结构。四是完善国企、民企融合发展相关制度安排,支持民营企业通过多种方式参与国有企业改制,加强项目对接、产业互联,实现优势互补、融合发展。

（二）切实帮助民营企业减负降压

一是研究完善上海落实国家各项减税政策的制度设计,完善规范操作流程,确保取得实效。二是进一步加大涉企行政事业性收费、建设项目收费等清理力度,规范第三方中介服务收费。三是提升网上服务便利度,在"一网通办""企业服务云"上搭建减轻企业负担综合服务平台,切实对接民营企业需求。

（三）拓展民营企业融资渠道

一是打通政府部门、金融机构、商业机构等信息交互渠道,强化市公共信用信息服务平台功能,积极推动与央行征信平台之间的信息互通。二是充分发挥民企所在商会、协会等社会组织的作用,加快会员企业的诚信机制建设。三是发挥好政策性融资担保基金的引导功能,增强融资担保基金运作的市场化、专业性,同时积极培育天使投资、风险投资等机构,引导社会资本进入创新创业领域。

（四）完善多元化公共服务体系

一是加快建立综合创新创业服务体系。依托国家技术转移东部中心,着力建设知识产权服务、技术转移大数据等服务支撑子平台,为民营企业提供一体化服务。二是打造专业化、市场化服务平台和机构。聚焦集成电路、生物医药等重点产业,加快培育发展一批市场化、专业化的技术创新服务平台和科技中介服务机构,利用"互联网＋"创新服务模式,为民营企业提供精准服务。三是完善企业资产评估和交易市场。培育壮大企业资产评估专业机构,发展企业各类资产处置的专业市场和平台,为民营企业提供专业服务。

（五）不断提升政务服务水平

一是优化顶层设计,简化企业办事环节、减少材料递交数量,明确无纸化办公中电子签名和电子档案的法律效力。二是不断提升政府部门间的协同性,强化央地间信息交流和功能对接。三是建立多层次的政策信息服务平台,不断完善上海公共信用信息平台和大数据中心的数据归集、共享、应用等功能。四是完善企业合法权益保护机制,切实发挥商(协)会和社会组织在涉企纠纷解决中的作用,构建由司法诉讼、机构仲裁、行政调处等共同组成的多元化商事纠纷解决体系,优化完善公共法律服务供给。

(供稿单位:上海市发展和改革委员会)

专题三

2019年上半年上海市民营经济运行分析报告

一、引言

2019年以来，受贸易紧张局势再度升级、全球技术供应链受到威胁、英国"脱欧"不确定性以及地缘政治紧张局势加剧扰乱能源价格等因素影响，全球经济增长依旧低迷，并且下行风险增加。我国积极应对复杂多变的外部环境，经济总体保持平稳态势，运行在合理区间，上半年实现国内生产总值450 933亿元，同比增长6.3%，增速较第一季度回落0.1个百分点。上海市坚持稳中求进工作总基调，坚持新发展理念，加快落实三项新的重大任务，大力推进"五个中心""四大品牌"建设和放管服改革。2019年上半年，全市经济运行总体平稳、符合预期、稳中有进、进中提质，实现地区生产总值16 409.94亿元，同比增长5.9%，增速较第一季度提高0.2个百分点。

在此背景下，上海市民营企业紧跟国家和全市发展战略，民营经济运行总体平稳、符合预期，提质增效取得新的进展，同时一些经济指标下行压力较大，存在一定隐忧。总体来看，2019年上半年民营经济运行呈现出以下基本特点：一是三大需求协调发展，外贸、投资领先全市，消费稳定器作用增强；二是服务业引领发展，工业生产小幅下降；三是经济社会贡献突出，创新动能不断积聚。

同时，民营经济也面临着不少困难和问题，如外部环境变化带来外需走弱、进口成本上升压力。税费成本高企成为制约民营企业发展的主要瓶颈，金融支持民营经济发展的手段与力度有待加强。为进一步促进民营经济发展，本报告建议：直面经贸摩擦影响，抓住机遇应对挑战；切实降低税费成本，激发民营企业活力；着力缓解民企融资难题，促进实体经济发展。

二、上半年上海市民营经济运行的主要特点

2019年以来，上海市全面落实促进民营经济健康发展"27条"，出台深化科改"25条"、鼓励设立民企总部若干意见、金融服务民企"19条"等政策，为民营经济发展提供了良好契机。2019年上半年，上海民营经济运行总体平稳、符合预期，提质增效取得新的进展，同时受外部环境变化、国内经济转型等因素叠加影响，一些经济指标下行压力较大，存在一定隐忧（见表3-1）。

经济发展

表 3-1　上半年上海民营经济主要指标

指　标	金额（亿元）	全市占比（％）	同比增速（％）	增速较全市平均水平（±百分点）
进出口总额	3 429.35	21.6	8.9	（全市－1.8）
出口	1 652.98	26.1	10.3	（全市－0.4）
进口	1 776.37	18.7	7.7	（全市－2.7）
固定资产投资	—	—	17.4	＋12.4
房地产业	—	—	18.6	＋14.7
工业	—	—	－4.2	（全市17）
社会消费品零售额	1 598.23	24.0	7.9	－0.5
商品销售额	14 321.39	25.1	－2.3	（全市0.6）
服务业营业收入	3 193.92	22.9	8.8	＋0.6
服务业营业利润	63.92	5.1	5.6	－29.7
工业总产值	2 703.69	16.7	－1.7	＋2.2
工业主营业务收入	3 043.55	16.4	－1.7	＋3.6
工业利润总额	178.26	12.9	4.6	＋27.7
建筑业总产值	1 123.66	32.8	5.1	－7.8
税收收入	3 005.34	35.4	4.5	（全市－2.1）
新设企业数量	197 255[注]	96.1	1.6	－0.2
新设企业注册资本	6 455.95	61.4	－18.6	－21.2

注：新设企业数量的单位为户。

（一）出口、投资、消费三大需求协调发展

1. 进出口延续向好态势，继续引领全市

2019年以来，受中美经贸摩擦升级等因素影响，全市进出口贸易呈现小幅萎缩态势，但民营企业对外贸易延续了向好态势。2019年上半年，民营企业实现进出口总额3 429.35亿元[①]，同比增长8.9％，增速同比提高0.2个百分点。其中，出口额增长10.3％，增速同比下降3.7个百分点；进口额增长7.7％，增速同比提高3.4个百分点。民营进出口总额占全市平均水平比重为21.6％，较2018年同期提高2.1个百分点；其中出口额占全市平均水平比重26.1％，进口额占全市比重18.7％，分别较2018年同期提高2.5和1.8个百分点。

2. 投资增速提升，房地产投资增长较快

受房地产投资快速增长带动，2019年上

---

①　民营企业进出口数据的统计范围为私营企业、集体企业和个体工商户。

半年民营固定资产投资①同比增长17.4%,增速较2018年同期提高4.1个百分点,快于全市平均水平12.4个百分点。从投资结构看,民营房地产投资同比增长18.6%,增速较2018年同期提高8.6个百分点,快于全市平均水平14.7个百分点,为全市房地产市场"价稳量升"提供有力支撑;工业投资方面,2019年上半年全市工业投资在一批重大项目陆续推进的支撑下实现了17.0%的同比增速,而民营工业投资增长乏力,由于缺少重点产业项目支撑,投资增速由2018年同期同比大幅增长51.8%转为同比下降4.2%。

3. 消费平稳增长,稳定器作用持续增强

2019年上半年,民营经济实现限额以上社会消费品零售额1 598.23亿元②,同比增长7.9%,增速比2018年同期提高1.9个百分点,但略低于全市平均水平0.5个百分点。民营限额以上社会消费品零售额占上海全社会消费零售总额比重为24.0%,较2018年同期提高了1.5个百分点。

(二)服务业引领发展,工业生产小幅下降

1. 服务业继续引领发展,行业效益分化加剧

民营社会服务业发展势头较好。2019年上半年,规模以上服务业企业实现营业收入3 193.92亿元③,同比增长8.8%,增速高于全市服务业平均水平0.6个百分点;营业利润63.92亿元,同比增速由2018年同期下降35.3%转为增长5.6%,营业收入利润率2.0%,较2018年同期提高0.4个百分点,但低于全市平均水平7.0个百分点。民营服务业营业收入、营业利润占全市服务业的比重分别为22.9%和5.1%。分行业看,互联网和相关服务、商务服务业表现突出,规模以上营业利润分别同比增长216.8%和90.0%,而文体娱乐、租赁业等行业处于亏损状态。

民营批发零售业持续小幅萎缩,住宿餐饮业由降转增。2019年上半年,民营限额以上批发零售企业实现商品销售额14 321.39亿元,同比下降2.3%(全市商品销售总额增长0.6%),降幅较2018年同期扩大0.8个百分点;限额以上住宿餐饮企业实现营业额186.54亿元,由2018年同期下降0.2%转为同比增长0.8%。

此外,6家民营企业获得市政府颁发的新一批"贸易型总部"企业认证(占比40%)。

2. 工业生产小幅下降,企业利润保持增长

今年以来,上海民营工业运行总体呈现收缩态势。上半年,规模以上工业总产值④

---

① 民营固定资产投资额、商品零售额的统计范围包括私营、集体、私营控股和集体控股企业。
② 民营商品零售额、固定资产投资额的统计范围包括私营、集体、私营控股和集体控股企业。
③ 服务业营业收入、营业利润的统计范围为规模以上服务业企业,不包括房地产业。
④ 民营经济工业总产值的统计范围包括上海私营、集体、私营控股和集体控股企业。

2 703.69亿元,同比增速由2018年同期增长5.4%转为下降1.7%,降幅低于全市工业平均水平2.2个百分点。民营工业总产值占全市工业比重达16.7%,较2018年同期提高了2.0个百分点。32个工业行业中,仅12个行业实现产值同比增长,较2018年同期减少6个。受中美贸易摩擦及推行"国六"标准的影响,汽车制造业产值同比下降16.7%,对民营工业的影响最为严重,相关零部件生产以及原材料供应企业均受到不同程度冲击。

2019年上半年,规模以上工业主营业务收入3 043.55亿元,同比增速由2018年同期增长8.6%转为下降1.7%,降幅低于全市工业平均水平3.6个百分点;规模以上工业利润总额178.26亿元,同比增长4.6%(全市工业平均水平下降23.1%),增速同比回落4.5个百分点。营业收入利润率为5.9%,较2018年同期提高0.4个百分点,与全市工业平均水平(7.5%)的差距同比缩小了2.4个百分点。分行业看,32个工业行业中仅14个行业主营业务收入实现同比增长,较2018年同期减少10个;29个行业实现盈利,较2018年增加1个,利润增量居前三位的分别是专用设备制造业、化学原料和化学制品制造业和医药制造业。

(三)经济社会贡献突出,新动能不断积聚

1. 税收增速放缓,全市占比保持高位

在减税降费力度持续加大、全市税收收入同比下降2.1%的背景下,2019年上半年上海民营经济完成税收收入3 005.34亿元[①],同比增长4.5%,增速较2018年同期回落了3.6个百分点。其中,私营企业(1 452.37亿元)、非国有控股企业(1 293.03亿元)税收收入分别增长2.9%和2.8%,增速较2018年同期均有所回落,个体经营者(243.22亿元)税收收入增速由降转增,为30.3%。

从占比情况看,2019年上半年,民营经济税收收入占全市税收收入的比重为35.4%(见图3-1),较2017年同期提高2.3个百分点。

2. 政策效应凸显,创新动能不断积聚

2019年上半年,上海注册登记的新设民营市场主体为19.73万户[②](见表3-2),同比增长1.6%,增速较2018年上半年同期下降14.9个百分点;其中,5月份、6月份新设市场主体户数分别同比下降了13.3%和12.0%。新设民营市场主体占上海全部新设市场主体的比重达96.1%,较2018年同期小幅下降0.2个百分点。新设民营市场主体注册资本合计6 455.95亿元,同比下降18.6%;占全市新设市场主体注册资本总额的61.4%,较2018年同期下降了21.2个百分点。

2019年上半年,全市新增246家高新技

---

① 民营经济税收收入不含海关代征的增值税、消费税,证券交易印花税。统计范围包括私营企业、集体企业、股份合作企业、个体经营以及私营控股、集体控股企业(联营企业、有限责任公司、股份有限公司)。

② 民营市场主体户数、注册资本的统计范围包括私营企业、个体工商户和农民专业合作社。

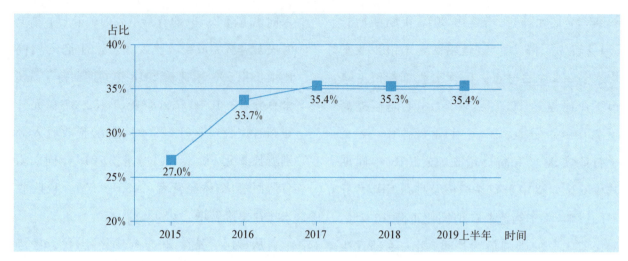

图 3-1　近几年民营企业税收收入占全市比重

表 3-2　2019 年上半年新设民营企业主要指标

指　　标	全 市 企 业		民 营 企 业		
	指标值	同比增速	指标值	同比增速	占全市比重
新设企业(户)	205 183	1.8%	197 255	1.6%	96.1%
新设企业注册资本(亿元)	10 520.47	9.5%	6 455.95	−18.6%	61.4%

术企业中,约八成为民营企业;奥盛集团等 44 家单位被认定为上海首批民营企业总部。随着设立科创板并试点注册制重大任务落地,截至 2019 年上半年末,上交所科创板共受理申报上海企业 21 家(全国共 141 家),其中民企 17 家,占 81.0%(2018 年度平均营业收入 6 亿元,平均净利润超 1 亿元,在全国各省市位于前列);7 月 22 日科创板正式开市,首批 25 家上市企业中上海企业 5 家(与北京并列第一),其中民企 3 家,占 60%。一批"科技小巨人"企业已成为集成电路、生物医药、软件和信息服务等行业高成长性科技型企业的标杆群体和引领未来上海产业创新发展的重要力量。互联网+、共享经济、移动支付等领域的科创企业发展势头良好。致力于解决钢材流通领域用户痛点的电商平台——找钢网获评上海市"2019 年'双推'工程服务平台";作为在线导购行业翘楚,返利网的注册用户达 2 亿个,合作伙伴囊括 400 多家电商及 2 万多个知名品牌。

三、上半年上海民营经济运行存在的主要问题和相关建议

（一）民营经济运行存在的主要问题

1. 中美经贸摩擦升级、主要经济体增长放缓等外部环境变化带来外需走弱、进口成本上升压力

一是部分出口企业因价格失去竞争优

势,在美市场份额大幅缩减。东富龙科技表示,加征关税可能会使公司损失价值1.3亿元的订单,公司已开始考虑是否放弃美国市场;五金工具出口企业反映,加征关税后直接吞噬10%~15%的毛利,对整个产业链产生影响。二是直接拉高企业进口成本。调研显示,69.1%的上海企业不同程度受到原材料进口成本的影响。三是动摇部分高新技术企业开拓美国市场的预期,劳动密集型企业加速产能转移的意愿上升。华明电力设备表示对拓展美国市场可能遇到歧视性政策有一定的担忧;连尚网络认为经贸摩擦进一步升级将影响国内软件在海外上架;创侨实业表示,公司90%以上产品出口美国,加征关税后已停止向美出口,并加快向埃塞俄比亚、越南等国转移产能。

2. 税费成本高企成为制约民营企业发展的主要瓶颈

一是社保费率降低政策惠及企业的实际程度有限。2019年5月1日起,基本养老保险费率企业部分从原规定的20%降至16%,但上海社保缴费基数下限为4 927元,分别比北京、广州、深圳高36%、30%、124%,社保基数的连续上调部分抵消了养老保险费率下降的减负效果;而且社平工资(社保基数计算依据)还在以每年10%的增速增加。二是增值税成为主要税负。2018年全年,上海增值税收入达5 248.8亿元,占税收比重38%。企业反映,即使在目前增值税税率下调3个点的前提下,增值税占企业全部应缴税收的比例仍高达68%左右。三是民企的成本问题比其他所有制企业更突出。调查数据显示,从制造业看,70.3%的民企反映"劳动力成本高"是企业面临的首要问题;59.0%反映"物流成本高";54.8%反映"原材料价格上涨"影响明显,分别高出全市8.7、10.0和2.8个百分点。从非制造业看,43.3%的民企反映"劳动力成本高",是反映最多的困难和问题。部分企业不得不采取业务外包、工厂外迁等方式进行应对。

3. 金融支持民营经济发展的手段与力度有待加强

一是民企融资增速低于平均水平。截至2019年第一季度末,金融机构人民币各项贷款余额同比增长13.7%,其中民企贷款余额仅增长6.7%。二是金融体系大量资金未能流到实体经济。6月下旬,上海两大银行间隔夜利率同时跌破1%,而针对实体经济的信贷利率居高不下。一方面实体经济不良贷款率远高于平均水平,另一方面信息不对称造成银行和评估机构获得中小微企业全面信用信息的成本过高,导致银行放贷意愿不强。三是政府基金撬动社会资金的杠杆作用不够。据测算,上海中小微企业政策性融资担保基金的放大倍数约为2倍,而北京中关村、深圳高新投分别达到8.67倍和8.15倍;此外,上市公司纾困基金、政策性融资担保基金等相关政策尚未用足额度。

(二)进一步促进民营经济发展的建议

1. 直面经贸摩擦影响,抓住机遇应对挑战

政府层面。一是采取有效措施帮助民营企业稳定预期,如建立信息发布机制,加强调

研信息共享;建立战略性新兴产业重点行业预警平台。二是通过直接补贴、增加出口退税比例、适当缓交社保费用、提高通关效率降低制度成本等方式,针对受中美经贸摩擦影响较大的企业,加大精准帮扶力度。三是积极助推民营企业开拓市场,如对出口额较大的"上海品牌"重点企业,在政府采购中优先考虑;搭建民营科技企业与国企、央企和军工企业对接平台;引导和支持民企参与"一带一路"建设、参展国际化大型交易活动等。四是加大扶持力度,鼓励民企创新与产业升级,引导民企加大对基础研究和应用研究的投入;支持内资高技术行业领军企业发展带动产业链整体优化升级;促进高技术产品的国内应用。五是抓住人才留美难度增大的时机,通过组团赴美招聘方式,主动吸纳人才回国。

企业层面。可通过积极调整产品结构、加大研发投入、加快引进海外人才、进一步优化产业链布局等方式,积极对冲中美经贸摩擦带来的不利影响。

2. 切实降低税费成本,激发民营企业活力

一是研究完善上海更好落实国家各项减税政策的相关制度设计,规范操作流程,确保取得实效。借鉴"粤港澳大湾区个人所得税优惠政策",在长三角示范区、自贸试验区等地域探索对高端人才、紧缺人才实施个人所得税补贴及返还。二是进一步加大涉企行政事业性收费、建设项目收费等清费力度;加强与国家部委沟通,争取在上海试点停征或免征部分事权在中央的政府性基金、行政事业性收费等;规范第三方中介服务收费。三是进一步降低企业社保缴费负担。研究企业部分社保缴费基数的调整机制,参照兄弟省、区、市的做法,将社保缴费基数下限由社平工资的60%降低为40%;同时通过竞争性领域的国资国企混改等途径,将所得收益补贴社保资金缺口。四是建议由市经济信息化委牵头,在"一网通办""企业服务云"上搭建减轻企业负担综合服务平台,实现查询、举报、处理三大功能,切实服务实体经济。

3. 着力缓解民企融资难题,促进实体经济发展

一是打通政府部门、金融机构、商业机构等信息交互渠道,强化市公共信用信息服务平台功能,支持平台统筹社会商业机构的涉企信息,并积极推动与央行征信平台之间的信息互通。二是充分发挥民企所在商会、协会等社会组织的作用,加快会员企业的诚信机制建设。三是发挥好政策性融资担保基金的引导功能,增强融资担保基金运作的市场化、专业性,强化基金的放大效应。四是完善企业资产评估和交易市场,培育壮大企业资产评估专业机构,支持发展企业各类资产处置的专业市场和平台。支持开展资产证券化、知识产权证券化等金融工具创新应用。

四、附录——2019 年上半年上海民营工业经济运行分析

2019 年以来,面对日益复杂严峻的国

内外经济形势,尤其是中美贸易摩擦升级与国内经济转型的叠加影响,上海民营工业运行总体呈现收缩态势,工业投资动力不足。2019年上半年,在规上工业总产值、主营业务收入均呈小幅下降态势的情况下,工业企业利润总额仍保持增长,收入利润率进一步缩小了与全市的差距(见表3-3)。

表3-3 2019年上半年民营规模以上工业主要指标

指标	民营工业 绝对值(亿元)	民营工业 同比增长(%)	全市工业 绝对值(亿元)	全市工业 同比增长(%)
工业总产值	2 703.69	-1.7	16 169.3	-3.9
主营业务收入	3 043.55	-1.7	18 503.4	-5.3
利润总额	178.26	4.6	1 379.62	-23.1

(一)工业生产小幅下降,全市占比有所提高

2019年上半年,上海民营经济实现规模以上工业总产值①2 703.69亿元,同比增速由2018年同期增长5.4%转为下降1.7%,降幅低于全市工业平均水平2.2个百分点。民营工业总产值占全市工业的比重为16.7%,较2018年同期提高了2个百分点(见图3-2)。

从分行业产值指标看,32个工业行业中,20个行业规模以上工业总产值同比下降,较2018年同期增加6个。其中,汽车制造业(235.75亿元,-16.7%),有色金属冶炼和压延加工业(73.20亿元,-24.3%),皮革、毛皮、羽毛及其制品和制造业(58.87亿元,-25.5%),橡胶和塑料制品业(171.70亿元,-6.8%),金属制品业(202.18亿元,-4.4%)和纺织服装、服饰业(65.45亿元,-11.6%)

图3-2 上海民营规模以上工业总产值同比增长情况

---

① 民营经济工业总产值的统计范围包括上海私营、集体、私营控股和集体控股企业。

等行业产值同比减量靠前。

12个行业实现规模以上工业总产值同比增长,较2018年同期减少6个。其中,计算机、通信和其他电子设备制造业(195.32亿元,23.4%)、化学原料和化学制品制造业(247.21亿元,9.0%)、电气机械和器材制造业(364.58亿元,2.9%)和通用设备制造业(295.78亿元,2.6%)等行业产值同比增量靠前。

(二)主营业务收入小幅下降,降幅低于全市工业

2019年上半年,上海民营工业实现规模以上主营业务收入3 043.55亿元,同比增速由2018年同期增长8.6%转为下降1.7%,降幅低于全市工业平均水平3.6个百分点。

32个工业行业中,18个行业主营业务收入同比萎缩,较2018年同期增加10个。其中,汽车制造业(276.48亿元,−20.3%),有色金属冶炼和压延加工业(134.74亿元,−20.3%),皮革、毛皮、羽毛及其制品和制造业(55.79亿元,−26.8%),橡胶和塑料制品业(208.05亿元,−6.5%),纺织服装、服饰业(67.38亿元,−12.4%),造纸和纸制品业(59.54亿元,−8.6%)等行业收入减量靠前。

14个行业主营业务收入同比增长,较2018年同期减少10个。其中,计算机、通信和其他电子设备制造业(212.24亿元,24.4%),化学原料和化学制品制造业(269.32亿元,5.7%),专用设备制造业(187.48亿元,8.2%),金属制品业(230.10亿元,3.8%),通用设备制造业(309.13亿元,2.7%),电气机械和器材制造业(406.87亿元,1.8%)等行业收入增量靠前。

(三)利润总额增速回落,收入利润率同比略有提高

2019年上半年,上海民营工业实现规模以上利润总额178.26亿元,同比增长4.6%(全市工业利润同比下降23.1%),增速同比回落了4.5个百分点。民营工业企业主营业务收入利润率为5.9%,较2018年同期提高0.4个百分点,与全市工业平均水平(7.5%)的差距同比缩小了2.4个百分点。

32个工业行业中,29个行业实现不同程度盈利,其中14个行业实现盈利增长,较2017年同期减少4个,14个行业盈利萎缩,较2018年同期增加6个;仍有3个行业出现亏损,较2018年同期减少1个。

专用设备制造业(13.31亿元,83.9%),化学原料和化学制品制造业(27.96亿元,24.6%),医药制造业(16.34亿元,20.6%),文教、工美、体育和娱乐用品制造业(6.87亿元,21.9%),计算机、通信和其他电子设备制造业(5.67亿元,23.4%),电力、热力生产和供应业(1.54亿元,2.28倍)等行业对民营工业利润保持增长做出了重要贡献。

而汽车制造业(16.15亿元,−28.6%),橡胶和塑料制品业(10.89亿元,−14.8%),有色金属冶炼和压延加工业(1.34亿元,−43.5%),电气机械和器材制造业(21.4亿元,—4.2%),皮革、毛皮、羽毛及其制品和制造业(4.1亿元,—15.7%)等行业利润总额同比萎缩。

(四)缺少大项目支撑,工业投资动力不足

2019年以来,上海工业投资持续发力,在一批重大项目陆续推进的支撑下,2019年上半年工业投资同比增长17.0%。然而,民营工业投资由2018年同期同比大幅增长51.8%转为同比下降4.2%。2019年全市重点产业项目投资计划中,民营企业所占比重明显较低。

(供稿单位:上海市工商业联合会,主要完成人:徐惠明、封丹华、张捍、刘佳、韩莹、徐玲玲)

专题四

2019 年上半年上海市民营经济运行分析及下半年趋势预测

2019 年以来，上海坚持稳中求进工作总基调，坚持新发展理念，加快落实三项新的重大任务，大力推进"五个中心""四大品牌"建设和放管服改革，全面落实促进民营经济健康发展"27 条"，出台深化科改"25 条"、鼓励设立民企总部若干意见、金融服务民企"19 条"等政策，为民营经济发展提供了良好契机。

一、2019 年上半年上海民营经济运行情况

（一）民营经济运行的基本态势

2019 年上半年，上海民营经济运行总体平稳、符合预期。民营经济总体稳定的基本态势没有改变，经济运行稳中有进、提质增效取得进展，主要表现在五个方面。

1. 进出口进一步引领全市

2019 年以来，受中美经贸摩擦升级等因素影响，全市进出口贸易呈现小幅萎缩态势，但民营企业对外贸易延续了向好态势。2019 年上半年，民企实现进出口总额 3 429.35 亿元[①]，同比增长 8.9%，全市同比下降 1.8%。其中，出口额增长 10.3%，增速同比下降 3.7 个百分点；进口额增长 7.7%，增速同比提高 3.4 个百分点。民营进出口总额占全市比重为 21.6%，较 2017 年同期提高 2.1 个百分点；其中出口额占全市比重 26.1%，进口额占全市比重 18.7%，分别较 2018 年同期提高 2.5 和 1.8 个百分点。

2. 消费稳定器作用进一步增强

2019 年上半年，民营经济实现限额以上社会消费品零售额 1 598.23 亿元[②]，同比增长 7.9%，增速比 2018 年同期提高 1.9 个百分点，略低于全市平均水平 0.5 个百分点；占上海全社会消费零售总额比重为 24.0%，高于 2018 年同期 1.5 个百分点。

3. 产业结构进一步优化

2019 年上半年，民营服务业发展明显好于制造业。规模以上服务业企业实现营业收入 3 193.92 亿元[③]，同比增长 8.8%；营业利润 63.92 亿元，同比增速由 2018 年同期下降

---

① 民营企业进出口数据的统计范围为私营企业、集体企业和个体工商户。
② 民营商品零售额、固定资产投资额的统计范围包括私营、集体、私营控股和集体控股企业。
③ 服务业营业收入、营业利润的统计范围为规模以上服务业企业，不包括房地产业。

35.3%转为增长5.6%,营业收入利润率2.0%,较2018年提高0.4个百分点。分行业看,互联网和相关服务、商务服务业表现突出,规模以上营业利润分别同比增长216.8%和90.0%。从民营房地产投资看,同比增长18.6%,增速快于全市同期14.7个百分点,为全市房地产市场"价稳量升"提供有力支撑。此外,6家民营企业获得市政府颁发的新一批"贸易型总部"企业认证(占比40%)。

4. 税收贡献进一步提高

在减税降费力度持续加大、全市税收收入同比下降2.1%的背景下,上半年上海民营经济完成税收收入3 005.34亿元①,同比增长4.5%(增速较2018年同期回落3.6个百分点);民营税收占全市比重为35.4%,较2018年同期提高2.3个百分点。私营企业、非国有控股企业、个体经营者税收收入分别同比增长2.9%、2.8%和30.3%。

5. 发展新动能进一步积聚

2019年上半年,全市新增246家高新技术企业中,约八成为民营企业;奥盛集团等44家单位被认定为上海首批民营企业总部。随着设立科创板并试点注册制重大任务落地,截至2019年上半年末,上交所科创板共受理申报上海企业21家(全国共141家),其中民企17家,占81.0%(2018年度平均营业收入6亿元,平均净利润超1亿元,在全国各省、区、市中位于前列);7月22日科创板正式开市,首批25家上市企业中上海企业5家(与北京并列第一),其中民企3家,占60%。一批科技小巨人企业已成为集成电路、生物医药、软件和信息服务等行业高成长性科技型企业的标杆群体和引领未来上海产业创新发展的重要力量。

(二)民营经济的一些困扰

另一方面,在外部环境变化、国内经济转型等多重因素叠加影响下,一些经济指标下行压力较大,存在一定隐忧,主要表现在三个方面。

1. 工业生产同比小幅下降

2019年以来,上海民营工业运行总体呈现收缩态势。2019年上半年,规模以上工业总产值②2 703.69亿元,同比增速由2018年同期增长5.4%转为下降1.7%,汽车、有色、皮革制品制造业产值下滑尤为明显,降幅分别为16.7%、24.3%和25.5%。规模以上工业主营业务收入3 043.55亿元,同比增速由2018年同期增长8.6%转为下降1.7%;规模以上工业利润总额178.26亿元,同比增长4.6%,增速同比回落4.5个百分点(尽管如此,民营工业经营形势略好于全市。工业总产值、营业收入、利润三项指标降幅均小于全市水平,工业总产值占全市比重16.7%,同比提高了2.0个百分点;营业收入利润率5.9%,同比提高0.4个百分点,与全市差距缩小了2.4个百分点)。

---

① 民营经济税收收入不含海关代征的增值税、消费税、证券交易印花税。统计范围包括私营企业、集体企业、股份合作企业、个体经营以及私营控股、集体控股企业(联营企业、有限责任公司、股份有限公司)。

② 民营经济工业总产值的统计范围包括上海私营、集体、私营控股和集体控股企业。

2. 投资动力不足

2019年以来，全市工业投资持续加力，在一批重大项目陆续推进的支撑下，2019年上半年工业投资同比增长17.0%。然而，民营工业投资由2018年同期同比大幅增长51.8%转为同比下降4.2%，低于全市平均水平。同时，2019年上海重点产业项目投资计划中，民营企业所占比重明显较低。

3. 活力有待激发

2019年上半年，在上海注册登记的新设民营市场主体为19.73万户，同比增长1.6%，增速较2018年同期下降14.9个百分点；其中，5、6月份新设市场主体户数分别同比下降了13.3%和12.0%。

二、2019年下半年上海民营经济运行趋势预测

上海民营经济发展中机遇与挑战并存，积极因素在增多，2019年下半年落实"3+1"重大任务带来的政策红利也将逐步释放。综合各种因素考虑，在外部环境不发生重大变化的情况下，预计2019年下半年民营经济运行将缓中趋稳，总体形势有望好于2019年上半年。

（一）民营企业总体来看对后势较为乐观

从市工商联民营企业运行状况调查结果来看，在对2019年第三季度的市场预期中，大部分企业仍持较为乐观态度：认为市场需求将增长或持平的企业比例分别为38.5%和48.6%，认为将下降的仅12.9%；表示营业收入和净利润将增长的企业分别有39.1%和37.9%，表示将持平的分别有45.9%和44.9%，表示将下降的分别有15.0%和17.2%；预期资金需求增长或持平的企业比例分别为39.6%和52.5%，而预期下降的比例仅为7.8%。在评估中美经贸摩擦对企业的影响程度时，有49.6%和43.6%的企业分别表示影响较小和没有影响，仅有6.8%的企业表示影响较大。

（二）制造业有望缓中趋稳，但下行压力依然存在

根据国家统计局上海调查总队测算，2019年6—12月上海民营制造业PMI预测值呈现先抑后稳的态势。具体来看，6—8月指数预测值在47点附近徘徊；随着9—10月制造业传统旺季的到来，指数重回扩张区；指数在11月短暂收缩后于12月再次回到临界值。总体上，6—12月PMI预测均值（49.0）处于临界值以下，表明下半年民营制造业下行压力依然存在。同时，反映企业对未来三个月预期的生产经营预期指数1—5月均值为50.7，低于2018年同期4.5点，其中5月指数为48.8，表明民营制造业企业对未来市场前景不甚乐观。如从部分行业看，生物医药产业呈现稳中向好态势。1—5月，民营生物医药制造业PMI均值为53.0，运行于临界点上方。分项指数中，生产指数均值为58.1，位于高景气区间，生产扩张趋势明显；新订单指数均值为55.7，显示市场需求总体较为强劲；预

期指数均值为56.2,表明企业较为看好生物医药行业的发展,对市场充满信心。汽车制造业运行态势堪忧。受中美经贸摩擦影响车市需求持续下滑,2019年上半年全市汽车产量下降18.3%,整车、零部件生产以及原材料供应企业均受到不同程度冲击。"国六"标准的推行和实施,尽管有利于加速行业洗牌,推进技术升级和产品质量提升,但从短期来看仍会对车市销售产生影响。1—5月,民营汽车制造业PMI均值为45.0,其中5月(35.5)为年内新低;分项指数中的预期指数均值为36.0,表明民营车企对后市并不看好。

(三)服务业企业信心较足,发展形势可期

生产经营预期指数显示服务业信心较足。1—5月服务业生产经营预期指数均值为54.6,高于2018年同期0.2点,其中5月指数为56.1,处于高景气区间,表明民营服务业企业对未来市场前景充满信心。如从部分行业看,互联网相关产业步入快车道。上海持续发力扶持互联网信息技术相关产业,1—5月,民营信息传输、软件和信息技术服务业预期指数达到60.6,显示2019年下半年发展形势可期。政策利好快递行业发展。鼓励设立民企总部若干意见、支持民营快递企业发展的指导意见出台有利于民营快递企业总部在沪集聚。1—5月,民营交通运输业PMI均值为53.4,商务活动指数(51.7)、新订单指数(53.1)、从业人员指数(57.6)、预期指数(59.2)等分项指数也均处于扩张区;其中5月预期指数为67.3,在服务业各行业中遥遥领先。

三、上海民营经济运行中存在的主要问题和相关建议

(一)民营经济运行中存在的主要问题

2019年以来,在市委市政府的大力推动下,上海营商环境进一步优化。特别是促进民营经济健康发展"27条"实施以来,企业获得感得到提升,对促进上海民营经济健康发展起到了积极作用。但是,通过一系列调研,企业反映"亲不足、税负重、费用高、融资难、用工贵"等问题依然一定程度存在,具体表现在以下四个方面。

一是民间投资环境有待进一步改善。2019年上半年,上海民营工业投资同比下降4.2%,而2018年同期全市工业投资同比增长17.0%。构建亲清新型政商关系存在"清有余而亲不足"的现象,市场准入依然存在"隐形门槛"。调研显示,63.89%的企业认为,上海在思想观念上还存在"重国有、轻民营""重大企业、轻小企业"的现象;63.4%的企业表示参与重大战略项目的门槛太高。同时,目前土地使用政策、建设项目审批等仍需进一步提速。

二是中美经贸摩擦升级拉高企业成本。如五金工具出口企业反映,加征关税后直接吞噬10%~15%的毛利,对整个产业链产生影响。部分出口企业因价格失去竞争优势,在美市场份额大幅缩减。同时,电子、医药等

行业企业进口成本上升压力加大,对受中美经贸摩擦影响较大的行业或企业缺乏有针对性的指导和帮助。

三是减税降费有待持续深入。社保费率降低政策惠及企业的实际程度有限。2019年5月1日起,基本养老保险费率企业部分从原规定的20%降至16%,一定程度上缓解了企业压力,但上海社保缴费基数下限经过2019年上半年两次上调基数后,达到4 927元,分别比北京、广州、深圳高36%、30%、124%,社保基数的连续上调部分抵消了养老保险费率下降的减负效果。同时,增值税成为主要税负。2018年全年,上海增值税收入达5 248.8亿元,占税收比重38%。企业反映,即使在目前增值税税率下调3个点的前提下,增值税占企业全部应缴税收的比例仍高达68%左右。

四是融资难和融资信息不对称等问题依然较为明显。截至2019年6月末,上海集体控股企业和私人控股企业贷款共计1.45万亿元,占全部企业贷款的33.1%,贷款增速为1.34%,低于全国平均水平。一方面,促进民营经济健康发展"27条"中的"三个100亿元"的作用尚待进一步发挥,如上海中小微企业政策性融资担保基金的放大倍数与北京、深圳等相比明显偏低。另一方面,央行征信中心与市公共信用信息服务平台尚未连通,银行和评估机构获得中小微企业全面信用信息的成本过高。

(二)进一步促进民营经济发展的建议

2019年7月30日召开的中央政治局会议对2019年下半年经济工作作出重要部署,市委市政府正加快落实中央要求,建议进一步稳定制造业投资,帮助民营经济降本减负,鼓励民营经济创新转型,为上海民营经济发展营造更优良的环境。

1. 大力促进民间投资

一是努力践行亲清新型政商关系。在强调一视同仁的同时,引导资源向效率高的领域倾斜,在提升经济密度上对标深圳等地出实招硬招,加快项目审批速度、提高土地利用效率。二是鼓励民间资本参与上海重大项目建设。在战略性新兴产业,教育、医疗、养老等社会事业,交通、能源、城建、保障房等公共领域,制定《上海市重大建设项目面向民间投资招标工作制度》,推出一批鼓励民间投资参与建设运营的具体项目并进行公开招标。三是进一步消除隐性投资壁垒,优化民企投资结构。在"混改"中将"民营资本参与率"作为硬性考核指标,切实保护民企的投资权利;适度降低行业准入门槛,在保持政府对经济有效管控的前提下,逐步扩大允许民企民资进入的领域。

2. 妥善应对中美经贸摩擦带来的持续影响

一是采取有效措施帮助民营企业稳定预期,如建立信息发布机制,加强调研信息共享;建立战略性新兴产业重点行业预警平台。二是通过直接补贴、增加出口退税比例、适当缓交社保费用、提高通关效率降低制度成本等方式,对受中美经贸摩擦影响较大的行业和企业,加大精准帮扶力度。三是积极助推民营企业开拓市场,如对出口额较大的"上海品牌"重点企业,在政府采购中优先考虑;搭建民营科技企业与国企、央企和军工企业对接平台;引导和支持民企参与"一带一路"建设、参展国际化大型交易活动等。四是抓住人才留美难度增大的时机,通过鼓励企业赴美招聘方式,主动吸纳人才回国。

3. 切实帮助民营企业减负降压

一是研究完善上海更好落实国家各项减税政策的相关制度设计,进一步研究扩大增值税留抵退税的行业范围,完善制度设计、规范操作流程。二是进一步加大涉企行政事业性收费、建设项目收费等清费力度;加强与国家部委沟通,争取在上海试点停征或免征部分事权在中央的政府性基金、行政事业性收费等;规范第三方中介服务收费。三是进一步降低企业社保缴费负担。研究企业部分社保缴费基数的调整机制,参照兄弟省市做法,将社保缴费基数下限由社平工资的60%降低为40%;同时通过竞争性领域的国资国企"混改"等途径,将所得收益补贴社保资金缺口。四是建议由市经济信息化委牵头,在"一网通办""企业服务云"上进一步完善减轻企业负担综合服务平台,实现查询、举报、处理三大功能,进一步提高服务实体经济的有效性。

4. 着力缓解民营企业融资难融资贵问题

一是打通政府部门、金融机构、商业机构等信息交互渠道,强化市公共信用信息服务平台功能,支持平台统筹社会商业机构的涉企信息,并积极推动与央行征信平台之间的信息互通。二是充分发挥民企所在商会、协会等社会组织的作用,加快会员企业的诚信机制建设。三是发挥好政策性融资担保基金的引导功能,增强融资担保基金运作的市场化、专业性,强化基金的放大效应。四是完善企业资产评估和交易市场,培育壮大企业资产评估专业机构,支持发展企业各类资产处置的专业市场和平台。支持开展资产证券化、知识产权证券化等金融工具创新应用。

(供稿单位:上海市工商业联合会,主要完成人:徐惠明、封丹华、张捍、刘佳、韩莹、徐玲玲)

专题五

长三角一体化中的企业需求调研研究报告

一、概述

长三角地区历来是我国经济最为发达的地区之一，也是"一带一路"倡议与长江经济带战略重要的交汇地带，具有举足轻重的地位。2018年11月5日，习近平总书记在首届中国国际进口博览会开幕式上发表主旨演讲时提到，将支持长江三角洲区域一体化发展并上升为国家战略，长三角区域内经济创新协同发展的重要性进一步提升。

与此同时，中共中央、国务院于2019年12月1日印发了《长江三角洲区域一体化发展规划纲要》，明确了长三角"一极三区一高地"的战略定位，长三角通过一体化发展，成为全国经济发展强劲活跃的增长极，成为全国经济高质量发展的样板区，率先基本实现现代化的引领区和区域一体化发展的示范区，成为新时代改革开放的新高地。

在这一背景下，市工商联课题组在长三角商会组织联席会议的框架下，发挥体制机制优势，通过问卷调查①的形式，以18∶1∶1的比例，对民营企业、国企、外企开展调研，重点了解长三角一体化中各所有制企业的需求，促进规划对接、改革联动、创新协同、设施互通、市场开放，从而推动区域内经济优势互补，实现合作共赢，进一步激发经济在长三角联动发展中的潜力和活力，使长三角努力成为高端人才、全球投资、科技创新、优势产业的集聚地，成为在空间便捷、资源配置、产业分工、人文交流、公共服务等方面具有功能互补和良好协调机制的共同体。

2019年5月16日，课题组参与长三角一体化高质量发展讲座，对长三角一体化发展的工作背景、总体目标有了清晰的定义。同时，对科创产业、交通能源、信息化、信用、公共服务、商务金融等细分领域的一体化建设目标及建设成果进行了深入了解。

6月12日，为进一步对长三角高质量一体化发展情况进行深入调研，课题组参加了上海市委统战部牵头、民建市委承办的"长三角更高质量一体化发展"咨询会，倾听了相关专家、企业家对于长三角一体化发展的诉求。

6月28日，由上海市工商业联合会、长三角商会组织联席会议理事会为指导单位，上海新沪商联合会主办的第二届长三角民企发

---

① 本次问卷调查共采集了长三角三省一市1 441份企业的调研问卷，其中上海市563家，安徽省530家，浙江省84家，江苏省264家。

展大会在上海召开,以长三角发展为主题展开议论。杭州市副市长胡伟表示,目前长三角经济总量,已经等于珠三角加上京津冀的总和。但让企业家们感受到紧迫感的是,受粤港澳大湾区规划的影响,广东省珠三角地区九市(广州、深圳、珠海、佛山、东莞、惠州、肇庆、中山、江门)常住人口增长达150万,显见珠三角强劲的人才吸引力。会上,诸多企业家把长三角同珠三角作对比,认为长三角的行政壁垒要向珠三角看齐,作为改革开放的前沿阵地,珠三角的区域开放性、对外的包容性都要更高一些。

与此同时,为了更好地开展本次调研,深入了解企业诉求及提出相关建议,课题组还参加了由上海市工商联举办的企业调研会,对嘉昆太长三角一体化办公室及跨区域经营企业开展实地调研,对嘉定安亭与温州瑞安建立的合作区(飞地创新港)进行实地走访,总计了解了30多家上海或跨区经营企业的实际情况、遇到的困难及建议,对本次课题调研的方向设计提供了信息支撑。

综上所述,本次研究通过采集数据、调查问卷、实地走访等形式,开展了深入研究分析,汇总形成了长三角一体化中与企业切实相关的九大服务资源建设需求,如金融服务环境、合作区环境、信用信息环境、招商环境、国际外部环境、人才流动环境、自贸区扩区、法治环境、市场准入环境等。

根据长三角一体化企业的需求调研结果,按照企业类型、所属省份进行分类统计后,以相关调研反馈结果的百分比为重要参考指标,综合得出长三角一体化中各所有制企业需求迫切情况,包含"3项高迫切""5项中等迫切""1项低迫切"。其中,迫切程度高的需求类型具备的特点是:企业自身需求程度高,且通过长三角一体化的推进能够大大改善企业对于一体化进程感受度的,具有较强获得感的诉求。迫切程度中等的特点为:各所有制企业均有相关诉求,但需要统筹规划,绝非建设单一政策机制或平台系统建设即可完全满足的。迫切程度低的特点为:并未涉及各所有制企业的需求类型,比如外部环境变化对部分涉外企业(如制造业、5G产业链)带来的影响。

表5-1 长三角一体化中各所有制企业需求程度

需 求 类 型	迫 切 程 度
长三角金融服务一体化建设	高
长三角合作区建设	高
长三角区域政务信息及信用信息共享机制建设	高
长三角招商环境一体化建设	中等
长三角人才流动一体化建设	中等
自贸区扩区与长三角一体化的融合	中等

续表

需 求 类 型	迫切程度
长三角法治一体化建设	中等
长三角市场准入一体化建设	中等
长三角一体化应对外部环境变化	低

二、长三角金融一体化建设

长三角是"一带一路"与"长江经济带"的重要交汇地带，是中国经济发展（包括金融活动）最活跃的地区之一，仅占中国2.1%的国土面积，但集中了中国1/4的经济总量，被视为中国经济发展的重要引擎。与此同时，2018年以来，全球经济不确定因素增多，中国经济长期积累的风险隐患开始暴露，企业及企业家"经营难、融资难"问题进一步加剧。因此不断深化长三角金融服务能力，推动金融供给侧结构性改革，增强金融服务实体经济能力，是全面建成小康社会的必然要求，也是长三角一体化中企业的首要需求。

2019年6月13日，国务院副总理刘鹤在第11届陆家嘴论坛演讲中指出，要大力推进上海国际金融中心建设，努力推动"一带一路"建设，加快长三角一体化进程。因此对上海也提出了更多的要求，即如何"以上海国际金融中心建设为引领加强长三角金融合作与政策协同"。第一，从金融业开放角度来看，目前上海已经出台了进一步加大金融业开放力度的创新政策。苏浙皖可借鉴上海先行先试成功经验，主动对接上海在国际金融和自贸区金融开放领域的成功经验，促进长三角地区金融协同发展与合作，充分挖掘三省一市金融业开放潜力。第二，以规模和聚集效应带动长三角地区金融和产业发展，加强长三角地区在金融基础设施方面的互联互通，推进长三角地区金融业务"同城化"，形成以上海为主导的、有层级的、有特色的、合理分工的长三角金融合作布局。

随着产业链一体化发展，例如研发和管理在上海、制造在苏浙皖、销售遍布长三角，已是很多企业常态化经营模式。这是长三角地区要素资源差异、市场化配置的结果。然而，这些企业在跨区域经营时，获取信贷资金并没有那么从容。由于行政区划和监管原因，企业跨区域贷款时会碰到各种各样的障碍，甚至无法获得信贷资金。比如，上海建筑企业在服务长三角一体化的过程中，开展跨区域基础设施建设，总公司无法在当地直接取得贷款，需要首先在当地成立项目公司，即便如此，申请贷款的过程中也会遇到融资成本较上海本地高、放款时间不能得到保障等各种融资困难。

调研结果显示，在接受调研的三省一市各所有制企业中，有72.84%的受访企业表示长三角区域内实行企业跨区融资是有必要的,说明长三角跨区域的金融服务还不能充分满足区域内企业的需求。与此同时,在如何提升长三角区域金融一体化能力方面,本次调研更进一步佐证了建立长三角企业融资信息对接平台、成立区域风险资金池、向金融机构开放数据的必要性,上述做法可有效打通区域内信息、资金、数据的互通。

以浙江省为例,浙江是全国金融改革的前沿阵地,浙江省内获国务院和人民银行总行批准的"金融改革试点项目"仅在当地施行,未将成果转化为经验在区域内推广复制。同时,长三角地区产业链一体化的现象较为明显,以文创产业为例,从作家、书刊发行方、影视制作公司、影视拍摄基地、影视发行方、动画制作公司直至游戏制作公司等,逐渐形成一个完整的产业链,链上的企业错综分布在三省一市内,因此更凸显整合区域内成功案例、充分共享产业信息、实行跨区域融资的重要性。

究其原因,缺少抵押物、企业与金融机构信息不对称、金融服务创新乏力等因素,造成了长三角未有效利用信息、金融资源等基础优势,去化解企业面临的融资难题。

对于如何提升区域金融服务能力,我们的建议有如下三点。

第一,构建区域政府合作机制,成立针对中小微企业的风险缓释基金或风险补偿金,促成金融资源及资本在区域内的自由流动。

2018年,长三角一体化发展投资基金正式落地,实现对跨区域重点项目的支持,如基础设施、环境保护、科技创新等项目。2019年长三角区域合作办公室与中国银行股份有限公司签署《长三角一体化综合金融服务方案》,未来5年,将在长三角地区新设或增加投入1万亿信贷资源,并设立创新研发基地,发挥金融力量,支持长三角地区高质量发展。但受经济形势影响,投资基金及新增信贷资源的举措仍不足以满足长三角区域大量企业的金融需求。因此,建议三省一市建立区域政府合作机制,联合金融机构成立风险缓释基金或风险补偿金,专项用于弥补金融机构在开展金融服务过程中由于企业债务违约等失信行为造成的经济损失。通过更有效地充分发挥财政资金的杠杆撬动作用,引导产业资本、金融资本、社会资本有针对性地支持区域内经济,推动产业发展。

此外,由于监管部门对于银行业金融机构贷款产品的逾期率有考核指标,因此银行低廉的融资服务无法覆盖更多的企业。根据对上海银行、中国银行等银行业金融机构的走访发现,部分金融机构认为适当提高金融产品利率从而降低银行债务违约损失,也可促进银行更大程度地为中小微企业提供金融服务。以上海地区为例,银行贷款产品的逾期率控制在1.5%左右,但如对银行逾期率的考核要求降低至3%,并通过财政资金对超出的1.5%逾期金额进行补偿,则银行会适当放宽审核要求,更多低廉的资金可服务于更多有融资需求的企业。

第二,建立健全区域信息归集共享查询机制,促进区域内金融信息的自由流动。

优化区域金融服务能力,信息归集及共享查询势必先行。金融机构与中小企业之间信息不对称,导致了金融机构与企业之间的风险不透明。通过调研发现,有64.87%的企业对于建立覆盖长三角区域的融资服务对接平台,从而丰富金融信息的获取渠道提出了强烈的诉求。与此同时,国家相关部委也已经在长三角部分城市开展了产融对接试点工作,如工信部于2017年公布了37个国家产融试点城市,其中三省一市均有城市荣获试点城市称号,并且经过2年多的有序运行,已经初具成效并形成了可复制、可推广的产融服务经验。与此同时,国家发改委在创建社会信用体系示范城市的进程中,也要求各城市对信用数据进行归集、梳理,同时也鼓励各地创新开展"信易贷"支持中小微企业融资。上述情况,体现了国家及各地对于加强开展特色化金融服务的重视程度,也反映了企业对于金融服务的诉求极为强烈。

以上海为例,建设国际金融中心近十年来成果显著,集聚了大量中外金融机构,可以说上海是长三角地区金融网络的核心枢纽和最高节点,有着更为广阔的视野和更强的信息筛选能力。上海可以最大程度利用其本身在金融市场、金融信息等方面的优势地位,牵头发布关于长三角地区金融活动相关的信息,为深化长三角地区金融合作提供信息支撑。除了上海知悉的国际金融和经济动态及其对长三角区域金融活动的影响,还可披露上海本身金融活动状况及相关的金融业务的机会与需求,在区域内形成一个良好的金融信息流动通道。

因此,建议充分发挥上海作为国际金融中心的市场及信息优势,并通过长三角地区整合产融服务成功经验,广泛开展区域数据的汇聚共享及创新服务;结合长三角地区社会信用体系建设成果,将长三角金融服务与"信易贷"相结合,实现赋能增效;建立服务于长三角区域的融资对接及信息共享平台,整合多方金融资源,实现金融信息共享,从而有效缓解区域企业融资渠道窄、风险不透明的现状。

第三,在充分激活长三角区域金融活力的同时,探索金融监管在长三角协同开展,防范化解金融风险。

除了通过不断创新、加强长三角区域金融活力外,还需同时注重区域金融风险的不断增加。2017年12月召开的中央经济工作会议指出,打好防范化解重大风险攻坚战,重点是防控金融风险。十九大报告中,将防控金融风险同服务实体经济、深化金融改革摆在同等重要的位置,是金融业发展的三项重点任务之一。

金融机构在长三角地区跨区域经营的现象极为普遍,类金融机构及新金融企业有着放款快、审核通过率高的特性,但同时也伴随着高利率、随意抽贷、暴力催收、无资质非法放贷、非法吸收社会公众存款等潜在问题的产生。如"e租宝""快鹿系""中晋集团"等,频繁的爆雷企业不仅涉及本区域,其通过网络或在长三角其他区域设立分公司、营业部开展业务,同时涉及大量非注册地的债权人及企业。

综上,现有的金融机构管理体系和金融监管体制仍具有明显的地域性,金融监管部门按行政区划各自监管,因此长三角一体化进程中极有必要探索区域协同监管模式。例如,打破地区界限,统一金融监管标准,从而保护金融消费者和投资者在整个长三角地区进行金融活动的合法权益,由上而下地积极推动长三角地区金融的深度合作,注重构建金融健康发展的新环境和长三角区域金融风险防范机制。

因此,为了进一步有效监测预警和防范非法集资,创新现代化社会治理模式,建议建立"长三角地方金融风险预警互通平台",通过汇聚政府主管单位多个信源单位的数据,以及结合互联网舆情数据源,利用大数据技术、人工智能等技术构建非法集资风险模型,实现企业筛查、风险判定、风险企业排名、非法集资企业负面舆情监测、高风险企业预警等,帮助区域金融稳定发展。

三、长三角合作区一体化建设

长三角三省一市在2019年的政府工作报告中都提出要加快推动长三角一体化,其中上海则提出"合力推进长三角一体化发展示范区建设"。其中,建立区域内的合作区,有利于为探索跨省级行政区的治理机制,形成可操作、可复制、可推广的经验。对三省一市的调研结果显示,政府通过建设合作区,形成人才互补、产业配套资源互补、打破区域界限的政策融合企业是极为迫切需求的。

通过调研发现,三省一市在人才、土地、政策、科研实力等方面是可以通过合作区的形式进行有效互补的。因此,各地积极推动合作区建设,在长三角区域内若干省级行政区交界处,划出一小块区域,通过小尺度的合作区进行先行试验,探求突破长三角一体化中深层次的体制机制障碍,并在积累经验后撬动长三角的大尺度一体化,甚至是全域的一体化。

与此同时,区域内合作区建设如火如荼,不忘初心、牢记使命,探索合作创新之路。例如,上海安亭与浙江瑞安建立了合作区——"飞地创新港",建立了科技创新、产业发展、资源互通、人才交流等方面的合作机制;南京与淮安成立"宁淮特别合作区",探索突破"行政区经济";上海与江苏两地政府合作共建"沪苏产业联动集聚区",其作为推进落实长三角一体化发展战略的重要载体,同时也是盐城市深入对接上海的重要平台。

针对合作区建设,我们提出以下三方面建议。

(一)构建一体化的互利共赢税收利益分享机制,发挥合作区创新引领作用

《长江三角洲区域一体化发展规划纲要》中提及,需要建立区域间成本共担利益共享机制。充分发挥区域协调机制的作用,提升一体化发展水平。探索建立跨区域产业转

移、重大基础设施建设、园区合作的成本分担和利益共享机制,完善重大经济指标协调划分的政府内部考核制度,调动政府和市场主体积极性。探索建立区域互利共赢的税收利益分享机制和征管协调机制,促进公平竞争。探索建立区域投资、税收等利益争端处理机制,形成有利于生产要素自由流动和高效配置的良好环境。

以本次走访的安亭与瑞安为例,两地共同特点均是将汽车产业作为支柱产业。但同时,两地的资源差异也很明显,瑞安的企业需要安亭在汽车方面的科研人才用以研发创新,而安亭由于土地资源有限,因此可以将部分产能投放到汽车配套产业完善的瑞安。两地企业受惠于长三角一体化进程,同时两地政府通过税收分配,解决了两地之间因税收问题产生的阻碍,还就两地优势资源形成互补,解决了企业在人才、土地问题上的实际诉求。综上,建立合作区内互利共赢的税收利益分享机制,加强区域内税收优惠政策的协调,有利于构建区域共享机制。

(二)鼓励合作区开展多方面的创新改革

随着长三角一体化进程的加快,各地打破地域观念限制,形成特色创新案例。以南京与淮安设立的特别合作区为例,其通过"四大特色"探索合作区建设。一是特别的运作机制,充分发挥市场的决定性作用。例如,江北新区和盱眙县采取股份制方式共同设立产业发展基金,探索建立合理的利益分享机制,充分调动各方主动性和积极性。二是特别的管理模式,充分发挥两地各自优势。例如,由江北新区主导经济管理和建设事务,盱眙县负责征地拆迁和社会事务,两地政府各有关部门都要积极支持。通过科学有效的分工,探索形成高效、共赢、可持续的"飞地"发展新模式。三是特别的发展路径。践行新发展理念,坚持走创新驱动高质量发展的新路子,真正做到围绕产业链布局创新链、强化要素链。四是共同争取特别政策。例如,建设用地安排、基础设施建设补助以及改革试点示范等方面的特殊政策,共同争取赋予合作区地区经济管理权限,实现"区内事务区内办理"。综上,以各地成功案例为蓝本,加强复制推广,大力鼓励和支持合作区开展多方面的创新改革。

(三)合理布局合作区的地理位置

建议设立长三角一体化合作区,并借助中国(上海)自由贸易试验区扩区、中国进口博览会等契机,在省市双边或多边交界地带选择发展空间足、基础条件相对较好的区域优先设立。一是可在省市交汇地带,如嘉定、青浦、金山、嘉善、苏州等地,设置"飞地"合作区;二是可在港区附近设置合作区,便于形成长三角海洋经济带,如洋山港或北仑港区等。

四、长三角区域政务信息一体化建设

长三角一体化发展已上升为国家战略,随着长三角一体化步伐不断迈进,长三角各城市在各个领域的合作进一步加快。一体化不仅是基础设施及管理上的整合，更重要的是数据层面打通，才能够实现营商环境、交通、医疗等各方面的协同。政务及企业信息实现对接共享，将极大提高跨区域行政效率，是长三角在数据层面实现一体化融合的重要体现。

2018年，沪苏浙皖大数据联盟共同签署《沪苏浙皖三省一市大数据联盟合作备忘录》，共同推动技术创新、加快数字资源开放共享，助推长三角更高质量一体化发展。信息基础设施的汇聚，相当于修建了一条数据信息高速公路，只有数据畅通了，才能实现长三角各类数据的快速采集及汇聚，更好地服务于区域内企业。同时数据的开放，将推动5G、工业互联网、大数据、人工智能等技术创新，加快物联、数联、智联的相关布局，加快数字资源的开放、共享利用，优化数字资源的配置效率，深化重点领域在区域联动中的智慧应用。

《长江三角洲区域一体化发展规划纲要》提及的内容显示，将充分加强信息的互联互通。例如，共同构建数字化贸易平台、建立区域性工业互联网平台和区域产业升级服务平台，并且配套统筹规划长三角数据中心建设、建立专题数据标准体系等举措。

根据对企业行政事项办理过程中反馈的情况，在办理政府行政项目时，存在部门之间的信息共享、信息互通不及时的情况，让企业需要反复"跑腿"。如长三角区域实现数据一体化，则企业在办理个别需要跨区域或跨部门事项时，能通过互联网实现跨区域跨部门之间的数据共享，使相关证明、材料能在网上传递、审批，从而减少办事企业来回提交材料、开具证明的情况。

因此，为了实现长三角区域数据汇聚及共享应用，我们提出以下三点建议。

（一）构建跨区域政务服务网，实现区域数据共享及信息互认机制

《长江三角洲区域一体化发展规划纲要》中也提及，三省一市将共同推进数字政府建设，强化公共数据交换共享，构建跨区域政务服务网，加快实现民生保障和企业登记等事项"一地受理、一次办理"。并且调研结果显示，56.82%的企业认为，政府应加大跨区域互联网信息平台的建设力度。因此，建议三省一市探索建立跨区域政务服务网，通过建立数据共享及协作机制，加强区域之间的信息共享、信息互通。探索使相关证明、材料能通过互联网平台进行传递、审批，从而减少办事企业来回多地提交材料、开具证明的情况。

（二）建设区域资源供需信息公共服务平台

《长江三角洲区域一体化发展规划纲要》中提出，要推动土地要素市场化配置综合改革，建立城乡统一的土地市场，提高资源要素配置效能和节约集约利用水平。因而，建立跨区域的资源供需信息公共服务平台，有助于为企业提供跨区域资源查询服务，进一步加强长三角一体化进程中企业的获得感。例如，生产制造型企业对于土地、厂房资源关注

度较高,在扩大生产经营的推动下,企业需要寻找合适的土地及厂房资源。同时,企业还需对当地的扶持政策、人员、配套产业信息、环保政策进行调研。因此,建立跨区域资源供需信息对接平台,可以解决企业土地资源、人才资源、扶持政策、产业信息、环保政策的相关信息诉求,并且还可通过公共服务平台对产业进行引导和调控。以上海市中小企业发展服务中心建立的"上海市企业服务云"为例,其服务资源库可覆盖企业的创业服务、科技创新、知识产权、市场拓展、人力资源、投融资服务、改制上市、管理咨询、法律服务、商务服务等,但目前仅限于提供上海的服务资源。因此借助上海的成功经验,进一步加大资源服务覆盖面,在长三角信息一体化建设方面可发挥重要的作用。

(三)建立区域产业数据共享机制

《长江三角洲区域一体化发展规划纲要》中提及,三省一市将合力建设长三角工业互联网,加快建设以跨行业跨领域跨区域平台为主体、企业级平台为支撑的工业互联网平台体系,推动企业上云和工业App应用,促进制造业资源与互联网平台深度对接。随着长三角地区物联网及供应链的发展,在汽车、商超、物流等领域建立起了完善的数据采集体系。其中,以汽车产业为例,围绕上汽集团下属的上海通用、上海大众、荣威等整车厂,建立起了上下游紧密联系的产业链,其供应商及经销商体系分布整个长三角地区,并且有着丰富的物流数据、零部件进销存数据、设备运行数据、销售数据等,但目前上述数据并未进行适当的数据交换及共享,无法发挥产业数据增效价值。因此,建议能联合三省一市共同进一步推动云计算、大数据、物联网、人工智能的交叉融合,使资源高效汇聚、深度运用,促使数据信息助力产业发展。

五、长三角招商环境一体化建设

长三角地区主要城市间支柱产业趋同现象较为明显,如长三角地区半数以上城市将医药制造业、汽车制造业、高端装备制造业、新材料、新能源、集成电路产业列为主导产业或优先发展产业。

过去十多年来,深圳、香港等城市充分发挥地缘优势,定期赴境外开展招商活动,成效显著。而长三角地区仍未形成合力,各地招商过程中各自利用产业扶持政策、税收优惠进行相互竞争。因此,长三角城市应积极探索开展联合招商,兼顾区域利益的同时,统筹产业分布及扶持政策。

上海市工商联协同浙江、江苏、安徽三省,目前正在酝酿"长三角产业地图",重点体现产业链不同环节的布局、企业的集聚、要素的集聚,提高重点产业集群的标识度,引导跨区域产业协作及要素的市场化流动。在产业分布逐渐清晰、明确的前提下,三省一市在招商及企业服务领域的"招商"软服务成了长三角一体化进程的重要体现。因此,我们提出以下三点建议。

（一）破除相互竞争，兼顾区域利益，统筹长三角招商机制

统筹协调机制的完善就是在合作与竞争的前提下，将长三角地域的特点和优势充分发挥出来，形成优势互补、相互分工的协调发展格局。在统筹区域发展的过程中，由于技术相异、经济条件不同，形成了独特的经济利益和功能分异特征。因此调节区域内部利益分配，也是区域经济合作及分工是否鲜明的关键举措。要紧密连接区域之间的经济，就需要兼顾区域之间的经济利益。所以，区域之间利益分配方式的可接受性以及公正性也就成了统筹区域发展的源动力。综上，建议基于各市（区）自身产业特点，从招商政策制定、沟通协调机制、税收分配机制等角度，建立两地或多地的统筹招商机制，打破相互竞争格局，形成合作共赢局面。

（二）"招商""迁出"服务两头抓，强化长三角内部产业资源的合理调和

受企业自身经营情况、产业升级、环保、土地政策的影响，有部分企业已经无法满足在当地发展的需要，因此出现了企业"主动"及"被动"迁出的情况。根据深度访谈的企业透露，企业需要政府做好引导迁出的后续工作。例如，为企业推荐长三角区域内适合入驻的区域，联合当地招商部门，为企业解决经营发展过程中对环保、土地、税收优惠、人才配置等各方面的诉求。因此做好迁出及迁入的服务工作不仅优化了区域营商环境，也是长三角一体化的重要体现。综上，建议建立以区域政府牵头组成的企业招商服务平台，一是起到"牵线服务"的红娘作用，二是解决企业的外迁及迁入过程中的服务诉求，帮助企业平稳过渡。

（三）形成长三角产业地图，统筹区域产业规划

三省一市在经济规模上差距呈缩小趋势，但仍存在较大差异，大部分产业都扎堆集中于经济发展水平较高的区域，反观部分区域缺少特色产业，发展相对滞后。

以德国为例，德国排名前100名的大企业，只有3个将总部放在首都柏林，其他知名企业依然在德国的各个小镇扎根，均衡的产业分布支撑了小城镇的建设，也让周边居民不离乡土就能拥有稳定的工作和经济来源。

大城市和小城镇如何均衡发展，我们建议可以进一步探索将重点项目、核心企业通过政策引导的方式，统筹产业规划，适当往长三角区域内合适的小城市进行引导，不仅能整体带动长三角区域均衡发展、带动就业，还可实现企业及从业人员成本"双降"，即"降低"企业用人、用地成本，"降低"企业员工的生活成本。综上，建议形成特色鲜明的长三角产业地图，并梳理形成区域产业统筹迁移引导规划，合理进行产业布局，将产业与周边环境相结合，以产业为核心带动周边发展。

六、长三角人才流动一体化建设

区域的人才资源流动及形成长三角人才

汇聚效应,需要区域政府对人才政策进行统筹规划。人才政策的制定不仅关乎营商环境的优化,还与合作区建设、产业升级调整等方方面面有着极强的关联性。《长江三角洲区域一体化发展规划纲要》披露,为健全就业创业服务体系,促进人力资源高效配置,提高就业创业水平,将制定相对统一的人才流动、吸引、创业等政策,构建公平竞争的人才发展环境。例如,实施有针对性的项目和计划;联合开展大规模职业技能培训,提高劳动者就业创业能力;加强劳动保障监察协作,强化劳动人事争议协同处理;成立区域公共创业服务联盟,开展长三角创新创业大赛,打造公共创业服务品牌等。

本次调研显示,企业对于区域内人才服务一体化的诉求极为强烈,其中50.09%的企业认为健全区域人才流动政策尤为重要,例如社保互认、子女就学、人才住房补贴等。并且通过深度走访了解的跨区域经营企业表示,长三角地区的人才政策远不如广东地区,且存在"雷声大雨点小"的情况。在广东设有公司的企业表示,广东的人才政策,尤其是深圳的人才政策制定,不仅对企业有利,还通过政策吸引了一大批优秀的从业人员。

长三角区域也衍生出了对企业极具吸引力的人才政策,如《瑞安人才新政40条(试行)》等,但往往出现"雷声大雨点小"的问题,政策执行力上远差于其他区域。通过上述对比发现,长三角地区在如何统筹提高区域人才竞争力上,需加大政策制定的倾向性及执行效率。

因此,我们提出以下两点建议。

(一)健全长三角人才自由流动政策

在推进区域人才一体化进程中,推动跨区域人才自由流动,需从两个方面入手解决。首先,解决与人才就业相关的社保互认、子女就学、人才住房补贴等核心问题。其次,通过人才政策,让企业享受跨区域人才资源自由流动的便利。综上,三省一市政府应探索如何打破企业人才政策享受条件中的隐性限制,如对跨区域经营企业从业人员在社保及劳动合同签订地等方面的限制条件。

(二)争取个人所得税政策突破

财政部发布《关于粤港澳大湾区个人所得税优惠政策的通知》,对在广东省广州、深圳、珠海、佛山、惠州、东莞、中山、江门和肇庆等大湾区九市工作的境外高端人才和紧缺人才,对于地方政府给予的高于香港个人所得税税负的补贴,免征个人所得税。相较于此,长三角区域在个人所得税方面的政策有较大差距,因此为解决企业对于高端人才的需求,建议以长三角一体化为契机,积极向国家争取相似的个人所得税优惠政策,提升美好就业环境的获得感。

七、自贸区扩区与长三角一体化的融合

自贸区扩区将为更多区域带来发展机遇,要进一步争取中央有关部门指导支持,加

快推进形成长三角自贸区集群。全力破解功能创新运作瓶颈,合力推进重点功能项目,努力形成常态化、规模化的体制机制,进一步提升区域开放度和投资贸易便利化水平。要坚持问题导向,紧紧围绕企业反映集中的问题,找准症结、逐一解决,提高企业对自贸区改革红利的获得感。

伴随着上海自贸试验区临港新片区、江苏自贸试验区的启动,长三角自贸试验区格局发生变化:已坐拥上海、浙江、江苏3个自贸区以及临港新片区,形成集群之势。同时,三地自贸区明确分工,在一体化大背景下加大相互联动。例如上海自贸区在研发、金融等价值链核心环节进行积极探索,江苏自贸区重在培育与制造业密切相关的运营和服务环节新优势,浙江则依托互联网优势扩大物流和渠道影响。

本次调研发现,受自身行业限制,有一大部分企业对于自贸区的政策、优势、机制并不熟知,因此自贸区的扩区首先要加大对企业的培训力度。其次是在扩区进程中加强与国家战略的融合,进一步针对行业监管创新,积极推动长三角一体化战略与自贸区的深度融合,并且探索进一步降低企业入驻自贸区内产生的综合成本。

因此,我们提出以下两点建议。

(一)以上海经验为基石,辐射长三角,探索更为明确的自贸区集群

自贸区扩区进程应加大培训宣传力度,以线上及线下的方式布局,增加对自贸区外企业的咨询受理网点。调研发现,39.89%的企业对于自贸区并不了解,其中上海地区该选项的比例也高达41.74%。同时,结合实地走访企业采集的信息,部分企业受自身市场、产品及业务影响,并未切实感受到自贸区能对企业带来哪些方面的正面影响。因此,在上海现有自贸区建设成功经验的基础上,扩大对长三角其他区域的经验推广,并加大宣传力度显得尤为重要。建议由自贸区建立统一的机构,并积极与三省一市相关部门建立对接机制,通过开设专窗、开展培训等方式,加强自贸区对企业的宣传力度。同时,依托"一带一路"及上海成功经验,对江苏及浙江自贸区建设提供无保留的信息互通,从而探索更明确的长三角自贸区集群分工。

(二)发挥国家政策红利对企业的带动作用

自贸区扩区进程中,应加强与"一带一路"倡议的融合,给企业带来政策红利引发的商机。例如,在自贸区的扩区进程中,企业对如何加强与"一带一路""长三角一体化"等的结合,为自身带来政策引发的红利极为关注。因此,建议对产业相关的扶持政策进行梳理,形成产业扶持、金融服务、税收优惠等维度的信息汇总,并通过互联网进行精准匹配及查询,促使企业依托自贸区大平台享受更多政策红利。一是推进长三角一体化交通物流功能提升,实现贸易货品在区域内自由流动的便利性;二是突出发挥自贸区在跨境电子商务上的便利性,成为"一带一路"对外开放功能的重要载体,提升长三角企业对外贸易活力;三是充分发挥自贸区国际金融特色,促使资本对自贸区内的企业产生杠杆撬动作用。综上,通过物流、贸易、金融等多维度,加强自贸区与国家重要战略的融合,使三省一市的企业充分享受一体化及自贸区扩区的政策红利。

八、长三角法治一体化建设

长三角区域一体化,离不开法治一体化的建设。通过制定并完善统一标准,不断提升法律服务水平、营造良好的法治环境,才能进一步增强长三角地区对企业的吸引力。2019年公布的《长江三角洲区域一体化发展规划纲要》中提及,三省一市将推进社会治理共建共享共治,制定出台区域社会治理地方性法规和政府规章,建立覆盖全体居民的公共法律服务体系,加强跨地区跨部门的业务协同、信息共享、应急演练等。

调研显示,企业对于长三角法治环境一体化建设反馈比率较高,如推进区域知识产权保护协作机制,加大违法企业处罚力度;加大跨区域执法合作与联动力度;强化长三角地区司法信息公开(审判信息、强制执行信息、检务信息、司法行政信息);通过法治环境优化,将政府对企业的承诺进行约束,强化政府公信力等。这几个选项均有半数以上的企业作出反馈。

长三角地区政策法规不统一,不利于经济一体化发展。由于长三角各城市间经济发展水平、企业质量、地域文化背景、现代服务业发展不平衡等多种因素,各地方立法并不统一。各地规章政策不统一,影响了长三角一体化发展,执法依据、执法程序、执法规范和执法人员都有地域保护的倾向。因此,我们提出以下两点建议。

(一)进一步加强长三角区域政府公信力,增强企业信任感

本次调研结果显示,有62.4%的企业家认为,政府自身应强化公信力,并通过制度建设将政府对企业的承诺进行约束。个别地区以招商引资或留住企业为目的,对企业在政策、补贴、用地等方面进行事前承诺,而后因为机构改革、领导班子调动等因素,导致承诺的事项未完全履约。以走访的某企业为例,该企业被招商部门引入当地,由于需要购买土地建设厂房,因此政府对当地土地价格作了保证。但在招投标流程中,土地价格上涨了40%,政府承诺超出先前保证的部分资金,由政府进行补偿。而此后两年,政府的"补偿款"迟迟未拨付,并且随着政府换届,最终导致"补偿款"到位更加遥遥无期。因此,建议在长三角法治一体化进程中,也应通过建立政府的信用承诺机制,通过网上公示等形式引导社会进行监督,从而以"法治"代替"人治",增强长三角地区政府公信力,优化区域营商环境。

(二)不断加强知识产权保护协作机制

根据调研,近半数的企业呼吁,政府要加

强知识产权保护领域的惩戒力度。因此对知识产权的保护,是鼓励、支持科研创新的必备基础。

目前,三省一市已经签订了《长三角地区共同优化知识产权营商环境合作意向书》,形成知识产权行政与司法协同保护机制,建立了线索通报、案件协办、联合执法、定期会商等制度。同时,《长江三角洲区域一体化发展规划纲要》也提及,要推进现有各类产权交易市场联网交易,推动公共资源交易平台互联共享,建立统一信息发布和披露制度,建设长三角产权交易共同市场。

以长三角为例,沪苏浙皖三省一市高级人民法院已签署《长三角人民法院知识产权司法保护交流合作协议》,三省一市统一法律适用、审判机制联运、案件审判协作,共同为进博会保驾护航。自2019年8月1日"第二届中国国际进口博览会知识产权保护百日行动"启动以来,目前上海已破获、查处侵犯知识产权案件328件,涉案总金额30多亿元人民币,抓获犯罪嫌疑人285人。

以雄安新区为例,《中共中央 国务院关于支持河北雄安新区全面深化改革和扩大开放的指导意见》提到了如何构建现代产权保护体系:一是提供知识产权快速审查、确权和维权服务,构建快速反应的知识产权执法机制,落实侵权惩罚性赔偿制度,将故意侵权行为纳入全国信用信息共享平台、国家企业信用信息公示系统和国家金融信用信息基础数据库。二是加大惩戒力度,大幅提高知识产权侵权成本。三是鼓励开展知识产权证券化融资和知识产权质押融资,建立健全知识产权质押融资风险分担机制。四是放宽知识产权服务业准入,扩大代理领域开放,放宽对专利代理机构股东和合伙人的条件限制。

综上,为了更进一步加强长三角地区知识产权保护力度,建议实施长三角地区知识产权服务机构无差别待遇,鼓励长三角地区知识产权品牌服务机构跨区域服务,建立知识产权密集型产业发展统计制度。

九、长三角市场准入一体化建设

三省一市于2019年1月份签署了《关于长三角区域市场体系一体化建设的合作备忘录》,共同努力贯彻落实习近平总书记重要讲话精神,将长三角打造为中国一体化水平最高的示范区。本次调研结果,也反映了长三角区域在以下有助于实现市场一体化的方面已经得到了企业的认可。例如:政府招投标的公开性和公平性、外区企业进入市场的接纳度、区域政策衔接度、地方市场保护主义、地方企业市场垄断、上下游产业配套不足等情况或问题已经得到了有效的改善,企业对相关问题的反馈度均低于30%。

而与此同时,企业对于区域政府如何进一步优化长三角市场一体化进程提出的诉求,主要集中在如何便利地获取市场信息、放宽企业参与重大战略项目的门槛、区域经济水平发展差异较大、企业的准入门槛较高等四个方面。

因此,我们提出以下两点建议。

(一)降低企业参与国家战略项目的门槛

受长三角一体化发展影响,市场准入方面已经取得了一定成效。同时,一带一路、长江经济带、全球科创中心、自贸区等重大国家战略在长三角区域叠加,因此众多国家战略项目在长三角地区的不断实施,衍生出大量的商业机会。调研结果显示,57.18%的企业家认为企业参与国家战略项目的门槛仍旧太高。

因此,建议深入推进简政放权、放管结合、优化服务改革,减少微观管理事务和具体审批事项,最大限度减少政府对市场资源的直接配置,最大限度减少政府对市场活动的直接干预,打造产权有效激励、要素自由流动、竞争公平有序、企业优胜劣汰的发展环境。在项目引入、招投标领域,制定准入标准、准入要求,同时加强对企业的事中事后的监管力度,一定程度上使企业能公平公正地参与到重大战略项目中;与信用体系建设相结合,激发和保护企业家精神,在市场监管和公共服务过程中,对诚实守信、注重创新、积极履行社会责任的企业实行优先办理、程序简化等支持激励政策。

(二)减少产品或服务进入长三角地区或其他省、区、市的阻碍

区域企业的产品进入本区域或其他省、区、市的政策阻碍已经不明显,但调研结果显示,有63.95%的企业认为市场信息获取的便利程度较差,主要原因是未建立形成区域市场信息采集及共享机制。

建议可探索进行以下方面的尝试:(1)由区域政府牵头,建立长三角市场信息采集机制,探索区域内及区域外市场信息统一的采集方式;(2)建立长三角市场信息共享平台,实现以企业为导向的区域市场需求发布及对接机制;(3)利用第三方咨询及市场化数据公司在市场数据归集方面的优势,形成长三角区域内市场信息数据库。

十、长三角一体化应对外部环境变化

从外部环境来看,目前对长三角地区企业影响最大的是我国与美国之间的贸易摩擦,它导致了企业原材料进口成本提高、产能被迫下降。从企业类型来看,中美贸易摩擦,对制造型企业的影响最大,其次是因美国专利制裁所影响的高科技企业。

调研结果显示,31.38%企业家认为制造型企业受中美贸易摩擦的影响最为严重。以接受调研的汽车零部件出口型企业为例,受中美贸易摩擦影响,企业的利润率较以往降低了10%以上,外加传统制造业本身净利润较低及长三角地区人员成本逐渐增高等综合因素影响,长三角地区制造型企业受影响程度最大。制造型企业经营压力的增大,也直接导致了小部分企业正在考虑将部分产能转移到国外,或在国外进行考察以核算对比国内的综合成本。

（一）"东方不亮西方亮"，扩充渠道的同时支持国产化

统计信息显示，有69.62%的企业家表示受中美贸易摩擦影响，产品进口成本提高。对企业进行深入走访后发现，受中美贸易纠纷影响，进口美国产品的中国企业面临关税提高，从而导致成本上升。

在外部环境影响下，长三角区域企业也积极寻求出路。一是积极拓宽其他市场渠道，形成长三角贸易品牌效应，降低因中美贸易摩擦导致的额外进出口成本。例如，2018年在上海举办的进博会，为长三角企业提供了接触更多进口设备及产品的机会，可尝试从其他国家进口相应产品，降低外部环境变化对企业经营造成的影响。二是建立健全长三角产业链供应服务基础，并通过政策手段引导核心企业支持国产化及本地化。部分企业的原材料都实现了本地化生产。因此实现国产化、本地化，进一步提升高精尖技术，有助于降低长三角地区企业因原材料、零部件、设备进口导致的企业经营风险。

（二）建立长三角营商环境政府资金扶持机制，缓解区域内企业资金周转压力

除进口成本上涨导致企业经营利润受到影响外，有42.63%的企业认为因中美贸易摩擦的持续，导致企业的订单减少，产能被迫降低。同时，产能的降低影响到了企业的现金流，对于企业而言现金流是生命线，部分企业只能继续通过金融手段（如银行借款、融资租赁）以维持经营。产能的下降迫使企业面临的资金周转压力变大，而银行类金融机构起到的是"锦上添花"的作用，而非"雪中送炭"。因而建议三省一市政府充分发挥财政资金的杠杆撬动作用，通过有选择地对部分经营困难但发展前景较好的企业进行资金扶持，从而缓解受外部环境影响的区域内企业所面临的资金压力。

（供稿单位：上海市工商业联合会，主要完成人：徐惠明、许炳、张捍、朱秀慧、黄春、蔡映春）

专题六

推进中国(上海)自由贸易试验区新片区建设，加快构建开放型经济新体制

市工商联始终高度关注上海自贸试验区建设，通过企业问卷调查、企业调研走访等多样化形式，全面调研了解自贸试验区各项制度创新及成果的落地实施情况，以及企业的体验感和感受度。增设新片区是党中央总揽国际国内经济发展大势，立足全国改革开放大局作出的重大战略部署，2019年8月6日国务院发布了上海自贸试验区临港新片区总体方案(以下简称"新片区方案")。市工商联结合前期调研走访情况，围绕设立以来的改革成就、企业反映的痛点堵点，对照新片区方案，对新片区正式启动后的改革探索提出有关建议举措，具体如下。

一、上海自贸试验区设立以来的改革成就

2013—2019年，国务院关于上海自贸试验区的三版方案中，共出台了306项任务措施。其中179项措施已完全落实(占比58.5%)，120项措施已基本落实(占比39.2%)，两者共计299项，占全部任务措施的比重达到97.7%；另有7项措施尚在加快推进中，占比为2.3%。

分领域看，政府职能领域共出台84项措施，这些措施全部已落实或基本落实；投资管理领域共出台75项措施，有74项已落实或基本落实，仅有1项在加快推进中；贸易监管领域共出台87项任务措施，有85项已落实或基本落实，仅有2项在加快推进中；金融创新领域共有56项措施出台，其中52项措施已落实或基本落实，占比为92.9%，另有4项措施在加快推进中。

自贸试验区1.0和2.0版方案中共提出208项任务措施，其中，148项任务已完全落实(占比71.15%)，55项已基本落实(占比26.44%)，另有5项加快推进中。分领域看，政府职能转变领域的61条措施中，50条已经完全落实(82%)，11条已经基本落实(18%)；投资领域的47条措施中，39条已经完全落实(83%)，8条基本落实(17%)；贸易监管领域的51条措施中，39条已经完全落实(76.5%)，11条基本落实(21.6%)，另有1条在加快推进中；金融创新领域的49条措施中，20条已经完全落实(40.8%)，25条基本落实(51%)，另有4条处于加快推进中。

2017年4月，自贸试验区3.0版全面深

化方案中的任务措施共计98项,其中96项措施已完全落实或基本落实,占比约为98%,仅有2项处于加快推进中。分领域来看,政府职能转变领域的23项措施中,完全落实的为9项(39.1%),基本落实的为14项(60.9%);投资管理领域的28项措施中,15项已完全落实(占比53.6%),12项基本落实(42.9%),1项处于加快推进中;贸易监管领域的36项措施中,6项已完全落实(16.67%),29项基本落实(80.6%),另有1项处于加快推进中;金融创新领域中,1项已完全落实(14.29%),6项基本落实(85.7%)。

除了国务院上海自贸试验区措施外,其他不同层级部门也出台了许多自主改革创新的文件和措施,这些措施包括国家部委出台的改革措施,同时也包括上海市层面(包括浦东新区)出台的改革措施。其他部门关于自贸试验区的自主改革创新共计289项,其中179项已经完全落实(62%),71项基本落实(25%),39项正在加快推进中(13%)。分领域看,政府职能领域的自主创新措施共111项,其中81项已经完全落实(73%),25项基本落实(22.5%),另有5项正在加快推进中(4.5%);投资管理领域的65项措施中,30项已完全落实,13项基本落实,22项在加快推进中;贸易监管领域的29项措施中,20项已完全落实,6项基本落实,3项在加快推进中;金融创新领域的84项措施中,48项已完全落实,27项基本落实,9项在加快推进中。

国家部委层面出台的自主创新事项共计157项,其中93项已完全落实,占比59%,有36项基本落实,占比23%,另有28项在加快推进中。上海市层面出台的自主创新事项共计132项;其中,有86项已全部落实,占比65%,有35项基本落实,占比为26.5%,11项正在加快推进中,占比为8.3%。

上海自贸试验区经过六年的改革开放创新,在保证安全、风险可控的前提下,实现国家对外开放战略需要的重点难点问题突破,构建了比较完整的投资、金融、贸易监管制度和便利化体系,充分体现了国家治理技术的现代化、国家治理制度的法治化,为我国参与国际投资贸易新规则的制定提供了实践经验,为全国开放型经济新体制建设和深化对外开放提供了可复制推广的有效制度供给。第一,在投资制度改革领域,上海自贸试验区成功实现从正面清单制度向负面清单制度的转型,并构建了事中事后综合监管体系框架。第二,在金融制度创新领域,自贸试验区构建了以自由贸易账户体系为核心的金融改革创新的风险审慎管理机制,在资本项目可兑换以及金融开放等领域,形成了一套推进金融开放的风险防控体系和基础设施。第三,在货物监管制度和贸易便利化领域,尝试用信息化手段作为货物贸易监管制度创新工具,不仅符合国际上货物监管制度的发展趋势,而且坚持贸易安全和风险管理为基本底线,建立了可执行的货物风险管理机制。探索特殊货物的监管制度创新,形成自贸试验区与张江国家自主创新试验区"双自"联动,寻找在货物监管制度创新的结合点。在自贸试验区保税区域,形成货物状态分类监管制度,为内外贸一体化提供了货物监管的制度基础。

从制度创新角度看,上海自贸试验区经过六年来的建设,在制度创新的总体方向上体现为:一方面,紧紧围绕国家对上海自贸试验区建设的基本定位和总体目标进行制度创新,并且根据国家对上海自贸试验区改革试点的最新要求进行调整。例如,2015年国务院深化方案中增加了全球科创新中心的表述,此后自贸试验区在研发用生物医药进口和"双自联动"等方面有了更多的制度创新探索。另一方面,在制度创新过程中,借鉴国际经验,参考国际最高标准的建设理念进行改革创新。例如,贸易便利化领域,上海自贸试验区在对标WTO《贸易便利化协定》、新加坡国际贸易单一窗口和美国对外贸易区货物状态分类监管制度方面进行了有益的制度创新探索。同时,上海自贸试验区制度创新探索中形成的多个案例进入了商务部评选的最佳实践案例。其中,2015年11月,《商务部关于印发自由贸易试验区"最佳实践案例"的函》(商资函〔2015〕945号)中,摘选"上海自贸试验区的国际贸易单一窗口"(贸易领域)和"推进信用信息应用 加强社会诚信管理"(事中事后监管领域)作为全国自贸试验区的最佳实践案例。2017年7月,《商务部关于印发自由贸易试验区新一批"最佳实践案例"的函》中,摘选了上海自贸试验区提供的"证照分离"改革试点作为全国自贸试验区的最佳实践案例。

总体而言,在这六年时间中,尽管国内外经济形势发生重大变化,特别是在国内出现金融波动的情况下,上海自贸试验区没有发生系统性风险,按照国家要求完成制度创新,实现复制推广,为下一步我国深化改革开放打下了扎实的基础。

二、上海自贸试验区当前实践探索中仍存在的主要问题

(一)压力测试力度不够

一是部分制度创新与市场需求仍存在脱节。如分两批推出的54项服务业制造业开放措施,目前没有项目的有近20项,且市场呼声较高的数据中心、文物拍卖等业务,始终没有尝试开放。二是新片区方案虽已有诸多重大的制度性突破,但有些方面表述还较为原则。如在金融创新方面基本是老片区金融政策的平移,今后洋山特殊综保区将如何实施更高水平的贸易自由化政策还需进一步观察。

(二)市场主体获得感还有待提升

一是个别领域政策的国际竞争力不强,比如在航运服务领域,自贸试验区陆续推出了国际船舶登记、启运港退税、中资非五星旗船沿海捎带等航运创新政策,但总体上政策集成度较低,效果未达预期,相较于伦敦、中国香港和新加坡等发展较好的国际航运中心,上海在全球航运价值链上的国际地位仍然有待提升。二是一些涉及调整上位法的制度创新,从发布到落地的周期偏长或尚未落

地,比如"金改40条"中提出的合格境内个人投资者境外投资试点、人民币资本项目可兑换等改革措施的落地情况与市场期待还有不少差距。

(三)部分制度创新的落地效果不佳

一是区内制度创新稳定性不够。如跨境人民币资金池从设立之初要求逆差,到2016年汇市波动后要求顺差,变化较快且没有过渡期,导致一些企业根据资金池规定调整了国际业务流程后,却无法实施。二是受地域范围的限制,一些业务无法开展。如增值电信业务仅限于海关特殊监管区域范围内(现扩大到自贸试验区范围),需要企业在区内设立服务器,但区内符合条件的场所不够。

(四)制度创新"窗口期"短,导致赋权的成效难以体现

就上海自贸试验区来说,已有310多项制度创新成果在全国分层次、分领域复制推广。在上海市和浦东新区层面,自贸试验区制度创新成熟一项向区外推广一项,目前仅在自贸试验区内试点的制度创新已经非常有限,试点的"窗口期"越来越短。因此,上海自贸试验区制度创新的复制推广,在有力服务全国改革开放大局的同时,也进一步缩小了区内区外的政策差距,客观上形成了自贸试验区制度创新"边际递减"效应,让企业觉得自贸区政策优势不大。

三、海南自贸港探索的经验借鉴

习近平总书记在第二届进博会演讲中强调,中国正在加快推动形成全面开放新格局,包括18个自由贸易试验区,其中海南同步建设中国特色自由贸易港,以及京津冀协同发展、长江经济带发展、长三角区域一体化发展、粤港澳大湾区建设、黄河流域生态保护和高质量发展等几大板块。建设海南自贸港,不仅是解决海南自身发展的问题,更重要的是为党和国家的全局工作做出贡献。正如习近平总书记2010年10月视察浦东新区时所阐述的,浦东发展的意义主要不在于GDP规模大小,在于窗口作用、示范意义,在于敢闯敢试、先行先试,在于排头兵的作用。

(一)自贸港的主导产业

习近平总书记在2018年4月13日的讲话中强调,海南要提升综合竞争力,必须积极发展新一代信息技术产业和数字经济,推动互联网、物联网、大数据、卫星导航、人工智能同实体经济深度融合。按照海南省的形象归纳,就是要打好"海陆空"三张王牌,分别打造国家南繁科研育种海南基地、国家热带农业科学海南中心、全球动植物种质资源引进中转海南基地、国家深海基地南方中心、航天领域重大科技创新基地(如因靠近赤道而具有航天器发射比较优势的文昌航天科技城)。

从现代服务业来看,重点发展旅游、互联网、医疗健康、金融、会展等,特别是将服务业对外开放与加快服务贸易创新发展更好结合起来,在对内对外开放中增加高端服务业的有效供给,满足本岛、全国乃至全球的消费者、市场主体对各类服务业的基本需求和高端需求。

在高端制造业方面，海南的优势主要集中在洋浦经济开发区。海南省将洋浦定位为自贸区（港）建设的先行区、示范区和全省高质量发展的增长极，近期又要求洋浦在建设高新技术产业基地、西部陆海新通道、区域航运中心等方面有新的更大的作为。

值得关注的是，国家发改委2019年公布的《西部陆海新通道总体规划》中有19处提及洋浦，其中自重庆经贵阳、南宁至北部湾出海口（北部湾港、洋浦港）是三条主通道之一。第一，依托洋浦港积极发展国际集装箱中转业务，完善仓储、中转、分拨等物流功能，辐射广西北部湾港和沿海其他港口，组织开行至新加坡、越南、澳大利亚、新西兰等国家主要港口的国际中转或直达航线，培育至南亚、欧洲、美洲、中东等地区的远洋航线。到2025年，洋浦的区域国际集装箱枢纽港地位初步确立，集装箱吞吐量达到500万标箱。第二，设立洋浦航运交易所，强化洋浦港的航运和资源集聚功能，提升现代航运经济发展水平。第三，研究建立洋浦港保税油供应中心，发展以保税船供油为特色的大宗商品贸易，培育修造船、油品加工与供应、特色产品加工和高端航运服务等产业。

这些含金量很高的政策内容，为洋浦开发区产业方向的选择指明了方向，是海南提升产业综合竞争力的有力支撑，应该全力以赴加以推进。

（二）自贸港的核心制度

上海临港新片区总体方案中强调，在适用自由贸易试验区各项开放创新措施的基础上，支持新片区以投资自由、贸易自由、资金自由、运输自由、人员从业自由等为重点，推进投资贸易自由化便利化，实现新片区与境外投资经营便利、货物自由进出、资金流动便利、运输高度开放、人员自由执业、信息快捷联通。

自贸试验区的开放创新举措是基础，将来都能够在海南自贸港适用。而海南全省建设自贸试验区在政府职能转变、营商环境优化、商事制度改革、事中事后监管等方面所做的大量制度创新，本身就是为建设自由度、开放度最高的中国特色自由贸易港打基础、做准备的。

"五个自由""两个便捷"将有望成为海南自贸港的核心制度，其表述与上海新片区有所区别，将上海新片区的"投资自由、贸易自由、资金自由、运输自由、人员从业自由和信息快捷联通"，提升为"贸易自由、投资自由、企业经营和竞争自由、运输自由、人员流动自由和跨境投融资便利、数据跨境流动便捷"。

特别是海南自贸港增加了企业经营和市场竞争自由的内容，第一次提出了"市场准入承诺即入制"的概念。这是继2015年12月国务院批准上海自贸试验区率先实行市场准入告知承诺制等"证照分离"改革方案后，进一步提升市场准入的便利化程度，可以预期下一步承诺制将成为市场准入的主流方式。同时,各地的自贸试验区总体方案中并未专门强调过"完善产权保护制度"。

习近平总书记在2016年"两会"期间特别强调,"凡是法律法规未明确禁入的行业和领域都应该鼓励民间资本进入,凡是我国政府已向外资开放或承诺开放的领域都应该向国内民间资本开放","要健全以公平为核心原则的产权保护制度,加强对各种所有制经济组织和自然人财产权的保护"。

海南自贸港总体方案预计将在市场准入、企业登记、企业经营、市场竞争的自由、公平和权益保护等方面,提出一系列创新力度大的改革举措。同时,海南明确要扩大数据领域开放,实现数据跨境便捷流动,而上海自贸试验区新片区对数据跨境流动主要强调的是试点开展安全评估和建立数据安全管理机制。

四、上海自贸试验区新片区正式启动建设的相关建议

自贸试验区的改革实践最突出的成效体现在以更大的开放倒逼更深刻的改革,以更深刻的改革促进更高质量的发展。大家越来越意识到,自贸试验区是综合改革区、压力测试区、特殊功能区和政府再造区。自贸区的改革刀刃向内,改进的是政府治理,便利的是企业和群众;自贸区的改革靶向精准,登记注册、准入准营、贸易投资、金融外汇,哪里有痛点,哪里就有突破;自贸区的改革定力强,经济的开放和自由是一般原则,个别领域不开放不自由是特殊例外;自贸区的改革站位高,不但解决自身发展动能问题,更为国家解决面上共性问题创造经验。

临港位于上海东南角,地处长江口和杭州湾交汇处,北邻浦东国际机场,南接洋山国际枢纽港,同时具备海运、空运、铁路、公路、内河、轨交的特质,是长江经济带和海上丝绸之路经济带两大国家战略涉及的重要区域。经过多年来的发展,临港地区已形成多个产业集群,包括人工智能和机器人两大先导产业,高端智能装备、海洋装备、智能汽车三大支柱产业,以及软件及信息服务、集成电路及专用装备、航空航天、节能环保等新兴产业。

此前,上海自贸试验区面积为120.72平方千米,范围涵盖外高桥保税区、外高桥保税物流园区、洋山保税港区、上海浦东机场综合保税区、金桥出口加工区、张江高科技园区和陆家嘴金融贸易区等七个区域。而临港规划面积达到343平方千米,由国际未来区(主城区)、智能制造区(重装备产业区、奉贤园区)、统筹发展区(主产业区)、智慧生态区(综合区)以及海洋科创城等功能区组成,是上海重点发展的六大功能区域之一。临港的加入,不仅让上海自贸区的面积大增,也让发展高端制造、智能制造需要的空间问题得到解决。

2020年,浦东步入而立之年。就在2018年GDP破万亿元大关后,浦东又迎来新目标,浦东被赋予市级经济管理权限,七年后,浦东新区经济总量要突破2万亿元。这不仅

是一个数量级的变化,更重要的是内在的结构、质量、效益都会发生质的变化。在这个过程当中,怎样形成创新驱动,怎样以制度创新为核心创造更多可复制可推广的经验,从而能够让企业和群众得到更多实惠,有共享感和获得感,新片区将是一个最佳实践区域。

总的来看,新片区方案坚持贯彻高质量发展要求,坚持对标国际高标准,坚持以风险防控为底线,以"五个自由"(即投资自由、贸易自由、资金自由、运输自由和人员从业自由)为核心,提出了更具国际竞争力的税制安排。结合上述分析,经初步研判,我们提出以下四点建议。

一是实现市场准入高度自由,提升首创性项目集聚度。在服务业制造业扩大开放方面,新片区方案仅做原则表述,但在国家进一步开放的大背景下后续必然会出台具体的举措安排。第一,加大市场开放压力测试,用好新片区"参照经济特区管理"的授权,在服务业方面加大开放力度,在文物拍卖等业务上实现外资项目真正突破落地。第二,结合商事主体登记确认制等商事制度改革,增强负面清单开放领域的透明度,真正解决企业准入不准营、能进不能干的突出问题,比如目前实质上难以落地的增值电信等业务,在新片区启动建设后要用好空间优势,加大电信业开放力度(同时做好数据保护能力认证建设、跨境数据流通和交易风险评估机制建设)。

二是打造全球供应链枢纽,拓展高端航运服务链。新片区围网区域将建立洋山特殊综保区,作为对标国际竞争力最强自贸园区的重要载体。第一,洋山特殊综保区在叠加适用国务院综合保税区"21条"政策的基础上,进一步做实"境内关外"的税制体系和监管体系,加快建立适应国际中转业务发展的制度体系,促进海外中转业务回流,形成促进海港空港联动和海空铁路多式联运的政策和服务体系。第二,全面推动自贸区建设与航运中心建设联动,一方面要加大航运保险、航运经纪、海事仲裁、船舶管理等高端服务业的对外开放力度,比如推进符合条件的外国船级社对自贸试验区内登记的国际船舶实施法定检验和单一船级检验(实际上,已有一家外国船级社获准在我国自贸试验区开展国际登记船舶入级检验业务);另一方面要加大政策支持力度,在税费优惠、船舶所有人资质条件、船员配备、贷款融资等方面需进一步加强系统集成,提升全球航运资源配置能力。

三是打造亚太总部基地,拓展全球资金管理中心功能。第一,在风险可控前提下,在新片区稳步推进金融领域对外开放,进一步拓展自由贸易账户功能,鼓励金融机构按照国际通行规则为大宗商品现货离岸交易和保税交割提供基于自由贸易账户的跨境金融服务。第二,在风险隔离的前提下,实现离岸贸易结算、对外投资等方面资金进出自由,考虑给予开展离岸贸易业务的企业更多优惠,服务出口增值税方面实现零税率,鼓励企业将更多离岸贸易业务结算放在新片区,再进一步吸引国际增量。

四是建设内外联动示范区,打造公平竞争的营商环境。第一,对外加强引智合作,除实施具有全球竞争力的个人所得税税负差额补贴政策和自由便利的停居留政策外,加快推出一批允许境外人士参加的职业资格考试清单,落地一批高技术含量领域合作交流项目。第二,对内发挥辐射带动作用,在长三角资本市场服务基地等前期优质项目基础上,在金融科创领域加快推出一批协同创新发展项目。第三,加强法治保障,推动国际认可仲裁机构尽快在区内设立机构开展业务,推动浦东加快建成亚太仲裁中心;深化完善有利于激励创新的知识产权归属制度,探索互联网、电子商务、大数据等领域的知识产权保护规则;完善以信用为基础的新型监管机制,在行政审批、财政扶持、政府采购等领域全面实施信用核查,深化联合奖惩,健全信用救济和修复机制。

(供稿单位:上海市工商业联合会,主要完成人:徐惠明、张涌、张捍、朱秀慧、尹晨、卢华)

专题七

上海民营科技创新企业科创板上市痛点分析

自习近平总书记宣布将在上海证券交易所设立科创板并试点注册制以来，各项工作就以前所未有的"科创速度"在推进。2019年6月13日科创板宣布正式开板，7月22日首批25家科创企业集中上市交易。但随着科创板和注册制的推出，上海民营科创企业反映，想成功在科创板上市还存在诸多问题，如科创板上市门槛较高、政策支持力度不够、服务专业化和便利化程度不够等。为此，市工商联会同相关部门组织开展"上海民营科技创新企业科创板上市痛点"课题研究。通过实地走访深兰科技、普瑞玛智能、博泰悦臻等21家民营科创企业和知名中介机构，召开7场科创板专题座谈会，并针对拟上市企业开展问卷调查，回收261份问卷，形成相关课题报告。

本报告主要包括以下三部分内容。

一是对标北京、广东、江苏、浙江等省市，从上市（申报）数量、产业分布、财务指标等角度进行多维度比较分析，得出上海上市（申报）民营企业的特征。

二是通过问卷调查和深度调研，重点分析上海民营拟上市企业现状以及其对接资本市场（科创板）的障碍。

三是以问题为导向，围绕制度完善、政策支持、专业服务等方面，对上海民营拟上市科创企业科创板上市痛点提出相关政策意见和工作建议。

一、上海科创板上市（申报）民营企业特点

（一）上海科创板民营上市企业数量位于全国前列，但后续申报略有不足

截至2019年11月底，全国共180家企业提交科创板的上市申请（其中民营企业159家），56家已成功上市（其中民营企业48家），民营企业占比近九成，已成为科创板上市主力。从地域分布看，65%的民营企业聚集于"京沪苏粤"，其中上海民营企业9家，暂列全国首位。

但数据显示，企业后续申报热情有待提高。上海申报增量自2019年6月26日后就一直为0，至9月20日才有新的企业申报，而随着泰坦科技、新数网络、赛伦生物的终止，上海的申报总数出现下降。截至2019年11月底，上海科创板民营申报企业20家，低于北京、广东和江苏。

（二）上海民营企业在生物医药、集成电路等产业表现亮眼,但高端装备制造等"硬科技"优势有待提升

现有科创板民营上市企业高度集中于新一代信息技术（22家）、生物医药（12家）和新材料（8家）等高新技术和战略性新兴产业,其中上海生物医药类民营企业共4家,而近一半的集成电路民营企业来自上海,显示出上海在上述两个领域内拥有绝对优势。但与北京、江苏相比,上海在高端装备制造行业的优势还不够突出。

（三）上海民营企业科创属性较明显,但研发后劲相对不足

上海民营企业整体研发投入较高,尤其在申报企业中,研发投入占比达12.85%,居于全国领先地位①。

但募投资金使用情况显示,北京民营企业科创板上市后仍以31.50%的高比例将募投资金使用于研发相关方面,而广东则是27.49%（其中深圳为31.85%）,体现出上述两地企业较强的研发动能和力度。而上海企业除用于生产建设外,其募集资金主要用于补充流动资金、营销网络建设等方面,用于研发的资金占比仅22.2%,体现上市后研发后劲或不如上述两地。

企业户均拥有专利情况显示,上海发明专利占比高于全国平均水平,处于全国前列,显示上海企业专利含金量较高,但也可以看到,在专利总数上,上海优势并不明显。

（四）上海民营企业科创板上市首日表现良好,但存在高估值风险

科创板上市后,上海企业上市首日表现最好,涨幅最高,新股发行市盈率高于全国平均水平,仅次于广东（其中深圳约为275倍）,显示出较好的市场预期。但同时也存在着高估值和股价波动的风险。以创业板为例,2009年开市的创业板新股发行从"天价市盈率"到"最便宜市盈率"耗时不到两年,目前科创板已出现新股破发现象,股价分化现象凸显,科创板高估值未来必将呈回归趋势,为拟上市企业带来了新挑战。

二、上海拟上市民营企业现状以及对接科创板的障碍

调查问卷显示,目前上海科创板后备民营企业主要集中在新一代信息技术、生物医药等核心重点领域。从这些企业2018年各项财务指标来看,与已受理的民营企业间存在着较大距离,约41%的企业还未符合科创板上市标准。企业普遍反映的问题集中在制度、政策和服务方面。

（一）科创板制度包容性有待进一步提升

1. 科创板上市门槛较高

调查结果显示,59.51%的企业认为"科创板现行上市制度门槛较高"。目前,全国159家科创板民营申报企业中约85%选择了

---

① 除研发占比特别高的神州细胞（北京）、浩欧博（江苏）、泽璟制药（江苏）、前沿生物（江苏）、百奥泰（广东）等民营企业。

第一套上市标准（其中上海民营企业中选择该套标准的为70%），仅6家企业选择第五套标准。对于未盈利的医药企业，港交所的预期市值要求为15亿港元，科创板则为40亿元人民币，而君实生物借力港股上市以满足科创板该套标准的市值条件（详见表7-8）。

同股不同权的上市标准，对优刻得等因融资稀释实际控制权的科创企业也至关重要，可以最大限度地提高企业融资金额，然而这一模式对企业市值标准要求也较高①，远高于科创板其他标准，且如果最终发行询价没有50亿市值，将会面临发行失败的风险。

此外，科创板虽允许符合条件的境外红筹企业上市，但2 000亿元的市值标准过高，不利于中芯国际等已上市红筹企业回归②。

2. 科创属性难以定性把握

科创板虽然明确了重点支持行业，并将研发占比、研发人员和专利持有情况等作为企业科技含量的评价标准，但实际实行的依然是窗口指导策略。由于各行业之间科技指标差距较大，政策层面未根据行业量化科技创新指标，新兴产业也缺乏可对标的标杆企业，因此企业面临"自证其色"的困境。

3. 关于分拆上市、并购重组、退市等细则有待完善

近期证监会就分拆细则公开征求意见，企业普遍反映，目前分拆上市的标准较高。以盈利门槛为例，"归属上市公司股东的净利润累计不低于10亿元人民币"的标准较港股更为严格（详见附录中的表7-9）。此外，既符合分拆条件，又满足发行上市条件的企业并不多，就新三板而言，目前子公司在新三板挂牌的上市企业中，约44%符合分拆财务标准，不考虑市值指标初步筛选后，仅有29%符合科创板分拆上市的基本财务条件。

调查问卷显示，53.91%的企业认为目前对标的公司的要求不利于实现重组上市。《科创板上市公司重大资产重组特别规定》提高了科创板上市公司构成"重大资产重组"的标准，要求并购重组标的资产需符合科创板产业定位并与上市公司主营业务形成协同效应；同时相比于直接IPO上市，重组上市不再采用市值指标，而只提供两套财务指标选择，且营业收入选取了相对较高的标准，因此标准较IPO更为单一。

调查问卷显示，59.64%的企业认为差异化的退市制度尚未健全。目前科创板关于退市制度的规定③让部分高研发型科创企业上市后受限于财务报表，降低此类企业上市积极性。

（二）政策支持精准性有待进一步提升

1. 财税政策的撬动作用不够突出

调查问卷显示，近半数企业认为目前财

---

① 预计市值不低于100亿元或不低于50亿元且近一年营收不低于5亿元。

② 中芯国际于2019年5月24日在纽交所退市，目前仅余在港股上市部分份额，港股流通市值达539亿元，明显低于科创板对已在境外上市的红筹企业2 000亿元市值的回归门槛。

③ 科创板上市企业如当年亏损且营业收入低于1亿元或研发失败将面临退市风险警示的可能，且取消暂停上市与恢复上市，退市时间进一步缩短。

政政策支持力度不够。上海对企业改制上市补贴额度不足,且缺乏针对科创板的专项补贴支持。市级层面,上海市中小企业专项资金目前对企业改制上市的奖励为25万元,大张江园区奖励额度最高为180万元(不与市区补贴政策同享),均低于北京、广东(深圳)的奖励力度(见表7-1)。区级层面,上海各区支持力度不平衡。目前对企业上市支持力度最大的是崇明区(600万元),最低的区对企业上市的补贴约180万元,两者相差2~3倍。

表7-1 主要省市上市专项财政补贴

地 区	级 别	
	省(市)级	市(区)级
上海	25万元(大张江180万元)	各区配套180万~600万元不等,平均约300万元
北京	不超过300万元	各区配套不低于300万元
广东	不超过300万元	各区配套不低于300万元
深圳	不超过150万元	各区配套约500万元

调查问卷显示,53.3%的企业表示股权激励递延缴纳未落实到位。根据财税〔2015〕116号文(见表7-2),中小高新技术企业转增股本产生的个人所得税可以延期缴纳。但由于年销售额超过2亿元的财务指标,目前后备企业实际较难享受到该项优惠政策,巨大的税收成本和为此筹措资金的时间成本降低了民营企业上市积极性。

表7-2 116号文适用主体比对

要 求	主 体	
	116号文	后备企业平均情况
财务指标	年销售额和资产总额均不超过2亿元	年销售额超2.9亿元

此外,在鼓励企业研发方面,深圳研发费用税前加计扣除在75%的基础上,采取比照奖补的形式,对已评价入库的科技型中小企业增按25%的标准给予奖补,即将研发费用加计扣除比例实质上提高至100%(见表7-3),降低企业研发成本,而上海暂无财政奖补支持。

表7-3 研发费用加计扣除比对

地 区	国家规定	地方财政奖补
上海	75%	—
深圳		25%

2. 募投项目用地保障不够

走访调查中,多家高端装备制造类民营

企业表示受到土地制约因素的困扰。企业反映,目前深圳平均产业用地容积率约3.5～4.5,且对申请扩容的产业用地容积率不设上限,而广东省则出台了工业用地"打折＋返还＋奖励"组合"优惠套餐",从侧面改善了工业用地供应量不足的问题。相比上述两地,上海对工业、研发用地容积率、建筑高度等制定了严格的控制指标(见表7-4)。

表7-4 主要地区土地容积率政策对比

地 区	政 策 主 要 内 容
上 海	一般情况下,工业用地容积率不大于2.0;研发用地容积率不超过3.0,高度不超过50米
深 圳	对申请扩容的产业用地容积率不设上限;普通工业用地提高容积部分和无偿移交政府的建筑面积不计收地价
广 东	打折:土地出让底价可按所在地土地等级对应工业用地最低价标准的70%执行 返还:国家级和省级开发区、产业转移园区(产业转移集聚地)建设的高标准厂房和工业大厦用地,经所在地地级以上市政府确认其容积率超过2.0并提出申请后,所使用的用地计划指标可由省级国土资源主管部门予以返还 奖励:各地在引进符合条件的重大产业项目并经省市确认于当年完成供地手续的,广东省将按规定在下一年度安排计划指标时对相关市、县(市)予以奖励

此外,北京、深圳等地或通过建立上市公司产业园鼓励企业募投项目落地,或将改制上市重点培育企业纳入"产业空间资源库"和"招商引资项目库",以招拍挂等形式保障募投项目用地,而上海则无相关政策(见表7-5)。

表7-5 工业用地保障政策对比

地 区	政 策 主 要 内 容
上 海	1. 2020年全市产业用地规模保持在550平方千米左右 2. 采用差别化、多样化的土地出让方式,试点"先租后让" 3. 土地出让金收取比例没有提下限 4. 符合条件的科创载体可免征房产税、城镇土地使用税、增值税
广 东	1. 优先保障用地集约的制造业项目,每年安排不少于333公顷用地专门支持工业项目 2. 土地出让价格可按最低标准的70%执行 3. 确保中长期内广州市工业用地占城市建设用地比重不低于25%
北 京	建设上市公司产业园,鼓励符合首都城市战略定位的上市公司募投项目在京落地
深 圳	1. 优先安排改制上市企业进驻 2. 完善上市企业用房用地需求申报平台 3. 适时开展土地供应"上市企业专场招拍挂" 4. 规划建设上市公司总部大厦

3. 政府引导基金发挥作用有限

近年来,政府引导基金在企业融资支持中发挥了积极作用,但仍有提升空间。以上海科创投为例,与"政府引导、市场化运作"的深创投相比,存在规模偏小、投资参与度较弱等问题,政策导向性作用尚未充分体现(见表7-6)。

表7-6 上海科创投和深创投比较

名 称	资产规模(单位:亿元)		参与投资的科创板上市企业数(单位:家)
	注册资本	管理资产	
上海科创投	16.9	500	4
深创投	54.2	3 475.21	8

4. 知识产权评估评价难

走访调研中,多家企业反映,虽然上海一直鼓励商业银行创新担保方式和风险管理技术,探索开展知识产权质押融资,但由于科创企业专利技术的应用及量产存在较大的不确定性,评估这些非标的资产缺乏系统性标准,因此银行对科创企业贷款显得谨慎保守。此外,质押融资从申请到获得的周期很长,获得的也多是一年以内的短期贷款,可能无法满足部分科创企业对资金的紧急需求。

(三)上市服务的便利化程度有待进一步提升

1. 合规证明开具流程繁冗

调查结果显示,合法合规证明开具流程不畅是企业反映较多的问题。结合企业自身情况,合规证明可能会涉及工商、海关、税务等十多个部门,如企业在全国有多个分支机构的,还将涉及跨区域协调的问题。目前缺乏统一、公开的办事流程和协调机制,拉长了企业上市进程。

2. 上市服务体系尚未厘清

市级层面,虽然已明确由市地方金融监管局牵头,协调其他部门共同做好企业上市服务工作,但实际仍存在市区服务体系错位的问题。各区负责企业上市培育工作的部门仍有区经委(商务委)、发改委、财政局、金融局等,不利于市区联动开展诉求协调工作。

3. 中介机构对上市资源挖掘和培育能力有待提升

调查结果显示,63.5%的企业认为信息获取不对称,希望获得更专业的上市辅导。就目前申报科创板企业已披露的招股说明书来看,质量参差不齐,上海"泰坦科技"科创板上市因未能准确披露核心技术及先进性的问题而被否,显示出中介机构对企业科创属性的认知能力、对拟上市企业信息披露的把控能力以及企业估值能力有待提升。另据数据显示,目前,华泰联合证券、中金公司、中信证券、中信建投、国泰君安的保荐企业数量位列前5(见表7-7)。上海本土证券公司仅国泰君安位列其中,而海通证券、东方花旗分别服务了3家和2家,数量上并没有体现出上海金融中心的服务力量。

表7-7 保荐机构服务企业数量对比

保 荐 机 构	保荐企业数量
华泰联合证券有限责任公司	14
中国国际金融股份有限公司	14
中信证券股份有限公司	11
中信建投证券股份有限公司	10
国泰君安证券股份有限公司	7

三、关于进一步发挥科创板制度优势,促进上海民营科创企业高质量发展的建议

(一)着力完善科创板上市规则,包容更多科创企业

建议上海积极向证监会反映,尽快完善科创板上市规则。

1. 优化科创板上市条件

建议借鉴美国纳斯达克市场,采用"市值+权益"标准,进一步增强科创板制度的包容性。适当降低对生物医药行业、红筹企业、同股不同权类企业申报及分拆上市的市值门槛,并尽快明晰针对红筹企业的外汇管理规定和实施细则,简化红筹企业回归流程。

2. 量化科技创新鉴定标准

建议监管部门结合行业特性,出台相关指导意见,对"行业领先""进口替代"等定性词语和知识产权专利数、研发属性等定量数值作出更细致的定义,给予科创企业及中介机构一定的类比参照空间。

3. 尽快完善配套细则

一是建议综合企业上市标准的选择、产业特性、市场环境等因素,设置差异化的退市标准,给予自身质地尚可但暂时面临退市风险的上市企业合理的救济途径。二是建议丰富科创板重大资产重组上市标准,加入权益体系为上市审核标准之一,有助于不同类型和规模的科创企业选择适合自身发展状况的上市标准,提高科创板并购重组包容性和多样性。

(二)着力健全机制,挖掘更多后备民营上市资源

1. 建立拟上市企业遴选和"硬科技"发现机制

一是建议市地方金融监管局牵头,会同市经信委、市科委、市税务局等单位尽快细化落实"浦江之光"各项支持政策,建立重点拟上市企业遴选机制,集聚优势产业,推动科创企业能级提升。二是建议市经信委、市科委做实"上海市改制上市培育企业库"和"高新技术企业培育库",鼓励上海科创企业申报入库,针对库内重点培育企业,采取政策倾斜、诉求先解的形式,进行分行业、分层次、分梯队的培育和指导,做到主动服务、协调服务、精准服务。

2. 建立上股交与上交所科创板对接机制

建议市地方金融监管局、上交所和上股

交聚焦、培育上海重点支持产业,加快推进区域性股权市场的制度和业务创新试点,探索与上交所科创板建立对接机制,从审核监管理念和企业规范运作、信息披露质量上逐渐与科创板衔接,发现和培育更多优质上市资源,逐步形成"前置挂牌"模式,提升市场对N板优质企业的认可程度,不断优化板块资金活跃度,为初创型科创企业发展提供充足的资金支持。

（三）着力加大政策支持,推进民营企业科创板上市

1. 进一步加大财税政策优惠力度

一是建议市财政局、市经信委适当提高企业改制上市补贴额度,尽快出台科创板配套的上市补贴政策并将财政补贴的周期适当前倾至上市培育阶段,做到尽早介入、尽量覆盖民营科创企业上市成本。二是建议市税务局采取更为灵活变通的处理方式,通过企业出具承诺函并通报税务部门备案的形式,允许企业对股改产生的个税实现分期或递延缴纳,减轻企业上市过程中的资金压力。三是建议市财政局借鉴深圳经验,通过后续财政奖补等方式,切实降低企业的研发成本。

2. 进一步保障优质募投项目用地

建议市规划资源局、市经信委等部门充分考虑科创企业募投项目对土地的实际需求,合理制定年度产业发展土地供应计划,适当提高工业用地容积率,并试点建设上市公司产业园,促进更多高端装备制造类企业在沪集群化发展。

3. 进一步充分发挥政府引导基金的引领作用

一是建议市国资委发挥好上海科创投引导功能,引入专业化的基金管理团队,强调市场化运作,在合理区间内提高风险容忍度,强化基金的放大效应,充分发挥政府引导基金的引领作用,带动更多社会资金参与科技创新。二是建议由市地方金融监管局牵头,探索设立上海企业上市发展基金,推动科创企业,特别是尚处于种子期、初创期但科技含量高的民营企业,促使其与天使投资、风险投资等专业科技金融的联动衔接,形成对企业全流程、一体化的金融服务生态。

4. 进一步推进知识产权质押融资工作

建议市知识产权局继续推动金融机构开发、完善知识产权质押融资产品。引导和支持各类担保机构为知识产权质押融资提供担保服务,实现知识产权的变现和流动,提升民营科创企业融资规模和效率。

（四）着力优化上市服务,打造一流营商环境

1. 优化合规证明开具流程

建议由市大数据中心在"一网通办"开设专栏,为企业申请无重大违法违规证明提供一站式查询渠道,减少行政确认的时间和成本。

2. 理顺上市服务体系

建议由市服务企业联席会议办公室牵头,纵向建立统一的服务企业上市部门,市区联动,针对企业反映的用地用房等诉求统一受理,并形成"绿色通道",优先协调解决重点拟上市企业诉求。

3. 大力培育、集聚专业化中介服务机构

建议由市地方金融监管局牵头,定期组织中介机构学习最新法律法规和审核案例,提升服务能级和业务水平,推动培育一批具有强大公信力和高度专业性的证券承销商。加快发展科技企业孵化、法律会计服务、人力资源管理等机构,为企业提供上市前融资、法律咨询、财务审计等专业服务。

四、附录

(一) 君实生物——借力港股上市,实现以第五套标准申报科创板

随着港交所发布新修订的《新兴及创新产业公司上市制度》,未盈利的生物科技企业迎来了发展契机,掀起了一场赴港上市的热潮。已有16家生物医药企业赴港IPO。其中,已经成功上市的有9家(歌礼制药、百济神州、华领医药、信达生物、君实生物、基石药业、康熙诺生物、迈博药业、复宏汉霖)。另外,中国抗体、亚盛医药等企业已向港交所递交了IPO申请。生物医药行业企业普遍具有前期资本投入较高、盈利周期长的特点,港交所对亏损的生物医药企业的市值要求明显低于科创板(见表7-8),因此大量未实现盈利的生物医药企业均选择港股上市。

君实生物是目前科创板申请企业中,少

表7-8 港股和科创板生物医药企业上市标准

类 别	港 股	科创板
行业范围	于生物科技领域中从事产品、处理技术或科技研发、应用或商业化发展的公司,如制药、生物科技及生命科学、医疗设备及用品、医疗技术公司等	生物制品、高端化学药、高端医疗设备与器械及相关技术服务等
市值要求	上市时预期最低市值达15亿元(港币)的生物科技公司	预计市值不低于人民币40亿元
产品阶段	申请人须至少有一只产品已通过概念开发过程(例如相关药物和安全监管机构,如美国食品和药物管理局、中国国家食品药品监督管理总局或欧洲药品管理局所规管的药物已通过首阶段临床测试,并已取得进行第二阶段测试所需的必要监管批准)	主要业务或产品需经国家有关部门批准,市场空间大,目前已取得阶段性成果。医药行业企业需至少有一项核心产品获准开展二期临床试验
业绩要求	港交所要求生物科技公司申请人必须在上市前最少两个会计年度一直从事现有业务,而且管理层大致相同	依法设立且持续经营3年以上的股份有限公司,具备健全且运行良好的组织机构,相关机构和人员能够依法履行职责
营运资金	申请上市的申请人的营运资金(包括计入首次公开招股的集资额),须涵盖集团未来至少十二个月开支的至少125%。这些开支主要包括一般、行政及营运开支及研发开支。港交所也预期首次公开招股的集资额大部分用于应付上述开支	—

有的采用第五套标准申报的企业。之所以众多公司不采用第五套上市标准,原因主要是这套上市标准虽然对净利润和营收没有要求,但是对估值和技术创新性要求较高。君实生物采用这套估值标准,原因也在于公司在2018年登陆港交所主板后,获得了投资人的认可,目前君实生物的总市值维持在200亿元,因此可以满足科创板第五套标准对于市值的要求。

实际上,君实生物的营业收入增速缓慢,且处于长期亏损状态。企业自2013年开始,常年净利润为负(2018年净利润约-7.16亿元)。从营收情况看,企业成立后,所有收入均来自"咨询收入和费用收入",主营业务并未产生利润。直到2018年底,公司新药上市后,才有3.09亿元的营收出现。而其间研发投入和募集资金是亏损的主要原因,2016—2018年,研发投入分别为1.22亿元、2.75亿元、5.38亿元,年复合成长率都超过110%。从2019年中报数据看,由于继续在研发方面大幅投入,中报营业成本达到6.45亿元,营业利润为-3.1亿元。且为了支持研发投入,公司在2016—2018年均有不同程度的筹资活动,其中2018年筹集的资金最多,通过发行可转债、新三板定向发行、H股发行上市等形式,共筹集36.47亿元。

综上,对于生物医药科创企业,持续不断的资本支持不可或缺。君实生物曲折的上市之路,也可看出相较于港股市场,目前我国科创板市场对于生物医药行业的市值标准要求相对较高,使部分生物医药企业不得不选择赴港上市,再择机回归科创板。若科创板能够降低生物医药企业上市门槛,势必会为我国生物医药科创企业的融资注入新的活力。

(二)优刻得——避免首发控制权稀释,同股不同权意义重大但市值门槛高

优刻得作为科创板首家同股不同权的申报企业,选择50亿市值标准进行申报,一方面显示了制度带来的利好,另一方面也体现出制度对企业的高要求。

同股不同权有助于实际控制人掌握公司的控制权并提高募集资金额度。优刻得选择同股不同权进行申报,主要由于实控人的持股比例相对较低,选择其他标准可能会导致控制权旁落的风险。采用表决权差异安排制度后,实控人持有股份的表决权是其他股东的5倍,发行不低于21.56%的股份后,实控人的表决权仍然高达55.75%,牢牢把控了公司的控制权,且能最大限度提高公司募集资金的金额。

但选择同股不同权对企业要求较高。同股不同权对因融资稀释实际控制权的科创企业至关重要,也可以最大限度地提高企业融资金额,然而这一模式对企业市值标准要求较高(预计市值不低于100亿元或不低于50亿元且近一年营收不低于5亿元),远高于科创板标准一的10亿元标准,且如果最终发行询价没有50亿市值,将会有发行失败的风险。作为首家同股不同权的申报企业,根据其披露的上市保荐书,优刻得2018年11月最近一次对外融资投后估值高达115亿元,采用可比估值法,选用可比公司的EV/Sales估值和P/S估值范围作为优刻得的可比估值参考,才推算出公司市值满足上市指标。

(三) 港股和科创板分拆上市标准

港股和科创板分拆上市标准如表7-9所示。

表7-9 港股和科创板分拆上市标准

类 别	港 股	科 创 板
股票上市期限	上市公司股票上市已满3年	
盈利条件	新公司上市后,母公司必须保留有足够的业务运作及相当价值的资产,在紧接提出申请分拆前的5个财政年度中,其中任何3个财政年度的股东应占盈利总额不得少于5 000万港元	上市公司最近3个会计年度连续盈利,且最近3个会计年度扣除按权益享有的拟分拆所属子公司的净利润后,归属上市公司股东的净利润累计不低于10亿元人民币
其他条件	如有关联交易的任何百分比率达到25%以上,须获股东批准,如控股股东在有关建议中占有重大利益,则该控股股东及其联系人均须放弃其表决权	上市公司不存在资金、资产被控股股东、实际控制人及其关联方占用的情形,或其他损害公司利益的重大关联交易。上市公司及其控股股东、实际控制人最近36个月内未受到过中国证监会的行政处罚;上市公司及其控股股东、实际控制人最近12个月内未受到过证券交易所的公开谴责。上市公司最近一年及一期财务会计报告被注册会计师出具无保留意见审计报告

(供稿单位:上海市工商业联合会,主要完成人:徐惠明、张捍、顾月明、陈峰、朱海燕、杨珺艳)

专题八

上海民营经济"27条"相关政策第三方评估

为深入贯彻习近平总书记关于民营经济发展的重要指示精神和党中央决策部署,全力支持民营经济发展,促进民营企业做强做优,实现稳定增长、增加就业、改善民生、促进创新,2018年上海市委市政府出台了《关于全面提升民营经济活力大力促进民营经济健康发展的若干意见》(简称民营经济"27条")。李强书记在进一步优化营商环境工作大会上,要求把全面落实好民营经济"27条"作为优化营商环境的重要举措,还在上海市促进民营经济发展大会上,指示一定要将相关政策执行到位、落实到位、取得实效,千万不能空转。市政府领导要求确保相关政策逐条落地见效,促进民营经济更高更快健康发展。为评估有关政策实施效果,进一步促进措施落地落实落细,市工商联组织开展《上海民营经济"27条"相关政策第三方评估》课题研究。主要包括以下三个方面。

一是梳理民营经济"27条"政策总体落实情况,包括市级部门和各区政府出台的配套政策和实施细则以及开展的相关工作,结合问卷和前期研究,分析梳理政策落实情况。

二是重点分析民营经济"27条"政策落实过程中面临的瓶颈问题,通过问卷调查和深度调研,深入了解包括降低企业四项成本、缓解融资难融资贵问题、全面提升企业核心竞争力以及优化企业发展环境等方面依然存在的问题。

三是对照民营经济"27条"政策,以问题为导向,研究提出进一步优化民营经济发展环境的对策建议。

一、总体成效

(一) 世行评价大幅提升

世界银行发布的《2019营商环境报告》显示,我国总体得分为73.64分,比2018年提高8.64分,总体排名上升32位,位列第46,为世界银行营商环境报告发布以来最好名次。世行报告显示,上海作为我国营商环境的两大样本城市之一(上海权重55%,北京权重45%),企业办事环节平均压缩了30.5%,办事时间平均压缩了52.8%。开办企业方面,上海得分93.37分,上升7.67分。办理环节从7个压缩为4个,办理时间从22天缩减到9天。获得施工许可方面,上海得分为67.71分,上升21.83分。办理环节从23个缩减至19个,办理时间从279天缩减至169.5天,办理费用从 20 万元降至 7 万元。财产登记方面,上海得分为 79.68 分,上升 4.36 分。办理时间从 28 天压缩至 9 天。纳税方面,上海得分为 66.3 分,上升 3.32 分。纳税次数从 9 次减少为 7 次,纳税时间从 207 小时缩减至 142 小时。跨境贸易方面,上海得分为 83.06 分,上升 11.72 分。进口货物从抵港到提离全流程从 72 小时压缩到 48 小时,单证办理时间从 54 小时压缩至 24 小时,进口环节费用从 940 美元降至 455 美元。出口单证办理时间从 14 小时压缩到 8 小时,出口环节费用从 623 美元下降至 375 美元。电力获得方面,上海得分为 92.01 分,上升 21.5 分。办理环节从 5 个缩减为 3 个,平均用时从 145 天缩减到 34 天,低压用户成本从 19.2 万元降为 0 元。

(二) "一网通办"成效显现

"一网通办"是上海市营商环境的特色亮点之一。目前"一网通办"的制度架构及运行机制已基本建立,成效逐步显现。问卷调查[①]显示,企业对"一网通办"服务模式普遍持认可态度,满意度达到 88.4%,其中非常满意的占 23.8%。一是实现从"找部门"转变为"找政府"。"一网通办"总门户上线以来,市、区两级政府所有审批事项和三千多项服务事项已接入政务大厅,国家、市、区三级数据共享交换平台完成连接。"一网通办"总门户有个人实名用户超过 758 万人,占全市实有人口的 30%,法人用户 189 万,移动端用户超过 1 000 万。二是实现从"群众跑腿"转变为"数据跑路"。组建大数据中心,将职能部门分散孤立的数据汇集成为综合应用数据。对接 29 个部门的 56 个业务应用系统,实现跨层次、跨部门、跨系统、跨业务的数据共享和交换。长三角"一网通办"实现了内资有限公司设立、个人医保等跨省市通办。建成市级数据共享交换平台,推进政务数据按需 100% 共享,并与国家共享交换平台连接。三是实现从"多次办理"转变为大部分"一次办成"。简化服务事项网上申请、审查等流程,涉及多部门事项统一受理、协同办理,90% 以上审批服务事项实现"只跑一次、一次办成"。围绕"四减"推进业务流程再造,实现审批事项平均减时间 26%、减材料 12%、减环节 14%。推进电子证照的归集和应用,已入库超 5 500 万张,17 类高频证照全量入库,推进实体证照免交、现场电子亮证应用。建立"双随机""双告知"机制,汇聚各部门 200 余万条监管信息,实施事前差异化服务、事中监测预警和事后联动监管。

(三) 三个百亿有效落实

针对民营企业普遍反映的融资难、融资贵问题,民营经济"27 条"提出"三个 100 亿",以"三个百亿"缓解民营企业融资贵融资难问题。98.2% 的受访企业对"三个百亿"资金政策持积极支持态度,其中,16.7% 的企业获得过相关基金支持,希望政府继续加大支持力度,还有 37.1% 的企业表示知道周边有企业获得过相关基金支持,未来希望能够争取。

---

① 此次问卷调查由市工商联课题组开展,共回收有效问卷 1 000 份,下同。

具体表现为：上市公司纾困基金首期规模50亿元，已与美年健康、全筑股份等上市民营企业签署战略框架协议，通过大宗交易等形式受让多家公司股权；政策性融资担保基金增资35.8亿元，达到85.8亿元，将逐步增加到100亿元；"专精特新中小企业千家百亿信用担保融资计划"加快推进，计划三年内完成"双百亿"目标。

（四）四项成本有序降低

民营经济"27条"出台以来，我市加大降费减税政策实施力度，着力降低民营企业经营成本。问卷调查结果显示，74.5%的受访企业对降低成本的政策效果表示满意（其中35.9%的企业表示非常满意），但还有24.6%的受访企业认为政策效果一般，不满意的比例为0.9%。一是加大税费减免力度。全面实施小微企业增值税、企业所得税减免政策，减征"六税两费"（惠及企业76万户、减税9亿元）；降低车船税、城镇土地使用税和房产税征收标准（减税40亿元）；减免国家和市级孵化器及大学科技园房产税和增值税；降低特种设备检验检疫收费30%。二是降低产业用地成本。落实土地资源高质量利用政策，实现底线地价管理；明确弹性出让年期和自动续期，集约使用土地，实现土地流量增效；允许二次开发补缴土地出让金下限可以为零，降低企业用地成本，确保优质企业有地可用。三是降低生产要素成本。城镇职工基本养老保险单位缴费比例由20%降低至16%，继续阶段性降低失业保险费率；新增30亿千瓦时用于民营科创企业直购电，将全市化工区28家企业转为天然气"直供"用户；落实货物港务费降15%、保安费降20%，推动港口企业降低搬移费10%。四是降低制度性交易成本。推广企业"一企一证"制度，取消水工金属结构等14类工业产品生产许可证管理和发证前产品检验环节；低压小微用户电力接入用时不超过15天，装饰装修工程类消防设计审核手续办理、消防验收手续办理时限从20个工作日压缩至5个工作日；将企业注销时间缩短1/3以上。

（五）政策环境不断优化

民营经济"27条"出台以来，相关部门制定配套政策、明确实施细则、构建企业联系机制、保护民营企业合法权益，不断优化市场环境。一是完善政策体系。将民营经济"27条"细化分解为70项具体举措，明确40个部门、16个区的责任分工。70项具体举措中，全部落实的54项，占77%；部分落实的7项，占10%；9项正在研究和推进。市委办公厅、市政府办公厅、市发改委、市经信委、市科委、市商务委等多个部门以及虹口、长宁、闵行等多个区陆续出台了22个配套政策（市级12个、区级10个），市委宣传部、市水务局等多个部门制定了7个实施方案。二是建立政企联系机制。市服务企业联系会议作用明显，形成普惠精准兜底式企业服务体系，"上海市企业服务云"精准推送政策信息100多万条，有效解决企业各类诉求1 750项。市工商联建立政策辅导机制，举办"促进民营经济发展政策宣讲活动";市经信委编印《上海市惠企政策清单(2019)》和《上海市涉企公共服务清单(2019)》,举办"半月谈"公益讲座;市司法局组织400名律师,为500多家民营企业进行法制体检并出具报告。问卷调查结果显示,71.5%的受访企业对亲清型政商关系落实情况表示满意,26.3%的企业认为一般,2.2%的企业表示不满意。三是依法保护民营企业合法权益。开展集中整治查封、扣押、冻结不规范问题专项工作;发布全国首个省级跨领域轻微违法行为免罚清单,共34项;清欠民营企业中小企业账款,截至2019年4月8日,已清偿9.33亿元,清偿比例65.2%。问卷调查结果显示,74.8%的受访企业对政府依法保护企业合法权益的政策表示满意,24.1%的企业认为一般,1.1%的企业表示不满意。

二、存在问题

目前,民营经济"27条"政策取得了一定成效,但我们还是要清醒认识到,营商环境的改善非一日之功,政策执行效果乃至政策本身的力度还有待进一步加强,企业的切实感受与政策初衷之间还存在差距,具体表现为以下七个方面。

(一)针对民营企业的人才政策有待突破

企业创新的关键在于人才,目前我市在人才引进方面的力度和政策还有待突破。一是民企人才落户相对较难。企业认为现有评价机制对经济贡献大、专业技能高的人才不利,以市场发现、市场评价、市场认可为导向的引才机制尚未真正建立,先进制造企业中不少低学历、高技能的人才,在落户加分中存在困难。二是公共资源配置有待优化。目前上海公租房、人才公寓等扶持政策还是倾向于国企和外企,民企尤其是中小民企的诉求很难得到重视。调查数据显示,政府提供的人才补贴、公租房等优惠政策,因办理手续复杂、供应量不足等因素难以落地,超过六成的民营企业表示没有享受过,三成民营企业表示有但很少享受到。三是人口政策有待调整。人才背后映射的是人口政策方面的问题,目前包括深圳、杭州等在内的国内很多城市都在大力实施"抢人"政策,推动人口结构年轻化。2015年以来,深圳常住人口增量都逼近或超过50万人,2018年深圳新增常住人口49.83万人,深圳已成为吸纳北大毕业生第二多的城市。2018年上海常住人口仅增加5.45万人,2017年则是呈现下降趋势。

(二)针对民营企业的科技创新激励政策有待突破

在很多领域,尤其是以互联网为代表的新兴产业领域,民营企业已成为创新的主力军,但针对民营企业的创新政策环境仍有改善空间。一是民营企业创新激励政策有待加强。民营经济"27条"明确提出了多项鼓励民营企业创新的税收或奖励等政策,但企业的获得感不十分明显。调研中企业反映,相比杭州、苏州等城市,上海税收优惠的后置程序繁琐,政策审批时间长,政策难以实际落实到位。问卷调查结果显示,53.3%的企业未享受股权激励递延纳税政策,47.2%的企业未享受高新技术企业每年新增研发投入部分10%的奖励(见表8-1)。二是针对非公办的工业技术研究平台支持力度有待加强。上海对高校、国企设立的技术研发平台支持力度较大,但对民营企业设立的技术研发平台缺少资金方面的支持。调研中有企业反映,其在专业领域的创新能力已经达到国际水平,并且与张江管委会合作成立了工业技术研究院,但是政府对研究院没有实质性的资金支持,与此同时,南京、杭州、西安等城市提出优厚条件,吸引企业到当地设立工业技术研究院。

表8-1 涉企创新激励政策评估

创新激励政策中,企业符合条件,但未享受到的是:		
序号	内容	比例
1	股权激励递延纳税	53.3%
2	提高企业研发费用加计扣除比例	44.3%
3	对国家级孵化器(众创空间),给予享受免征房产税和增值税的政策	39.5%
4	对于高新技术企业,每年新增研发投入部分按照10%给予奖励	47.2%
5	出口的首台套、首版次、首批次产品,最高按照专项支持比例30%上限给予支持	31.7%

(三)针对土地优化利用、提高容积率的政策有待落地

土地问题是影响企业长期战略决策的重大问题。民营经济"27条"提出的底线地价管理、弹性年期出让、增容土地价款、土地增容审批流程等政策举措,在落实方面仍面临诸多问题。一是土地增容相关政策有待落实。目前上海增容土地价款收取比例的裁量权下放到区,但未具体明确绩优企业的标准。据了解,目前松江区已实行免缴增容土地价款的政策,浦东新区还未实行该项政策,各区存在明显差异。从企业反映的情况来看,问卷调查结果显示,38.3%的企业届满符合产业导向的项目未能享受原地价续期的优惠政策,47.4%的企业达到绩优标准但未能享受免缴增容土地价款,32.2%的企业反映自有土地增容审批流程复杂。二是零增地技改政策有待落实。尽管零增地技改政策方向已明朗,但缺少适用范围、审批流程等方面的实施细则支撑,有方向、没路径,政策落地的难度大。据查山东省、青岛市已经明文出台了工业企业零增地相关审批目录和实施细则。

(四)企业社保压力大、降低税费及补贴政策有待落实

2018年上海民营经济以26.4%的增加值占比,贡献了35.3%的税收,与其他经济体相比税负明显偏重。税收以外的社保费用、行政事业性收费,也对企业形成了较大的成本压力,民营经济"27条"提出降低要素成本的多项规定,但从企业反映情况看,政策落实还有待加强。一是社保缴费基数高。按照民营经济"27条"降低企业社保缴费比例的要求,2019年5月1日起上海基本养老保险费率企业部分从20%降至16%,但社保缴费标准高、增速快,导致企业社保缴费下降的获得感不强[①]。2019年上海社保基数下限4 927元,分别比北京、广州、深圳高36%、30%、124%。二是涉企行政事业性收费事项多。从国务院公布的各省市政府性基金和行政事业性收费看,全国31个省、区、市中,有21个已实现涉企行政事业性收费"零收费"。上海行政事业性收费还有25项,其中涉企行政事业性收费17项(含资源补偿性收费),收费项目数有很大的压缩空间。三是降低要素成本政策惠及面、落地性有待加强。问卷调查结果显示,35.7%的企业没有享受到吸纳上海就业困难人员的岗位补贴和社会保险费补贴,41%的企业没有享受新招应届毕业生社会保险费补贴,34.8%的企业没有享受直购电的优惠。企业反映,相关优惠政策的申报流程繁琐、时间长。

(五)金融支持民营经济发展的手段与力度都有待加强

从不同金融机构的特点来看,风险投资对科技创新类中小企业的支持作用明显,但离不开证券市场的托底;银行间接融资更适合业务相对成熟的企业,借贷条件更为严格。目前来看,上海作为国际金融中心,无论是间接融资渠道的银行,还是直接融资渠道的风险投资,对民营经济的融资支持作用都有待加强。一是企业信用信息体系不健全。目前还没有平台能够对中小微企业进行全面的信息归集,央行征信中心归集借贷、融资类信息,市公共信用信息平台归集资质、监管类信息,还有很多企业信息沉没于市场机构和平台,各类平台之间信息互通渠道不畅,银行和评估机构获取中小微企业全面信用信息的成本高,导致银行贷款意愿不强。二是政策性担保基金作用发挥不足。与北京、深圳等地相比,上海政策性融资担保基金等规模偏小,放大效应不足,上海中小微企业政策性融资担保基金的放大倍数约为1.8倍,北京中关村则为8.67倍、深圳高新投为8.15倍。问卷调查结果显示,63%的企业希望政府在解决企业融资贵融资难方面提供更多的支持,33.5%的企业未享受民营企业政策性融资担保基金,38.1%的企业未享受融资担保业务的降费奖补政策。三是风险投资基金作用有待加强。对科技型中小企业而言,技术(商业模式)、市场、风险投资是不可或缺的三大要素,尽管上海市场化的风险投资基金仅次于北京,但政府在风险投资引导方面的作用有待加强。截至2017年底,上海市创业投资引导基金累计对60只基金承诺出资,基金募集规模534亿元,财政资金杠杆放大6.02倍。

---

① 以2017—2018年度缴费基数下限(4 279元)测算,由于养老保险费率下降,缴费将下降171元,降幅为20%;但提高缴费基数下限后(4 927元),养老保险实际下降67元,降幅缩窄至7.9%,较基数调整前少下降了12.1%。

截至2018年底,深圳市政府投资引导基金共审核通过131只子基金设立方案,引导基金认缴出资750亿元,子基金总认缴规模超过3 300亿元。四是科技型中小民营企业支持力度有待加强。企业反映,上海支持民营经济的政策力度不断加码、环境不断完善,但政策呈现"两头重、中间轻",对龙头企业、小微企业的政策支持明显,对最需要资金和政策支持的中小企业重视程度还不够。部分细分行业的标杆企业(如基因诊疗领域),已经做到国内领先且具有国际竞争力,在成长的关键时期,希望得到政府更多的政策和资金支持。

(六)民企与国企、外企在资源获得方面公平性有待加强

2016年以来,上海民营经济总量已超过四分之一、税收已超过三分之一,但民企仍未获得与国企、外企同等竞争的待遇,在政府采购和招投标领域,民企仍面临非公平竞争的问题。一是市场准入存在隐性门槛。企业反映,上海"重国有、轻民营"和"重大企业、轻小企业"的思想观念依然明显,民营企业参与PPP项目、国家及上海市重大战略项目的门槛过高。问卷调查结果显示,31.5%的企业认为在现实中参与基础设施和公用事业建设遇到障碍;41.6%的企业反映在牵头承担研发与转化功能型平台等重大创新平台建设中遇到障碍(见表8-2)。二是政府采购项目处于弱势地位。企业反映,在大型政府采购项目招投标中,评分标准设定明显偏向国有企业和外资企业,大量的项目资源集中在央企和国企手中,又导致转包、挂靠、借用资质等不合规现象。在医疗器械等领域,针对内资企业和外资企业采取两套招投标的标准,民营企业甚至很难与外资企业同台竞争。

表8-2 产业政策效果评估

产业政策中,企业符合条件,但未享受到的是:		
序 号	内 容	比 例
1	对企业参与政府投资项目建设设置障碍	11.30%
2	对企业参与基础设施和公用事业建设设置障碍	31.50%
3	对企业参与国有企业重大投资项目、成果转化项目和资产整合项目设置障碍	43.10%
4	对企业牵头承担研发与转化功能型平台等重大创新平台建设设置障碍	41.60%
5	对企业承担各类科技和产业化重大项目设置障碍	12.20%

(七)对民营经济权益保护力度有待进一步加强

保护民营企业和企业家的合法权益,提升民营企业家认同感和归属感是激发上海民营经济活力的重要基础。问卷调查结果显示,21%的企业希望加强对民营企业合法权益的保障。一是涉案企业财产处置的规范性有待加强。问卷调查结果显示,过半的企业

(52.8%)认为应慎用羁押性强制措施和查封、冻结等强制措施,31.2%的企业认为需进一步规范涉案财产处置,26.7%的企业希望对企业家在生产、经营、融资活动中的创新行为,只要不违反刑事法律的规定,不按犯罪论处。二是知识产权案件执法效率有待加强。上海在知识产权保护方面起步较早,法律环境也比较完善,但执法效率和力度方面仍有待加强。问卷调查结果显示,43.4%的企业认为还需进一步完善和加强知识产权案件快审机制流程,43.8%的民营企业认为政府需进一步完善知识产权民事、行政、刑事案件审判"三合一"。在关键领域民营企业核心技术创新情况调研座谈会上,有企业反映,政府对网络信息安全技术研发领域的知识产权保护力度还不够。

三、进一步优化民营经济发展环境的对策建议

中美贸易摩擦成为新常态背景下,外资企业在华(在沪)布局战略将受到深远影响,未来要将民营企业放到与国有企业、外资企业同等重要的地位进行考虑,以落实民营经济"27条"政策为契机,破除制约民营经济发展的观念和制度藩篱。

(一)人:优化民营企业人才引育的政策环境

上海民营经济能不能发展起来,关键是看民营企业能不能吸引到国内外优秀创新创业人才。建议上海在人才落户以及公共服务政策等方面进行优化完善。一是综合考虑重点行业领域、企业创新能力、人才专业技能以及对经济社会贡献等因素对落户加分政策的影响。特别是,上海要发展先进制造业,必须考虑到制造业人才结构特点,对低学历但高技能的专业人才,在落户评分方面给予高学历人才同等待遇。二是对重点产业领域的高技术人才实施定向激励政策,对高层次、高技术、高收入的人才实施更灵活的个税政策,加大公租房、人才公寓等倾斜力度,针对科技型民营企业实施定向配租政策,支持企业招募留住优秀人才。三是适时研究调整人口政策,适度放宽对外来常住人口的限制,积极引进专业技能岗位的从业人员,降低社会服务成本,加强对高技能人才、创新人才等引进力度,重点加强对双一流大学毕业生的引进力度,为企业发展提供丰富的人才选择空间。

(二)钱:解决民营企业融资信息不对称问题

金融机构是否愿意向企业融资,主要取决于企业的偿还能力(风险投资注重盈利能力,有没有担保抵押、出现问题后资产处置难易度等)。从政府角度看,致力于解决信息不对称、融资担保以及资产处置等问题,比直接干预金融机构融资行为会有更好的效果。一是针对企业与金融机构信息不对称的问题,探索通过行业专家以行业标准来评判企业好坏,对银行贷款提供专业支持。如上海瑞尔正在与工行上海分行合作,共同成立科技型

企业信贷评价体系，由行业内的专家以及工行上海分行、银保监局、毕马威、TUV（德国）等机构的人员组成专家团队，对企业提交的材料进行专业评审，解决借贷双方信息不对称的问题，打开银行信贷的新思路。二是打通政府部门、金融机构、商业机构等信息交互渠道，加强市公共信用信息服务平台的信息归集、查询功能，整合政府部门的涉企资质与监管类信息以及企业家的个人信息，支持以市公共信用信息服务平台统筹社会商业机构的涉企信息，积极推动央行征信平台与市公共信用信息服务平台之间的信息互通，提高企业信用信息查询的便捷性。三是发挥好政策性融资担保基金"药引子"功能，增强融资担保基金运作的市场化、专业性，强化基金的放大效应，纠正过度谨慎的行事风格，适度提高对失误的容忍度，同时鼓励民资、外资等各类资本设立商业性融资担保机构。四是完善企业资产评估和交易市场，培育壮大企业资产评估专业机构，支持发展企业各类资产处置的专业市场和平台。支持开展资产证券化、知识产权证券化等金融工具创新应用，分散金融机构对民营企业融资的风险。

（三）地：满足民营企业合理合法的用地需求

贯彻落实双高意见，积极推动工业用地容积率提升和复合利用，支持民营企业合理合法提升土地利用效率。一是出台工业用地集约利用方面的政策细则，明确土地容积率调整适用的范围，推进落实存量优质企业增容扩产、免交增容土地价款等政策。如深圳出台《深圳市扶持实体经济发展促进产业用地节约集约利用的管理规定》，明确了纳入容积率调整范围的各类土地，对土地用途属于M1的，增容后不用缴交地价；杭州规定对科技与工业企业生产性用房进行扩容的，不再增收土地价款，免征城市基础设施配套费。二是积极落实零增地技改政策，借鉴青岛①、济南等经验，建立"政府定标准、企业作承诺、过程强监管、信用有褒惩"的项目管理模式，探索建立工业企业零增地技术改造项目建设承诺制，对已经进行了环境影响评价并且按照环境影响评价要求建设的项目简化环评手续，为企业提供"一站式"办理指南，提高审批效率、缩短审批流程。三是落实先租后售政策，对技术先进、管理规范、代表新兴产业趋势的行业标杆企业，适当缩短租赁期限，满足企业购地需求。四是加强产业用地政策的宣传，面向各类用地主体特别是民营企业宣传、

---

① 青岛市"零增地"技术改造项目审批方式改革主要有以下三大亮点：一是对原先办理手续相对复杂的消防设计备案和部分气象审批事项实行承诺制。对符合一定条件的"零增地"技术改造建设项目，企业在开工建设前填写相关事项承诺书向主管机构提交申请，主管机构在收到企业承诺书后1个工作日内完成审查，对符合受理条件的出具承诺受理书。项目建成后，企业按照承诺受理书告知的要求整理好资料，及时办理竣工验收手续，通过验收的项目即可投产。二是简化环评手续，对已经进行了环境影响评价并且按照环境影响评价要求建设的项目，企业开展技术改造但项目的性质、规模、地点、采用的生产工艺或者防治污染、防止生态破坏的措施未发生重大变动的，不需要重新报批环境影响评价文件。三是明确项目备案、节能审查、消防、房屋建筑工程施工、环保、安全生产、气象等事项办理要求，并附办理依据文件列表，为企业提供"一站式"办理指南，推进审批服务"一次办好"。

解读产业用地政策,规范政策的落实执行。

(四)税费:实施有利于创新创业的财税激励政策

对照国内外先进标准,通过财税政策改革创新,继续保持上海在创新创业方面的领先优势。一是高端人才和紧缺人才的个税政策向国际看齐,争取国家层面的支持,抓紧研究出台相关个税优惠政策,可参照粤港澳大湾区的成功经验①,对来沪工作的境外高端人才和短缺人才,按照实际税率15%实行个人所得税税负差额补贴政策。二是坚持减税和补贴协同发力,全面落实提高民营企业研发费用加计扣除比例、股权激励递延纳税等税收优惠政策,鼓励民营企业建立企业研发准备金制度,加大企业研发经费投入后补助政策力度。如广州规定企业最高可获得2 000万元的奖励性补助,深圳最高可获得1 000万元的奖励补助。三是降低科技企业孵化器和大学科技园的税收优惠享受门槛,在有效落实国家级科技孵化器(众创空间)和大学科技园免征房产税和增值税政策的基础上,进一步将省级科技孵化器(众创空间)和大学科技园纳入政策范围。四是支持民营工业技术研究平台发展,遴选若干重点行业领域的代表性民营工业技术研究平台,加大财政支持力度,在企业科技创新及成果转化的激烈竞争中保持优势。

(五)公平:消除政府采购和招投标的隐性门槛

民企与国企、外企是否处于公平竞争状态,是上海吸引更多优秀的民营企业家、创新人才来沪发展的重要影响因素,政府采购和招投标过程中是否对民企设置隐性门槛则是衡量这种公平竞争非常重要的方面。一是落实招标投标相关法律法规,规范透明政府采购和招投标流程,建议在政府采购、城市基础设施建设和运营等公开招标中,不得以企业所有制性质、防止国有资产流失、保护公众安全等为由,对民营企业设置特殊条款。二是放宽市场准入门槛,扩大航空航天、国防科技等领域对民营企业开放,支持民间资本通过合作合资、收购兼并、公办民营等多种方式参与医疗、教育、养老、文化等领域建设,鼓励民营企业以PPP等方式参与基础设施项目建设。例如,南京对民营资本牵头的PPP试点项目,奖补标准提高10%。三是落实公平竞争审查制度,建立健全民营企业家参与重大涉企政策决策机制,及时清理和废止阻碍民营企业参与公平竞争的各项规定,涉及市场主体经济活动的政策措施都要进行公平竞争审查评估。四是放宽民营企业创新模式的准入门槛。

(六)法治:理顺政商关系、保障企业合法权益

建立完善清亲政商关系,发挥市场配置资源的决定性作用,是民营经济政策得以有

---

① 《关于粤港澳大湾区个人所得税优惠政策的通知》明确规定,对在大湾区工作的境外高端人才和紧缺人才,其在珠三角九市缴纳的个人所得税已缴税额超过其按应纳税所得额的15%计算的税额部分,由珠三角九市人民政府给予财政补贴,该补贴免征个人所得税。

效落实的基础和关键。一是建立健全广覆盖、宽领域的政商沟通机制，拓宽政商沟通渠道，充分发挥商业协会、行会等桥梁组织的"纽带"作用，健全企业诉求的收集、处理、督办、反馈制度。二是继续加强对民营企业知识产权保护，依托上海知识产权法院，探索推广"法官＋执行人员＋技术专家"的证据保全模式，加快建立知识产权案件快审机制，全面落实知识产权民事、行政、刑事案件审判"三审合一"。三是依法审慎采取强制性措施，依法快速返还涉案财物，最大限度地减少对民营企业正常生产经营活动造成的影响，保障民营企业家合法的人身和财产权益，增强民营企业家的信心。四是对诚实守信、注重创新、积极履行社会责任的企业，实行优先办理、简化程序等"绿色通道"支持激励政策，倡导风清气正的企业风气。

（七）落实：制定、完善、修改、落实民营经济支持政策

民营经济"27条"政策涉及面非常广，有些政策还缺实施细则，部分政策有细则但还需要进一步完善，还有些政策原文件精神已经与现实不相符，需要重新修订。一是研究出台一批实施细则，如探索建立民营骨干企业奖励政策、建立并购基金、提高政策性融资担保基金风险容忍度、建立民营企业家参与重大涉企政策决策制度、支持民营资本参股或组建相关产业投资基金和基础设施投资基金等还处于研究阶段，要抓紧研究出台相关政策细则。二是完善细化一批配套政策，如支持民企参与政府投资项目、鼓励民企参与基础设施和公用设施建设、支持民企承担各类科技和产业化重大项目等政策较为原则，要进一步细化完善，让企业看得懂、用得上。三是梳理调整不合时宜的政策，全面清理一批不利于民营经济发展的政府规章和行政规范文件，并将其纳入清理工作长效机制。四是政策要落到实处，必须发挥园区紧密联系企业的作用，做好最后一千米的衔接，根据不同企业的特点，主动加强对企政策宣传服务。五是研究出台国企混改正面清单，借鉴自贸试验区负面清单创新模式，研究出台民营企业参与国企混改的正面清单，明确哪些领域民企可以参与混改，让企业少走弯路。

（供稿单位：上海市工商业联合会，主要完成人：徐惠明、张捍、朱秀慧、芮晔平）

专题九

长三角产业分布及协同发展研究

一、研究背景及意义

长三角地区是我国经济最具活力、开放程度最高、创新能力最强的区域之一,是"一带一路"和长江经济带的重要交汇点。习近平总书记明确要求长三角地区加强协同,上海进一步发挥龙头带动作用,苏浙皖各扬所长,努力促进长三角地区率先发展、高质量一体化发展,将长三角建成为协同发展的引领区、示范区。2018年,长三角地区三省一市以全国1/26的国土面积容纳了全国1/6的人口,创造了全国1/4的GDP。

(一)中央对长三角区域协同发展寄予厚望

中央对长三角的一体化发展充满期待、寄予厚望,并将长三角一体化确立为国家发展战略。2018年4月和2018年7月,习近平总书记两次作出重要批示,要求长三角"聚焦高质量,聚力一体化",发挥推动长江经济带建设的示范以及龙头带动作用。2018年11月5日,习近平主席在首届中国国际进口博览会开幕式上的讲话中指出,支持将长江三角洲区域一体化发展上升为国家战略。2018年6月,长三角三省一市共同发布了《长三角地区一体化发展三年行动计划(2018—2020年)》,明确了规划对接、加强战略协同、深化专题合作、统一市场建设、创新合作机制的行动方针。2019年5月,长三角一体化发展规划纲要也明确要将长三角地区基本建成为经济充满活力、创新能力跃升、空间利用高效、高端人才汇聚、资源流动畅通、绿色美丽共享、具有全球资源配置亚太门户功能和全球竞争力的世界级城市群。

从国家区域发展定位看,20世纪80年代,中国科学院陆大道院士提出了中国区域发展的"T"形空间结构战略,建议将沿海经济带和长江经济带作为国家最重要的一级经济带进行建设(陆大道,2014)。而长江经济带具备强大的经济实力和抗风险能力,尤其是长江三角洲地区,对国家经济发展起着"压舱石"和"稳定器"的作用(蒋媛媛,2016)。

(二)长三角城市群位列世界六大城市群之一

20世纪50年代,法国地理学家简·戈特曼(Jean Gottmann)在对美国东北沿海城市人口密集地区做研究时,提出了"城市带"(megalopolis,也译作特大城市或巨型城市或城市群)的概念,认为城市带应以2 500万人口规模和每平方千米250人的人口密度为下限。城市带是城市群发展到成熟阶段的最高空间组织形式,其规模是国家级甚至国际级的。按照这一标准,世界有六大城市群达到了城市带的规模,分别为美国东北部大西洋沿岸城市群、北美五大湖城市群、日本太平洋沿岸城市群、英国伦敦城市群、欧洲西北部城市群、中国长三角城市群。

从各城市群经济发展数据来看,相较于其他五个城市群,长三角城市群具有人口基数大、经济活力高、创新发展势头强等优势,且这一地区的经济发达、创新资源集聚,区域一体化程度较高,有条件率先创新驱动转型升级发展,建立现代化经济体系,具有较高的发展潜力(表9-1)。

表9-1　2017年世界六大城市群发展比较

城市群	中国长三角城市群	美国东北部大西洋沿岸城市群	北美五大湖城市群	日本太平洋沿岸城市群	欧洲西北部城市群	英国伦敦城市群
面积(万平方千米)	21.2	13.8	24.5	3.5	14.5	4.5
人口(万人)	15 033	6 500	5 000	7 000	4 600	3 650
GDP(亿美元)	20 652	40 320	33 600	33 820	21 000	20 186
人均GDP(美元)	13 737	62 030	67 200	48 315	45 652	55 305
地均GDP(万美元)	974	2 920	1 370	9 662	1 448	4 485

注:长三角城市群包括三省一市26个核心城市。

(三)长三角城市群位列国内城市群之首

纵观国内,与京津冀、珠三角等其他协同发展的区域相比,长三角城市群联通度高、发展差距小。相较于其他城市群,长三角城市群的优势十分明显,主要在于经济发达,无论是经济总量还是人均GDP均位于全国前列,且长三角城市群的区位优势明显(表9-2)。

表9-2　2017年中国五大城市群发展比较

城市群	城市数量	面积(万平方千米)	GDP(万亿元)	常住人口(万人)	人均GDP(元)	地均GDP(万元)
长三角	26	21.2	14.7	15 000	97 454	6 949
珠三角	9	5.5	6.8	5 874	115 598	12 346
京津冀	13	21.5	7.5	11 000	67 524	3 499
长江中游	28	34.5	7.1	12 000	56 759	2 049

续表

城市群	城市数量	面积（万平方千米）	GDP（万亿元）	常住人口（万人）	人均GDP（元）	地均GDP（万元）
成渝	16	24.0	4.8	98 191	49 066	2 007
全国	—	963.4	74.4	137 000	53 980	772
长三角占全国比例		2.2%	19.76%	10.95%	—	—

长三角已经处在工业化后期阶段,城市群区域综合实力全国领先、工业化水平高、经济发展速度快、人均效益突出,城乡居民生活水平富裕,并不断吸引外来人口流入。2017年,长三角26个城市GDP总量为14.7万亿元,GDP增速平均值超过8.4%,高于全国平均水平1.7个百分点。其中,上海、苏州、杭州和南京经济规模破万亿元。2017年长三角地区常住人口超1.5亿人,占全国人口11%,常住人口与户籍人口差值约2 000万人,是全国人口流入最多的区域之一,人口支撑力强。从内部城市来看,长三角城市群内部还存有一定发展差异,已形成上海、杭州、南京多中心的城市群空间结构。

(四)产业协同是实现长三角一体化的重要途径

随着经济全球化和区域一体化的不断加速,世界经济已成为相互渗透、密切交织的复杂体系。各地区相互依存、相互促进、共同发展,任何地区都无法在当前的经济形势下独善其身。越来越多的国家和地区尝试在超国家层面、国家层面和区域层面寻求协同发展,以实现优势资源合理利用、经济利益最大化和经济社会可持续发展。欧盟作为全球超国界区域协同发展的典范,从20世纪中叶开始实行协同发展战略。在经济发展方面,通过梯次深化的市场政策、市场机制、市场体系,实现由自由贸易协定向共同大市场再向货币联盟的迈进,极大地促进了要素自由流动。在治理结构方面,通过构建超国家、国家、地方等多个层面的区域协调体系,形成了分层治理的区域政策治理结构。例如,在超国家层面,有欧洲理事会、欧盟理事会、欧盟委员会、欧洲议会等重要机构,是针对区域协调发展设立的权威区域管理机构。欧盟委员会下设地区政策总司,主要负责区域协同发展。在公共管理政策方面,通过构建欧盟层面的法律体系和法律制度,将成员国纳入统一的法律框架中,并通过结构和投资基金、团结基金、预备接纳基金等扶持基金工具的组合使用,重点对欠发达地区和结构老化地区进行扶持,有效地促进成员国之间的协同发展。

2019年5月,中共中央、国务院印发的《长江三角洲区域一体化发展规划纲要》(中发〔2019〕21号)中明确指出,要协同推进长三角区域一体化发展,协同发展是推动长三角区域发展的重要抓手。2018年6月1日,召开长三角地区主要领导座谈会,会上对长三角产业合作进行了深入讨论,并发布推进长三角一体化三年行动计划,助推城市产业协同。产业是城市经济发展的命脉,城市间协同发展离不开产业的协同。产业合作是长三角一体化发展的重中之重。产业协同发展是实现长三角区域一体化的重要抓手与途径,弄清长三角城市群的产业分布及协同发展状况显得尤为必要。

二、长三角城市群产业协同发展能力评价

本研究构建了产业协同发展能力评价指标体系,并对长三角区域41个城市进行评价。

(一) 评价指标体系构建

基于现有研究和数据的可获得性,构建了长三角城市产业协同发展能力评价指标体系(如表9-3)。相关指标主要来自长三角41个地级及以上城市的统计年鉴以及国民经济和社会发展统计公报等公开发布的统计数据。为了避免个别年份随机波动对评价结果造成偏差,研究中采用的指标基本都为近三年指标的平均值。

根据整体设计方案,20个具体指标的权重采取逐级分配的方式确立。考虑到经济发展、科技创新和交流服务对于区域协同发展以及开发区发展的推动作用更强,本报告对这三个要素层分别赋予了2/7的权重;相比之下,由于生态支撑指标属于相对被动的指标,

表9-3 长三角城市产业协同发展能力评价指标体系

要素层	指 标 层
经济发展	人均GDP 当年实际使用外资金额 开发区数量 单位GDP的固定资产投资额 支柱产业与中国制造2025产业的匹配度 制造业500强总部数 银行总行支行数 社会消费品零售额
科技创新	财政科技支出 双一流大学数量 合作发明专利申请数量 从事科技活动人员数量
交流服务	机场客货运量 铁路站点数量 互联网用户数
生态支撑	环保固定资产投资占GDP比重 单位GDP耗电量 单位工业产值污水排放量 空气质量指数(AQI) 高危企业数量

且受先天生态本底条件影响较大,本报告对该要素层赋予了1/7的权重;各要素层中的具体指标采取等权重平均的形式计算。最终,目标层的计算可以按照如下加权公式实现:

$$C_i = \sum_k x_{ki} w_k, \quad i=1, 2, 3, \cdots n$$

其中,C_i为第i座城市的综合协同发展能力评价值,w_k为第k个指标的权重,x_{ki}为第i座城市第k个指标的分值。

在对指标进行计算时,区分了正向指标和逆向指标,并按照最大值—最小值方法标准化到1~100的区间——其中正向指标的最

大值设定为100分,逆向指标的最小值设定为100分。目标层和要素层的得分越高,表示该城市的协同发展能力越高。

(二) 长三角城市产业协同发展总体水平

根据综合计算结果,形成了2018年长三角城市群协同发展能力排行榜(表9-4)。从榜单可以看出,上海、南京、苏州、杭州、宁波、无锡、合肥、温州、镇江、南通10个城市居排行榜的前10名。在排行榜的最后10个城市则分别为淮南、马鞍山、衢州、铜陵、宿迁、安庆、淮安、淮北、亳州、池州。从总的格局来看,长三角城市群协同发展能力依然呈现东高西低、省会城市和沿江沿海城市较高的态势。总体来说,相对于江苏省、浙江省和上海市来说,安徽省城市的排名均较为靠后,仅省会城市合肥排名较为靠前,位居排行榜的第7。

表9-4 长三角城市群协同发展能力排行榜(2018年)

排名	城市	指数	排名	城市	指数	排名	城市	指数
1	上海	100.00	15	舟山	15.12	29	泰州	9.20
2	南京	52.48	16	扬州	14.81	30	阜阳	9.02
3	苏州	44.15	17	宣城	14.80	31	宿州	8.15
4	杭州	43.29	18	盐城	14.10	32	池州	7.39
5	宁波	29.72	19	黄山	14.04	33	亳州	7.27
6	无锡	29.59	20	嘉兴	13.77	34	淮北	7.19
7	合肥	27.08	21	芜湖	13.41	35	淮安	7.05
8	温州	22.89	22	绍兴	12.83	36	安庆	5.37
9	镇江	22.74	23	滁州	12.71	37	宿迁	4.93
10	南通	20.90	24	蚌埠	12.70	38	铜陵	4.73
11	金华	19.98	25	丽水	12.69	39	衢州	3.50
12	台州	19.00	26	湖州	11.57	40	马鞍山	2.05
13	常州	18.81	27	六安	10.16	41	淮南	1.00
14	徐州	17.43	28	连云港	9.32			

长三角城市群各地级市的协同发展能力与其位序近似服从Zipf的规模位序分布规律,得分的对数与其排序的拟合优度达到了80.13%。然而,前几名城市和后几名城市的协同能力明显偏离拟合的整体规模-位序分布曲线。一方面,说明长三角城市群的整体协同发展能力仍有待进一步提高,尤其是排序靠后的城市;从另一方面来讲,排名靠后的城市在协同发展能力上仍有较大的提升空间。

长三角城市群内部各城市间的协同发展能力差距仍然比较显著。使用自然断裂点分析方法,根据本报告的现实数据,发现长三角城市群协同发展能力的自然断裂点分别为58、27、14和9。据此,可以将长三角城市群41个地级及以上城市分为五个等级。

1. 第一类城市:龙头城市(100分)

上海的协同发展能力在长三角城市群41个地级及以上城市中排名首位,得分遥遥领先于排在第二位的南京,是长三角协同发展的龙头。上海在经济发展、科技创新、交流服务等领域协同发展能力得分都位居榜首,仅在生态保护协同发展能力上得分较低。上海不仅具有规模可观的外资、科创资源,还具有辐射全流域的交通设施和生产性服务业,在辐射带动整个经济带的协同发展领域也具有一定的制度创新优势和前期发展经验,对长三角城市群发展具有重大影响。

2. 第二类城市:枢纽城市(27~58分)

这类城市包括排名第2~7位的南京、苏州、杭州、宁波、无锡、合肥。这6座城市是对长三角城市群具有辐射带动作用的综合枢纽城市。这6座城市在经济发展、科技创新、交流服务领域拥有雄厚的基础,在三个排行榜中均名列前茅。然而在生态保护领域表现一般,6座城市中在生态领域排行最靠前的合肥,仅排名第13位,其余5座城市均排名中下游,杭州甚至跌入生态领域排行的后五名之内。这6座城市在经济发展、科技创新、交流服务和生态保护领域的平均得分分别为42.9分、23.8分、41.9分和30.7分。其中,南京的合作专利数量、重点高校数量以及飞机铁路客运量等处于领先地位,是长三角城市群重要的科创中心和交通枢纽;苏州在合作专利数量、财政科技支出以及制造业500强总部数等方面都处于领先地位,是长三角城市群重要的科创中心和经济中心;杭州在铁路客运数量以及重点高校数量方面处于领先地位,是长三角城市群重要的铁路节点和科创中心;宁波是世界第四大港口城市,在交流服务领域名列前茅,在公路、铁路、航空、航运等领域均处于领先地位,也是长三角南翼重要的经济中心;合肥在科技创新领域表现突出,是长三角城市群重要的科技创新重镇,也是具有国际影响力的综合性国家科学中心。

3. 第三类城市:重要节点城市(14~27分)

这类城市包括排名第8~19位的温州、镇江、南通、金华、台州、常州、徐州、舟山、扬州、宣城、盐城和黄山,共12座城市。这些城市虽然在综合能力上逊色于前一类城市,但往往在个别分专题领域表现突出,是长三角城市群的重要节点城市。例如,徐州在交流领域表现优异,是辐射长三角城市群的重要交通枢纽;宣城和黄山在节能减排方面表现突出,在生态领域分别排行前两位,是长三角城市群重要的生态集约型城市和环境保护模范城市。

4. 第四类城市：一般节点城市(9~14分)

这类城市包括排名第20~30位的嘉兴、芜湖、绍兴、滁州、蚌埠、丽水、湖州、六安、连云港、泰州和阜阳,共11座城市。这类城市总体协同能力并不突出,当前辐射带动能力相对较弱,是长三角城市群中的一般节点城市。不过,这些城市大多是地方性经济中心,在当地对邻近区域具有一定的辐射带动能力;个别专业化的城市依赖当地某类自然禀赋(如部分旅游城市、矿业城市),在个别领域有较强的对外服务功能,其未来的协同发展能力提升空间较大。

5. 第五类城市：地方城市(低于9分)

这类城市包括排名第31~41位的宿州、池州、亳州、淮北、安庆、宿迁、铜陵、衢州、马鞍山和淮南,共11座城市。这类城市协同发展能力薄弱,与前四类城市相比差距显著。限制这类城市协同发展的因素主要有两个:一是存在生态保护或科技创新等领域的短板,且经济基础薄弱,而其他领域又不突出;二是对外联系强度很低,交流服务能力较弱,城市内几乎没有任何突出的对外服务功能,属于完全靠内生服务功能支撑的地方城市。这类城市未来亟待补齐短板、增强对外联系,积极融入区域整体的协同发展。

(三) 长三角城市产业协同发展分指标分析

为了更好地了解不同城市协同发展能力的优势和劣势,本报告进一步分析了各个城市在经济发展、科技创新、交流服务、生态保护等领域的协同能力。

1. 长三角城市经济协同发展能力排行榜

从长三角城市群协同发展能力排行榜中可以发现,上海和苏州两个城市的经济协同发展能力最为突出(表9-5)。究其原因,一方面由于两个城市经济总量很大,另一方面由于两个城市吸引了众多高等级对外协同联系功能要素(如银行、企业总部)等。苏州通过积极吸引外资、积极探索共建工业园区等方式成功地带动了当地的经济总量和外资规模的增长,成为长三角城市群重要的经济大市。省会城市杭州、南京,以及长三角传统经济发展的节点城市无锡、宁波等也都具有十分强大的经济协同发展能力。六安、宿州等区位较差、经济较为落后的城市其经济协同发展能力较弱。从空间分布来看,经济协同发展能力较高的城市均集中分布在东南方向的沿海一带,即上海市、江苏省和浙江省的城市,而经济协同发展能力较为落后的城市多为城市群中西部的安徽省部分城市。

表9-5 长三角城市群经济协同发展能力排行榜(2018年)

排名	城市	指数	排名	城市	指数	排名	城市	指数
1	上海	100.00	3	杭州	53.58	5	宁波	43.47
2	苏州	60.76	4	无锡	43.54	6	南京	41.85

续表

排名	城市	指数	排名	城市	指数	排名	城市	指数
7	常州	29.52	19	湖州	14.36	31	黄山	4.45
8	绍兴	26.14	20	合肥	13.96	32	阜阳	4.44
9	扬州	24.44	21	金华	12.94	33	亳州	4.32
10	南通	23.13	22	淮安	12.62	34	池州	4.20
11	徐州	20.99	23	泰州	10.40	35	宿迁	4.07
12	台州	20.80	24	丽水	9.93	36	淮南	3.65
13	温州	18.83	25	铜陵	9.17	37	安庆	3.19
14	芜湖	18.52	26	马鞍山	8.87	38	宣城	1.67
15	镇江	18.10	27	连云港	8.53	39	淮北	1.13
16	盐城	16.90	28	滁州	8.24	40	六安	1.11
17	嘉兴	16.66	29	衢州	8.23	41	宿州	1.00
18	舟山	14.81	30	蚌埠	6.57			

2. 长三角城市群科创协同发展能力排行榜

从长三角城市群科创协同发展能力排行榜来看，上海、南京、杭州、苏州、合肥等大学密集、创新资源丰富、创新型企业集聚的城市科技创新协同发展能力最为突出（表9-6）。苏州虽然大学数量较少，但是凭借对科技创新的巨额财政投入和对创新型企业的积极引进，在合作专利等领域已经取得不俗的成就，成为长三角城市群内新兴的科创势力。合肥结合自身传统的科创资源，同时通过打造合肥高新技术产业开发区等国家级自主创新试验区，在科技创新的协同发展领域也取得长足进展。无锡凭借在超级计算产业、物联网产业、光伏产业等方面的竞争优势，也成功跻身长三角城市群科技创新协同发展能力前六强。池州、淮北等城市无论是在创新资源基础、创新投入还是创新产出方面都表现较差。

表9-6 长三角城市群科创协同发展能力排行榜（2018年）

排名	城市	指数	排名	城市	指数	排名	城市	指数
1	上海	100.00	5	合肥	25.76	9	徐州	6.40
2	南京	45.48	6	无锡	10.64	10	南通	6.33
3	杭州	26.33	7	宁波	8.65	11	常州	5.89
4	苏州	25.91	8	芜湖	7.01	12	嘉兴	4.63

续表

排 名	城 市	指 数	排 名	城 市	指 数	排 名	城 市	指 数
13	盐城	4.62	23	蚌埠	2.62	33	丽水	1.61
14	扬州	4.59	24	湖州	2.53	34	宣城	1.59
15	绍兴	4.50	25	六安	2.04	35	铜陵	1.58
16	台州	3.62	26	宿州	2.02	36	淮南	1.42
17	镇江	3.50	27	马鞍山	2.02	37	阜阳	1.21
18	温州	3.47	28	宿迁	1.77	38	黄山	1.14
19	泰州	3.28	29	衢州	1.76	39	亳州	1.10
20	金华	3.18	30	安庆	1.75	40	池州	1.05
21	连云港	2.99	31	舟山	1.74	41	淮北	1.00
22	淮安	2.64	32	滁州	1.72			

3. 长三角城市群交流服务能力排行榜

从长三角城市群交流服务能力排行榜中可以看出,上海、南京、杭州、苏州等区位重要、基础设施完善的城市交流服务协同发展能力突出(表9-7)。其中,上海、南京、杭州、苏州等城市凭借在各自省内较高的集散能力和较高级别的基础设施配置,稳坐长三角城市群交流服务协同发展能力的前四强。无锡、徐州、宁波分别依赖各自在铁路运输和航空运输方面的优势,也具有较强的交流服务协同发展能力。亳州、淮北等对外交通联系不便的城市在交流服务协同发展能力方面排名靠后。

表9-7 长三角城市群交流服务能力排行榜(2018年)

排 名	城 市	指 数	排 名	城 市	指 数	排 名	城 市	指 数
1	上海	100.00	10	常州	25.02	19	衢州	9.69
2	南京	60.98	11	合肥	24.11	20	南通	9.45
3	杭州	57.85	12	嘉兴	19.88	21	扬州	7.30
4	苏州	45.41	13	绍兴	17.73	22	丽水	7.23
5	无锡	34.44	14	镇江	17.57	23	滁州	6.66
6	徐州	29.26	15	台州	14.44	24	泰州	6.29
7	宁波	28.83	16	湖州	14.17	25	铜陵	6.29
8	温州	25.50	17	蚌埠	13.61	26	六安	6.05
9	金华	25.23	18	宿州	10.64	27	芜湖	5.83

续表

排名	城市	指数	排名	城市	指数	排名	城市	指数
28	盐城	5.76	33	安庆	3.44	38	宿迁	2.32
29	阜阳	4.90	34	连云港	3.32	39	宣城	1.56
30	舟山	4.38	35	黄山	3.25	40	亳州	1.38
31	淮南	4.13	36	淮安	3.16	41	淮北	1.00
32	马鞍山	3.76	37	池州	2.66			

4. 长三角城市群生态保护协同能力排行榜

在长三角生态协同发展能力排行榜中，宣城、黄山、镇江的生态协同发展能力位列前三(表9-8)。镇江、舟山、南通等城市也凭借其环保投资及节能减排等方面的努力，为长三角城市群的生态协同做出了重要贡献。这说明，镇江等低碳试点城市和生态文明先行示范区对于推动城市生态协同发展具有积极意义。黄山凭借其较好的空气质量，在生态协同发展能力排行榜中名列前茅。然而，上海、南京、苏州、杭州、宁波等经济发展水平较高、创新发展能力突出的城市在生态协同发展领域却表现得不尽如人意。虽然这几座城市有巨额的环保固定投资，但在污染物排放和能耗指标上表现平平，在空气质量指标上更是不尽如人意，未来仍有待进一步提升。其中杭州甚至在后五名的行列，虽然杭州在环保固定投资上并不少，但其污染物排放指标却在长三角城市群中垫底。马鞍山等矿业城市在生态保护领域表现较差。尽管衢州和绍兴的经济发展水平不算太差，但是能耗和污染排放强度过高，亟待对地方产业结构进行调整、对落后产能进行关停淘汰。值得注意的是，在城市协同发展综合能力，以及经济协同能力、科创协同能力、交流服务能力等领域表现良好的区域中心城市和区域重要城市，甚至是作为龙头城市的上海，其在生态保护协同发展能力上却表现不佳，这为长三角城市群在各个不同领域间的协同发展敲响了警钟。

表 9-8　长三角城市群生态协同发展能力排行榜(2018 年)

排名	城市	指数	排名	城市	指数	排名	城市	指数
1	宣城	100.00	5	南通	68.62	9	丽水	59.34
2	黄山	87.40	6	滁州	63.80	10	金华	58.19
3	镇江	79.23	7	六安	63.26	11	淮北	57.49
4	舟山	69.73	8	温州	62.88	12	台州	57.24

续表

排名	城市	指数	排名	城市	指数	排名	城市	指数
13	合肥	56.05	23	宁波	37.77	33	嘉兴	21.05
14	阜阳	53.64	24	扬州	37.05	34	铜陵	14.77
15	蚌埠	51.38	25	安庆	35.98	35	常州	12.98
16	盐城	50.86	26	泰州	35.89	36	徐州	12.18
17	亳州	50.57	27	宿迁	33.79	37	淮南	7.95
18	池州	49.07	28	湖州	28.02	38	杭州	6.06
19	连云港	46.85	29	淮安	26.05	39	马鞍山	3.43
20	宿州	42.21	30	上海	23.77	40	衢州	2.12
21	南京	40.39	31	苏州	22.55	41	绍兴	1.00
22	芜湖	38.56	32	无锡	21.65			

长三角城市群生态保护领域协同能力存在较大差异。协同发展水平较高的城市主要分为两类：一类是经济发展水平较高、能耗和污染排放较少的城市，以合肥等为代表，另一类则主要是经济发展水平不高、工业污染较少的城市，以黄山、丽水等为代表。而生态协同发展能力较差的城市多集中在那些能耗高、污染严重的地区，包括能耗较高的马鞍山、衢州等城市，工业废水排放量较高的淮南等城市，空气质量较差的徐州、宿迁、泰州等城市。

5. 不同领域协同能力的相关关系

经济发展、科技创新、交流服务、生态保护四个专题领域的协同发展能力相辅相成，呈现出相关关系。长三角城市群不同专题领域协同能力相互关系表明，四个专题领域中的经济发展、科技创新以及交流服务，两两之间呈现十分显著的正相关关系，且相关系数非常高。其中，经济发展能力与交流服务能力呈显著的正相关关系，且相关系数最高，高达0.92；交流服务能力与科技创新能力呈现出显著的正相关关系，相关系数次高，为0.90；此外，经济发展能力与科技创新能力也呈现出显著的正相关关系，其相关系数为0.85。然而，在长三角城市中，生态发展能力与其他三个领域协同发展能力呈现出一定的负相关关系，但其相关系数较小，且相关性不够显著。生态发展能力与其他三个领域的协同发展能力相关系数分别为－0.33（经济发展能力）、－0.19（科技创新能力）和－0.30（交流服务能力）。这说明，经济发展水平的提高和基础设施建设条件的改善不会自动带来生态改善，甚至会对生态保护能力带来微弱的负面影响，这期间需要政府出台相关的协同发展战略措施。科技创新虽然一般会促进节能减排，但是目前长三角城市群内的科技创新显然仍以经济收益为主,对绿色技术的改进和推广仍待提高。

三、国外城市群协同发展经验借鉴

选取波士华城市群、东京、伦敦三个国外城市或城市群作为分析案例,对其区域创新、经济发展的经验进行探讨,以期为长三角协同发展提供借鉴。

(一)波士华城市群:纽约与波士顿双创新中心

波士华城市群分布着美国众多一流科技创新中心,其中波士顿、纽约的科技创新实力超群,在众多国际知名排名榜上通常与硅谷构成全球前三。

1. 对接硅谷:吸引硅谷企业总部入驻

时任纽约市长布隆伯格认为,随着网络科技的普及,科技公司走出硅谷、进驻大城市是一大趋势。纽约市要抓住这一机遇,成为更多大型科技公司在美东地区的发展基地。谷歌、微软、领英等都已在纽约设立办公室;苹果、台积电等世界芯片巨头也纷纷在纽约建厂,全球最大的移动互联网芯片基地已经落户纽约;根据城市未来中心发布的数字,2005—2010年,纽约高新技术从业人员数量年均增长接近30%,科技劳动力的增幅比同期全市劳动力增幅快10倍多;2007—2011年,纽约签署的风险投资协议数量增长了近1/3,而同期硅谷的签约数量则下滑了10%;纽约已经拥有超过1 000家科技初创企业,"科技加速器"的数量也已经超过12家,以色列理工学院更计划把100多家著名"科技加速器"搬迁到罗斯福岛。全球科技界大多看好纽约成为未来"世界科技之都"的前景。

2009年,当Doug Imbruce打算创立互动视频公司的时候,没能在纽约找到投资商,最后他找到了愿意提供资助的加州投资商,但条件是Imbruce要搬到西部硅谷,于是他在硅谷创立了Qwiki;但不久后,他认定远离最大的媒体公司就是在抑制公司的成长,于是他和公司又搬回纽约,在一个SOHO阁楼上工作;回到纽约后不久,Qwiki就开始与ABC(美国广播公司)定期协商如何把Qwiki的工具应用到其网络上,两家公司也很快宣布了合作关系。像Doug Imbruce这样面临艰难选择的实业家不在少数。谷歌从2000年起,就开始在纽约办公,当时只有1名员工,地点是某家星巴克;两年之后,谷歌在纽约拥有70余名员工,并搬到了时代广场的一座写字楼;2006年,地点换至纽约第八大道111号的切尔西写字楼;2010年12月,谷歌斥资19亿美元买下了这栋楼,而其在纽约雇佣的工程师也达到了1 200名。谷歌在纽约曼哈顿的迅速扩容正是科技企业将焦点转向纽约的典型案例,而引起这些变化的,是技术产业发展重点的转移。目前,高科技行业已经超越以计算和互联网的基本架构为创新重点的阶段,制造消费品和应用软件已成为高科技行业新的增长点。而这更需要企业与媒体和消费市场建立更紧密的空间邻近性,许多创业者由于与媒体、广告和时尚产业近在咫尺而得益不少,这就是纽约对创业者的吸引力源泉。

2. 以数字技术和网络技术为核心的新媒体中心

纽约素有"媒体娱乐之都"之称,它不仅是传统媒体中心,也是以数字技术和网络技术为核心的新媒体中心。纽约市媒体产业提供的就业岗位超过了30万个,其中员工人数少于500人的中小型媒体公司提供的就业岗位占总就业人数的一半左右,每年营收达300亿美元。

无论是传统媒体还是新媒体,纽约的媒体产业发展都面临诸多问题。"面对媒体产业的转变,决策者们如何应对至关重要",纽约市经济发展公司的负责人指出,"从传统制作与分销向数字制作与分销的转变,需要政府对这一产业有新的认识,以确保在增加新媒体产业的就业机会、为传统媒体转型创造机会过程中能更好地摆正自己的位置。"

纽约的传统媒体不敌新媒体。目前,总部设在纽约的媒体公司在杂志、书籍和广播电视产业创造的市场份额占全美的一半,而报纸和有线电视产业的收入占全美四分之一。但这些传统媒体产业在纽约媒体产业中创造的市场份额还不到20%,80%以上的市场份额被数字与其他新媒体产业所拥有。纽约的新媒体发展存在诸多短板。尽管新媒体业务收入,包括无线娱乐、网上游戏、社交网站和用户创建内容类业务在近期会以每年35%的速度增加,但目前,纽约在新媒体产业方面的研究和发展已不再领先。纽约的初创媒体公司数量不少,媒体人才济济一堂,但是,纽约在游戏产业、社交网络开发业务方面缺乏深度。

此外,纽约的基础设施、顾客群体和生活质量是吸引新媒体公司的关键因素,而无力支付场地成本和人力资源短缺是其面临的主要问题。

3. 纽约市营销开发公司:经营城市品牌与公共资产

2003年4月,纽约市长布隆博格宣布成立纽约市营销开发公司时表示:纽约市是力量的象征,始终吸引着全球的眼球。纽约市营销开发公司的首席营销官将进一步挖掘我们的品质,集中力量营销我们所有的竞争优势。

该机构的宗旨是:挖掘纽约市政府拥有的有形与无形公共资产,依托纽约市自身的世界级城市品牌,吸引潜在合作伙伴,为城市经济和社会生活创造经济收益,进一步巩固纽约市多元化的形象。作为全球大都市中的首创城市营销推广机构,它已受到哈佛商学院和其他商业研究机构的关注与肯定,这些机构将其作为城市营销和社会创业的创新型模式进行研究。

纽约市营销开发公司采用以体育运动、文化娱乐和社会公益营销为基础的模式,创造了营销纽约市的全新方法。有三种全新的、全面投入运行的运作方式——合作伙伴关系、媒介关系和许可证关系。

(二)东京模式:区域创新网络与全球化集聚

作为日本经济中心、全球公认的一流城市,东京全球创新网络节点的城市发展经历了从研发扩散到再集聚的过程,充分利用作为全球金融中心、商务中心的优势积极集聚全球人才、欧美跨国公司、亚洲新兴跨国公司的区域总部和研发中心入驻,充分利用作为首都和经济中心的优势,集聚全国及东京都市圈的人才、技术等创新要素,建设国家战略特别区域和亚洲总部特区,打造"人才、技术、诚信的东京"。

1. 经济中心支撑科技创新中心

东京人口为1 337万人,地区总产值与墨西哥及韩国的GDP相当,高达11 687亿美元(2011年度)。都内聚集了2 749家资本金为10亿日元以上的大企业,约占日本全国总量的46%。东京还作为国际商务中心聚集了2 300多家外资企业,相当于全国的76%,财富世界五百强的企业总部数量41家,位居世界第二。

根据森纪念财团《全球城市综合实力排名2014》,全球城市综合实力(经济、研究开发、文化交流、居住、环境、交通便利性6个领域70项指标)前十名的城市分别为伦敦、纽约、巴黎、东京、新加坡、首尔、阿姆斯特丹、柏林、香港、维也纳。其中,东京在经济领域位列第一。从研发排名看,该评价领域包括研究集成(从事研究的人数、全球200强大学)、研究环境(数学及科学相关学术能力、外籍研究人员的款待情况、研发费用)、研究开发结果(专利注册数、主要科学技术奖获奖人数、研究人员的交流机会),东京名列第二,前五位分别为纽约、东京、伦敦、洛杉矶、波士顿。2009年,东京公立研发机构数量达到944个,占全国总量的15.5%。截至2012年底,东京拥有大学138所,在校大学生730 825人。

2. 集群工程与区域创新网络

2001年,日本经产省开始实施产业集群工程,通过建立企业、大学、政府机构之间,同一产业内部不同行业之间以及不同产业部门之间的伙伴关系,以及建立广泛的区域网络,为增强日本产业的国际竞争力和搞活日本区域经济、壮大企业、提升大学和相关机构的竞争力服务。即通过建立区域合作网络,实现区域智力和其他资源的共建共享,在其所在地区不断催生出新企业、新产业,打造并形成具有强大竞争力的区域产业集群。根据规划,2011—2020年是日本产业集群工程实施的第三阶段——自主可持续发展阶段。

在全国18个产业集群工程项目中,有6个与东京息息相关,为振兴东京大都市区的传统优势产业、培育新兴产业、建设东京大都市区高技术产业基地发挥了积极的作用。

3. 全球研发集聚与亚洲总部特区

启动时间:2011年。

建设背景:日本已经进入高龄化社会,国内的人才、资金等方面的供给缩小,因此有必要从世界引进优秀的人才、信息、尖端技术、经营策略、资金等,给日本经济注入活力。但是,近年来随着亚洲各国经济的飞速增长,日本GDP增速、国际竞争力都在相对下降。一方面,新兴国家政府为了吸引外资企业、跨国企业而设置大力度的优惠措施;另一方面,由于日本没有采取相应的支持措施,导致跨国企业相继撤离,逐渐丧失了跨国企业活动中心的地位。

建设目的:通过建成能适应跨国企业及其雇佣的外国人的商业环境、生活环境,促进欧美跨国企业、亚洲新兴企业的聚集,进而形成全球化企业的亚洲综合中心及研究开发中心,提高东京的国际竞争力,进一步带动经济增长。跨国企业的亚洲综合中心的成功建设,不仅能够促进新技术的开发、拓宽销售渠道,还能通过对其他地区的国际战略综合特区的二次投资对日本经济整体产生影响,进而维持东京作为亚洲中心的地位,推动日本经济的复苏。

建设区域:东京都市中心区和临海地区、新宿站周边地区、涩谷站周边地区、品川站和田町站周边地区、羽田机场旧址。

招商目标:到2016年,引进500家外国企业在此运营,其中至少有50家在特区内设立亚洲区域总部或研发中心。

招商行业:信息通信、医疗和化学、电子和精密仪器、航空、金融和证券、数字内容和创意产业。

4. 基于跨国公司研发机构区位成为全球创新网络枢纽

东京是研发机构最集中的地区,共有499家,占全日本的15.1%,以东京为中心的关东地区,聚集着全国各种行业的R&D机构,关东地区R&D机构行业齐全,是其最大特征。其中钢铁和金属制造业的R&D机构的40%集中在东京都内,信息服务业的半数以上集中在东京都。这两大行业在关东地区的聚集度最高。东京也是全球城市中拥有世界500强企业总部数量最多的城市。

大量的跨国公司包括日本的跨国公司在东京布局了大量的研发总部、研发中心,与分布在全球其他地区的研发中心形成了跨国公司内部的全球创新网络,东京由此成为这些网络的核心枢纽。

5. 基于一流大学集聚而成为全球学术交流中心

2018年,日本留学院校(包括大学、研究生院、专科学校、短期大学)共计1 336所。其中,东京都拥有大学114所,研究生院124个,专科学校5所,短期大学22所,共计265所,约占全国的19.84%。其中进入全球400强的高校有5所,东京大学更是名列亚洲第一。截至2013年底,东京在留外国人口占全国的19.7%,外籍教授人数占全国的23.9%,研究人员占全国的19.7%,教育人员占全国的比重达13.4%。在日本接收留学生数量最多的30个大学中,有10个大学位于东京都;东京接收的外国留学生的比重占全国的32.2%。东京的主要大学与全球各地的高校建立了广泛的科学研究与人才培养交流合作网络。例如,东京大学、早稻田大学分别与全球50个、

81个国家和地区的高校建立了正式的合作交流关系。

（三）伦敦模式：从创意城市迈向东伦敦科技城

1. 伦敦创建科技城的动因

自1990年代末以来，一个充满活力的高科技集群开始在东伦敦中心蓬勃发展，特别是肖尔迪奇和克拉肯威尔。2010年11月4日，政府承诺要在伦敦东部建一个成功和可持续的技术集群，这个"东伦敦科技城"计划的雏形是以硅谷为模型。

东伦敦科技城坐落于伦敦市东部，由时尚街区肖尔迪奇延伸至奥林匹克公园。科技城是小型快速成长数字技术公司在欧洲最大的聚集地之一。拥有丰富的创新历史和充满活力的商业环境以及政府的鼎力支持，这一地区为期望在欧洲开展业务的科技公司提供了大量的机会。2012奥运媒体中心和其他在伦敦奥林匹克公园内的一些设施在奥运后被改建成斯特拉特福德地区一个新兴的商业中心，这为在东伦敦科技城落户的企业提供了更多的商机和便利条件。

2. 东伦敦科技城主导产业

数码初创企业快速发展，数字经济占主导地位。一些跨国企业开始进驻科技城，思科公司宣布要与伦敦帝国理工学院和伦敦大学学院建立一个"智能基础设施"研究中心。英特尔计划创建一个高性能计算集群，为当地企业提供最新技术和产品。

3. 人才与人口流动

伦敦不仅有众多世界500强并且拥有很成熟的员工流动传统，特别是在东伦敦内部高科技产业员工流动远远超过英国及大伦敦区域，这也是伦敦建立全球创新网络节点城市的特点之一，也是东伦敦建设"小硅谷"的重要推动力。

位于英国剑桥、伦敦及牛津三个城市的英国五所最顶尖研究型大学构成了英国的金三角名校。其中代表剑桥的是剑桥大学；代表牛津的是牛津大学；而代表伦敦的，则包括伦敦大学下属的两个学院——伦敦政治经济学院、伦敦大学学院，以及原属于伦敦大学、2007年独立出来的伦敦帝国学院。而剑桥、牛津与伦敦的地理邻近性使伦敦成为全英人才的集中地。

四、长三角城市群产业协同发展对策建议

长三角区域一体化发展是我国新时期改革开放的重大战略举措，肩负着引领我国城市群创新发展、进一步提升我国国际竞争力的重任。为了体现创新驱动、绿色转型发展，从以下三个方面提出对策建议。

（一）开展顶层设计，推动长三角全域一体化

前述对长三角各地级市协同发展能力水平的空间分析显示，长三角各城市的协同发展能力空间分布较为均衡，不存在显著的空

间集聚现象,说明长三角内部一体化程度较高,未来应该从长三角区域整体层面出发,超越子群小世界,迈向全域一体化,推动长三角区域协同发展的顶层设计。

1. 启动长三角一体化体制机制改革

贯彻落实中共中央对长三角的"顶层设计"和战略构想,构建起高效的管理区域公共事务、解决区域问题的地方政府间关系,优化完善区域公共行政的体制机制,提升区域政府间协同治理水平。长期以来长三角一直以非正式合作关联(合作备忘录、合作倡议、领导人互访考察等)和正式的组织结构(从地方政府联席会议制度发展到长三角区域合作办公室)为主,但在地方间协议关联和政策协调关联领域则较为薄弱。在新时期一是推动三省一市政府间行政协议制度的完善、优化并不断推进其法治化,构建其区域公共行政的法治化路径;二是要增强区域性规划、部门协商、专题合作等政策协调领域的区域共识和有机衔接,提高区域政策协调的精准性和有效性。

2. 发挥市场的主导作用

企业对长三角一体化发展的痛点、堵点、难点往往更敏感,在突破行政区划的边界约束中也可以发挥更为积极有力的作用。为此,长三角区域协同发展应该发挥市场机制和企业的主体性作用,充分调动国企、民企、外企等各类企业参与推动一体化的积极性;完善区域公共产品交易制度,建立以市场为主体、法治化、符合国际规范的区域竞争合作机制;促进区域内市场融通、要素流动、资源共享,推动长三角地区各地优势互补、错位发展。

3. 建立国有非营利性组织

建立国有非营利性组织,推进政府与社会团体的有效联结,培育社会治理网络体系是区域协同发展与治理的重要途径。德国史太白基金会成功经验表明,国有非营利组织具有政府管理部门、一般服务企业所不具有的独特优势,能够较好地兼顾社会公益和运营效率的平衡。新时期长三角一体化协同发展需要强化政府与行业协会、产业联盟、科研机构、人才中心、公益组织与基金会等非营利性社会组织的联结与互动,使之共同参与解决区域性问题,提供各类资金支持,协同治理公共事务,形成区域性社会治理网络。以区域人才共同体建设为例,可由长三角三省一市政府共同出资,组建国有非营利的长三角科技创新人才交流中心,具体负责制订人才的评估标准、编辑人才共同体运行报告、组织人才交流平台等的日常运营。此外,发挥专业组织作用,积极推进专业技术人才和高技能人才的资格互认。在总结上海向行业和用人主体单位转让职称评审权试点经验的基础上,在长三角重点行业领域,以行业协会或企业认定的统一职称、资格评定标准,打破地域、院校的行政、级别局限,逐步推进长三角地区高级专业技术人才和高技能人才的资格、职称互认,为区域人才合理流动创造条件。同时,发挥行业协会的自律作用,以行业自律标准规范人才市场,避免部分高端人才在企业之间的不合理流动。

(二)加强开发区之间的合作,推动长三角产业创新集群建设

长三角城市群开发区与城市科技创新尚未形成良性互动,苏州等城市的开发区发展较好但城市科技创新水平不高,而合肥等城市的科技创新水平较高但城市开发区和经济发展水平不强,很多与大城市联合建设开发区的中小城市也未能很好地利用发达地区的开发区建设经验和创新溢出效应发挥后发优势、实现超越式发展。因此,未来长三角应该更好地发挥开发区的作用,发挥国家自主创新示范区集群的引领作用,推动区域的协同创新发展。

1. 发挥国家自主创新示范区集群的引领作用

《长江三角洲城市群发展规划》明确提出,到2020年长三角城市群基本形成经济充满活力、高端人才汇聚、创新能力跃升、空间利用集约高效的世界级城市群框架。国家自主创新示范区着力实施创新引领战略,到2020年实现技术创新领先、产业领先、经济和社会发展领先、体制机制创新领先的建设目标,成为世界一流的高科技园区,对其他国家高新区和区域经济社会的发展做出引领和示范。长三角地区现有上海张江、苏南、杭州、合芜蚌、宁波、温州等6个国家自主创新示范区,在全国17个自主创新示范区的占比超过1/3。新时期长三角要进一步强化这6个国家自主创新示范区之间的联系和互动,打造长三角国家自主创新示范区集群,并充分发挥其集群示范与带动效应,推动长三角区域其他高新区和区域经济社会的率先发展、高质量一体化发展。

2. 开创开发区协同发展新局面

(1)构建从松散到紧密的渐进式园区合作过程。

长三角园区合作不是一蹴而就的,漕河泾新兴技术开发区"走出去"的实践取得了较大成功,其基本经验可以总结成四种合作模式,分别是理念互动、项目对接、品牌输出和资本合作。这四种模式其实是一个从松散到紧密的渐进式合作过程,这比较符合园区合作的一般规律。

(2)提高园区合作层次。

长三角园区合作会涉及不同行政区划内多个合作主体之间的利益,各主体往往从自身的利益出发考虑问题,这往往导致园区合作难以开展、推进,这时候就需要更高层次的组织来协调多方利益诉求。如上海和盐城已基本建立起高层沟通交流机制,通过高层互访、定期会商、信息互通、活动促进,达成重要共识,解决关键问题,这使沪盐合作取得了实质性的进展。

(3)充分发挥园区联盟、协会和商会等中介组织的作用。

中介组织在园区合作过程中起到十分重要的作用,但在长三角园区合作的过程中所起到的实质性作用不够明显,其主要原因是园区联盟、协会和商会等中介组织对园区、企业等合作主体缺乏约束性。园区联盟、协会和商会等中介组织必须要建立一套完善的奖惩运作机制,同时设立专项基金,对加入园区联盟、协会和商会等中介组织给予各种帮扶和奖励,也就意味着这些中介组织要承担相应的责任。

(4) 改变激励措施和考核评价体系。

先进地区园区和落后地区园区采取不同的评价考核体系。对于先进地区园区来说,对其发展绩效的考核应实现从重视税收、增加就业岗位等经济指标转向园区产业升级、创新能力等软实力提升方面;对于落后地区,应逐步放宽产业招商数量等考核指标,要在根据自身产业定位的基础上,从重视引进产业的数量转向质量方面。

3. 建设充满活力的区域创新网络

一方面,应进一步提升科创中心的创新水平。上海、合肥是国家科学中心,上海肩负着有重要影响力的全球科技创新中心建设的使命,应着力建设成为长三角前瞻性基础研究、引领性原创成果创新核心区,关键共性技术研究、前沿引领技术、现代工程技术颠覆性创新的源头高地。上海、南京、杭州、苏州、合肥是创新能力前5名,应结合国家集成电路创新中心、国家智能传感器创新中心等国家级创新中心建设,在这些城市合理布局建设长三角协同创新中心。

另一方面,应优化以双一流大学、高水平科研院所为主体的知识创新体系,根据各城市比较优势和生产网络,建立以企业为主体、市场为导向、产学研深度融合的技术创新体系。以龙头企业、大院大所的创新网络建设为抓手,实现长三角地区产业链、创新链的协同发展。

(三) 共建区域产业创新合作平台与载体

发挥长三角三省一市各自优势,共建资源平台、大型数据库平台、信息平台、项目载体,建设长三角创新共同体,提升区域创新活力。

1. 共建长三角大科学装置

共建长三角大科学装置,提升长三角承接国家重大科技攻关项目的能力。上海、合肥、南京国家级大科学装置是我国开展前沿领域重大科学与技术攻关的重要平台。应该借鉴美国布鲁克海文国家实验室、欧洲核子研究中心的成功经验,推进跨区域科学合作,集聚长三角区域顶尖科学家和科研团队,推进国家级大型基础性科学研究项目落地长三角。与此同时,应该进一步扩大长三角地区国家级和省级重点实验室、工程技术研究中心的相互开放,建立大科学装置共建共享新机制,完善相关制度、流程、法规,开展用户服务质量满意度评测,优化协同合作机制。

2. 共建长三角创新数据库

共建长三角创新数据库,提升创新服务能力和水平。针对长三角三省一市专家数据库信息分散、重复建设严重的问题,应该由三省一市政府人事、科技管理部门共同出资,成立长三角创新数据管理公司,以现有上海科技人才信息库为基础,联合建设包括基础型、公益型、市场型专家信息,覆盖不同行业专业领域、不同层次层级、不同机构主体、不同需求的全球高层次科技专家信息库,并逐步启动专利技术交易、校企技术研发、科技金融、创业孵化、中介服务等创新数据"入库""联网""共享"工作,大幅提升长三角创新数据库的质量以及对外服务能力和水平。

3. 共建共性技术服务平台

共建共性技术服务平台,提高创新投入产出效率。在长三角地区联合高校与企业建设共性技术服务平台,推进形成"大院大所＋创客""央企总部＋创客""科技园区＋创客""投资机构＋创客"和"产业基地＋创客"等嵌入式、专业化的创客空间,为长三角区域的创新创业提供多样化、专业化、个性化的载体,实现资金共同投入、项目共同开发、技术共同攻关、利益共同分享,以光子科学与技术、生命科学、能源科技、类脑智能、纳米科技、计算科学等领域为重点,创新合作体制机制,避免重复投资、重复建设,提高长三角创新投入产出效率。

充分整合三省一市现有资源,运用"互联网＋"、大数据、云计算等技术,建设线上与线下相结合的"长三角科技创新资源共同体信息服务平台",开发科技创新资源查询、对接、交易、鉴证等功能模块,面向长三角开放提供创新资源使用全链条服务。成立专业化管理服务机构负责平台运营,重点开展线上平台、线下服务窗口及后台服务支撑的协调管理工作。通过这一平台,集成整合长三角地区科技人才、科技条件、科学数据、科技金融、创新基地、科研机构、科技企业、创新园区、技术市场等各类创新资源,搭建资源共享、科技金融、科学数据、技术交易、创业孵化培训、综合服务等平台系统,加强信息化和大数据加工,建设统一的长三角科技创新资源线上服务平台,面向长三角提供优质、便捷、高效科技创新资源服务。建议设立常设机构负责长三角地区科技创新资源统筹服务的具体规划、实施、协调、推进工作,包括协调联系地方、部门和行业系统的平台建设与运行服务工作。

4. 共建产业技术协同创新平台

共建产业技术协同创新平台,推进重大科技项目成果产业化。设立长三角科技成果转化引导种子基金,发挥引导基金的杠杆作用,采用风险共担、利益共享、及时退出等方式,带动银行、创投等各类社会资本投资长三角地区创新创业项目,加速长三角地区科技成果转移转化和产业化。以多方参与、多元投入、混合所有、团队为主的新机制构建运行专业机构,促进科研机构与地方产业融合发展;以"拨投结合"推动重点项目产业化;遴选原创技术项目,运用市场化手段推动产业技术转移,构建促进产业技术转化的协同创新生态体系。

整合或依托三省一市科研机构、创新平台、创业载体及产业基地资源,建设"长三角产业技术协同创新研究院",协同推进长三角地区重点领域创新资源集聚,培育和引进国际一流领军人才,着力实施重大科技项目联合攻关及重大成果转移转化,形成错位发展、特色明显的产业格局,并加强战略研究,为长三角地区产业转型升级、高质量一体化发展提供技术与决策支撑。研究院建设按照"1(研究院)+N(若干重点产业领域的专业研究所、专业园区、孵化器等)"模式,结合三省一市地方或园区的创新资源与产业优势特色,围绕新一代信息技术、生物医药、智能制造等重点领域建设专业研究所,探索实施多方共建、多元投入、混合所有、团队为主的建设运行新机制,促进科研机构与地方产业融合发展;以"拨投结合"推动重点项目产业化,遴选原创技术项目,加快产业核心关键技术攻关突破;培育发展专业化产业园,与地方政府共建专业化孵化器,孵化高科技企业;探索推进研发作为产业,技术作为商品的新模式,运用市场化手段推动产业技术研发和技术转移,构建促进产业技术研发与转化的协同创新生态体系。建议国家支持该研究院创建国家技术创新中心、产业技术创新中心或制造业创新中心;并在支持上海张江、合肥建设综合性国家科学中心的同时,支持南京建设网络通信与安全紫金山实验室,争创建设综合性国家科学中心。

5. 共设人才交流与引进基金

共设人才交流与引进基金,提升长三角人才协作水平。借鉴德国洪堡基金会、弗朗霍夫协会成功经验,由长三角三省一市政府和企业联合出资设立公益性质的基金会和协会,依托国家和省级重点实验室、工程中心,在全球范围内招募集成电路、通信、生物医药、智能装备、物联网、新材料、大数据、云计算、新能源汽车等重点产业领域的短期或长期来华从事研究工作的高端人才,壮大长三角地区高端人才队伍,为创新共同体建设提供可靠支撑。

设立"长三角科技成果转化创业投资子基金",强化区域科技创新资源共建共享激励措施。建议国家科技部科技成果转化引导基金设立"长三角科技成果转化创业投资子基金",三省一市加强配套支持,通过成果信息共享、扶持政策联动、开展联合监管等方式,建立长效合作机制,国地联动、区域协同,支持长三角重大科技成果转移转化。发挥引导基金的杠杆作用,采用风险共担、利益共享、及时退出等方式,带动银行、创投等各类社会资本投资长三角地区创新创业项目,加速长三角地区科技成果转移转化和产业化。支持长三角高校、科研机构、企业,跨地区、跨领域联合承担国家科技计划项目,参与国际国内大科学工程、大科学计划等。

(供稿单位:上海市工商业联合会、上海市民营经济研究会,主要完成人:徐惠明、季晓东、张捍、陆畅、金从强、曾刚)

专题十

上海民营经济相关产业、专业性政策系统集成研究（A）

一、十八大以来上海民营经济政策现状

民营经济是我国经济制度的内在要素，是推动经济社会发展不可或缺的重要力量。党的十八大以来，以习近平同志为核心的党中央高度重视民营经济发展，特别是2018年民营企业座谈会以来，中央和各地区各部门大力支持民营经济发展，出台了系列政策举措。全社会迅速凝聚起进一步支持民营企业发展的强大动力，各项扶持民营经济发展的举措迅速推进。上海市委市政府在全国率先发布《关于全面提升民营经济活力大力促进民营经济健康发展的若干意见》，着力营造公平的市场环境，为上海民营经济发展注入了强大动力。

（一）惠企政策多，数量逐年增加

截至2019年11月底，上海惠企政策共319条。据统计，自2013年起，上海惠企政策数量逐年增加（详见图10-1），2018年惠企政策数量同比增长16.43%。2018年，上海市服务企业联席会议办公室依托"上海市企业服务云"选取了企业最为关心的创业支持、产业发展、科技创新、人才政策、融资支持等政策类别，归集形成《上海市惠企政策清单》，进一

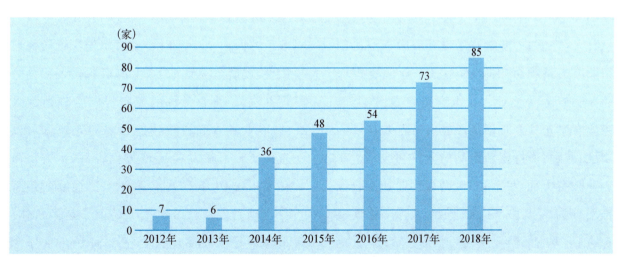

图10-1　2012—2018年上海出台的惠企政策数量

步提升了企业的获得感和满意度,加强了政策解读的精确性和权威性,让企业真正享受到政策的红利。

(二)涉及领域多,政策覆盖面广

惠企政策包括税收优惠、投资用地、产业发展、科技创新、融资扶持、人才发展、创业扶持、市场拓展、权益保护、发展环境等十大领域。其中税收类政策共154条,占比48.3%,在各类别政策中排名第一。投资用地、融资、市场、权益类别的政策均为2条、占比不足5%。

(三)政策实施多,扶持重点突出

在缓解融资难融资贵问题方面,"三个100亿元"进展顺利。市国资委推动设立"上市公司纾困基金",已签约49亿元、投资14亿元;市财政局推动"中小微企业政策性融资担保基金"规模增至85.8亿元;市经信委推动实施"中小企业千家百亿信用融资计划",已发放贷款131.2亿元,提前完成100亿元目标。市中小企业发展专项资金、市科技创新计划专项资金可对符合条件的企业进行"贷款贴息"。市经信委、市财政局也开展融资担保创新业务支持项目申报,对小微企业融资担保业务实施降费奖补。在市场拓展方面,上海市政府率先对上海创新产品实行首购和订购制度,鼓励、扶持创新产品的研究和应用。在创业扶持方面,目前市、区两级创业扶持政策框架分为八大块,分别是创业融资、税收减免、创业场地、创业奖补、社保补贴、创业提升、创业载体、专项补贴。此外,上海市正加快建立多元化、多层次、网络化的创新创业服务体系。在产业发展方面,上海市聚焦融合性数字产业、战略性新兴产业、现代服务业和现代农业,立足空间维度、产业维度,通过发挥产业地图的指南作用,有效服务各类投资者,加快构建集产业链、创新链等为一体的产业要素体系,推动经济高质量发展,提升城市经济密度。在税收方面,上海市政府为纳税人推出了一系列涉及增值税、所得税、房产税等普惠性税收减免政策,坚决抵制过头税,不折不扣地落实减免税政策。对那些符合享受税收优惠政策条件的中小型企业与其他纳税人一律无差别平等对待。在科技创新方面,上海市着力加强具有全球影响力的科技创新中心建设,提出了六个方面二十五项重要改革任务和举措。2019年以来,上海市"专精特新"企业已达到2 103家,新增科技小巨人(培育)177家。但与国内其他城市相比,上海在上一轮互联网经济中没有出现科技型龙头企业,且多年来上海科技型民营企业普遍存在长不大、留不住的问题。在人才引进与落户政策方面,2002年开始,上海率先实行居住证制度,此后多次修订了《上海市居住证积分管理办法》。符合条件的风险投资管理运营人才、企业高管和科技技能人才和企业家可以直接落户。在发展环境方面,《2020年营商环境报告》中我国排名第31名,连续两年跻身全球营商环境改善最大的前十名经济体。世界银行营商环境报告把上海和北京作为中国的样本城市,其中,上海权重为55%,北京为45%。上海市委、市政府针对"开办企业"、办理施工许可证、获得电力等方面推出了一系列大力度的营商环境改革专项行动,大幅提高了市场主体的营商便利度。

(四)涉及部门多,政策较为分散

从发文主体来看,民营经济政策涉及的主管部门包括市发改委、市经信委、市科委、中国人民银行上海总部、市商务委、市司法局等部门。其中,产业发展类政策涉及市农业农村委、市发改委、市商务委、市财政局、市税务局等10个部门,税费涉及财政部、发改委、工信部、税务总局等10个部委,创业扶持涉及市人社局、市发改委、市经信委、市环保局等6个部门,同类别政策涉及的部门较多,导致政策较为分散,需要进一步集中。

二、上海民营经济政策存在的问题分析

(一)从扶持力度看,民营企业反映部分政策尚未解渴管用

1. 税费政策方面,减税降费仍有进一步完善空间

(1)社保基数连续上调部分抵消了费率下降的减负效果。按照民营经济"27条"降低企业社保缴费比例的要求,2019年5月1日起上海基本养老保险费率企业部分从20%降至16%,但社保缴费标准高、增速快,导致企业社保缴费下降的获得感不强[①]。2019年度上海社保缴费基数下限为4 927元,比北京、广州、深圳等城市分别高出36%、30%、124%(见表10-1和表10-2)。

表10-1　2015—2019年上海社保缴费基数及涨幅

时　间	社保基数下限(元)	缴费基数(社平工资,元)	社保基数上限(元)	社平工资涨幅
2015年	3 271	5 451	16 353	8.2%
2016年	3 545	5 939	17 817	9.0%
2017年	3 902	6 504	19 512	9.5%
2018年	4 279	7 132	21 396	9.7%
2019年4月	4 699	7 832	23 496	9.8%
2019年5月	4 927	8 211	24 633	15.1%

(2)行政事业性收费存在进一步压缩空间。全国31个省、区、市中,有21个已实现涉企行政事业性收费"零收费"(见图10-2)。而

---

① 以2017—2018年度缴费基数下限(4 279元)测算,由于养老保险费率下降,缴费将下降171元,降幅为20%;但提高缴费基数下限后(4 927元),养老保险实际下降67元,降幅缩窄至7.9%,较基数调整前少下降了12.1%。

表 10-2　2018—2019 年北上广深基本养老保险缴费基数下限（元）

险　种	北京	上海	广州	深圳
基本养老保险	3 387	4 927	3 469	2 200

上海行政事业性收费 25 项，其中涉企行政事业性收费项目 17 项（包含资源补偿性收费），项目数仍有进一步压缩空间。

(3) 民营企业创新激励税收政策有待完善。股权激励递延纳税方面，根据财税〔2015〕116 号文，中小高新技术企业转增股本产生的个人所得税可以延期缴纳，但对财务指标、从业人数有限制（见表 10-3）。因此，上述企业在规模上按照目前的政策口径难以享受此项优惠政策。目前上市后备企业由于年销售额超过 2 亿元，实际较难享受到该项优惠政策，巨大的税收成本和为此筹措资金的时间成本降低了民营企业上市积极性，同时也阻碍了经济发展。研发费用加计扣除方面，深圳研发费用税前加计扣除在 75% 的基础上，采取比照奖补的形式，对已评价入库的科技型中小企业增按 25% 的标准给予奖补，即将研发费用加计扣除比例实质上提高至 100%，降低企业研发成本。而上海暂无财政奖补支持。

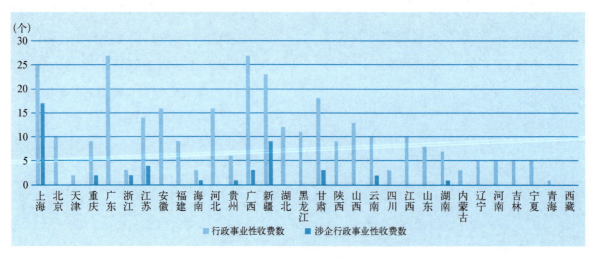

图 10-2　地方层面行政事业性收费和涉企收费项目数

表 10-3　116 号文适用主体比对

	116 号文	后备企业平均情况
财务指标	年销售额和资产总额均不超过 2 亿元	年销售额超 2.9 亿元

2. 土地政策方面，容积率低且缺乏募投项目用地保障机制

走访调研过程中，高端装备制造业民营企业反映其募投项目用地受到制约。一是土地容积率低。深圳经济密度高于上海，对土地容积率要求也较为宽松。上海市工业用地容积率上限是 2.0，而深圳目前平均产业用地容积率约 3.5～4.5，土地利用率较高，且根据深圳2019年5月出台的新政,对申请扩容的产业用地容积率不设上限。二是土地出让价款不统一。上海市目前在松江区和临港新片区有土地出让价款减免政策,在符合要求的前提下,根据产业类型和土地利用绩效等情况,可减免收取土地出让价款,降低创新创业和产业转型升级成本,但市级层面目前还缺乏统一的、较为普惠的减免土地出让价款的方案。三是缺乏对拟上市企业募投项目用地保障机制。广东省出台了工业用地"打折＋返还＋奖励"组合"优惠套餐",并且设定了工业用地最低比例以优先保障制造业项目用地,从侧面改善了工业用地供应量不足的问题。同时,北京、深圳等地或通过建立上市公司产业园鼓励企业募投项目落地,或将改制上市重点培育企业纳入"产业空间资源库"和"招商引资项目库",以招拍挂等形式保障募投项目用地,上海在保障募投项目用地政策上还存在一定差距。

3. 权益政策方面,知识产权资金支持体系不完善

一是知识产权政策中间接支持不足。知识产权政策支持体系不完善,上海知识产权政策中税收、金融、政府采购等间接支持不足。市知识产权政策信息平台公布的40项市级知识产权科技激励中,直接资金扶持的政策有37项,约占93%;税收等间接支持的政策仅有5项。二是专利资助力度不足。从表10-4看,广东和浙江省对专利的奖励力度非常大,广东对获得中国专利金奖或者中国外观设计金奖的单位和个人奖励高达100万元/项目,浙江省达50万元/项目,奖励金额比上海高出一个数量等级。同时对于省级专利奖,上海仅以精神奖励为主,广东和浙江奖励5万～30万元/项目不等(见表10-4)。知识产权证券化探索方面,在海南自贸区、雄安新区、深圳市均已走在了知识产权证券化的前列的情况下,上海亟须在政策支持方面迎头赶上。

表10-4 部分省、区、市专利政策对比

政　　策	上　海	广　东	浙　江	其他省、区、市
中国专利奖奖励	1万元	金奖100万元 银奖50万元 优秀奖30万元	金奖50万元 优秀奖10万元	—
省级专利奖	精神奖励为主	30万元	金奖10万元 优秀奖5万元	—
专利授权资助	不超过2500元	4300元	4000元	—
知识产权证券化	"探索知识产权证券化"	支持在有条件的自贸试验区开展知识产权证券化试点	无	支持探索知识产权证券化,规范有序建设知识产权和科技成果产权交易中心

4. 融资政策方面,创业担保贷款在额度、期限上支持力度较弱

2018年10月,上海市财政、人社等部门联合发布《关于印发〈上海市创业担保贷款实施办法〉的通知》(沪财发〔2018〕6号),规定在上海注册经营的小微企业申请创业组织创业担保贷款金额最高不超过200万元,期限最长为2年。同年12月,国务院发布39号文,将小微企业创业担保贷款可申请额度提高到300万元。之后,上海推出"双创e贷"平台,但平台仅将"双创"企业创业担保贷款额度提高到300万元,对于中小微企业提高贷款额度方面未有相应政策措施跟上。同时,深圳和温州的创业担保贷款额度均为500万元,最长贷款期限均为3年,与之相比,上海市创业担保贷款无论从额度还是期限上看支持力度均相对较弱(见表10-5)。

表10-5 创业担保贷款政策对比

行政范围	贷款额度	贷款期限	政策文件
国家	符合条件的小微企业可申请最高不超过300万元的创业担保贷款	—	《国务院关于做好当前和今后一个时期促进就业工作的若干意见》(国发〔2018〕39号)
上海	在上海注册经营的小微企业申请创业组织创业担保贷款金额最高不超过200万元	2年	《关于印发〈上海市创业担保贷款实施办法〉的通知》(沪财发〔2018〕6号)
深圳	符合条件的小微企业创业担保贷款最高不超过500万元	3年	《深圳市创业担保贷款实施办法》(深人社规〔2020〕5号)
温州	符合条件的中小微企业申请创业担保贷款最高不超过500万元	3年(1年展期)	《关于印发〈温州市创业担保贷款实施办法(试行)〉的通知》(温银发〔2017〕72号)

5. 产业政策方面,不同阶段重点产业扶持细则需强化

上海科技型中小企业技术创新资金项目重点支持新一代信息技术、高端装备制造、生物产业、新能源、新材料、节能环保、新能源汽车等战略性新兴产业以及科技服务业领域的科技型中小企业。以技术创新项目为对象、以市场为导向,重点支持种子期项目和初创期企业,择优支持科技含量高、市场发展潜力大的重点创新项目,很大程度上缓解了初创企业的发展困境,但是不同阶段的重点产业企业应接受更加精准化、差异化的资金扶持,目前,上海对不同阶段的重点产业企业的分类扶持细则存在改善强化的空间。

6. 科创政策方面,新经济领域企业受政策支持较少

一是卓越创新企业缺少实质性资金和服务支撑。从企业成长全生命周期来看,扶持政策涵盖了"创业团队→小微科技企业→高新技术企业→科技小巨人培育企业→科技小

巨人企业→卓越创新企业"全生命周期,但是支持科技小巨人进一步成长的卓越创新企业计划推出时间较短,目前该遴选标准较高,受益企业的范围还较小,且以优先对接科技计划、融资服务为主,尚未有实质性资金和服务支撑。二是硬科技企业受科技小巨人政策支持少。从企业行业来看,科技小巨人政策以企业研发占比和主营收入作为遴选标准,这一标准普遍适用于传统企业,高成长性科创企业发展初期虽然研发投入占比、市场认可度和估值都很高,但很长时间里没有营业收入甚至在亏本陪跑阶段。这造成以生物医药、人工智能为代表的新经济领域的硬科技企业,受到科技小巨人政策支持较少。

(二)从经济发展与企业生命周期来看,部分民营经济政策亟待补充

1. 营商环境缺乏地方性立法保障

辽宁、河北、黑龙江、陕西等多个省份已出台或即将出台营商环境地方性法规,2019年10月,国家层面出台了《优化营商环境条例》,截至2019年12月,上海尚未呼应出台相关地方性法规。目前,上海在优化营商环境方面已经有了包括"一网通办""负面清单"改革举措和经验做法,但仍停留在行动方案层面,从根本上还缺少一部专门优化营商环境的地方性法规。

2. 缺少民营骨干企业奖励、民营企业家参与重大涉企政策决策等部分实施细则

一是缺少民营骨干企业奖励政策。深圳市已发布民营领军骨干企业认定办法,支持一批具有明显行业优势和国际竞争力的民营企业做优做强。上海目前缺少系统性支持龙头和骨干企业发展壮大的"组合拳"。二是上海缺少民营企业家参与重大涉企政策决策制度。国家目前正建立健全企业家参与涉企政策制定机制,温州首先发布了关于企业家参与涉企政策制定的地方规范性文件。上海相关制度还处于研究阶段。三是缺少成果转化政策意见的操作细则。关于科技成果转化的政策体系已基本形成,但缺乏相关实施细则。目前部门之间协调不力,操作层面做法不一且效率较低,需要有操作细则来协调、规范和推进科技成果转化政策的落实。上海目前只有闵行区出台了成果转化的操作细则,市级及各区缺乏成果转化政策意见的操作细则。

3. 新兴领域行业标准与市场准入亟须加快制定

近年来,以基因检测、精准医疗、网约车、自动驾驶、共享单车为代表的新经济形态不断涌现,但相应的行业标准和规范的制定往往落后,这导致包括上海在内的新兴领域市场上出现"劣币驱逐良币"现象,阻碍本土优秀成长性企业健康发展。比如,调研发现,有企业反映其在私家车领域开展"车电分离、电池租用、可充可换、梯次利用"的尝试,降低了客户购车成本,提升了整车性能和客户体验。然而,这一新商业模式仍存在政策空白点:一是"车电分离"销售模式属新兴业态,国家政策尚未对电池与整车分开销售做出相关规定;二是"换电"模式缺乏相关依据,电池更

换、升级行为存在被公安部门认定为非法改装的风险;三是"换电站"规划布局尚未形成,这些极大影响了企业发展。目前,深圳已在争取新兴产业市场准入、行业监管等方面综合授权、先行试点,加快建设深港创新特区。

4. 企业IPO扶持政策缺少专项资金补贴

企业反映,在主板、科创板上市的成本不相上下,但在政策力度上,上海对企业改制上市补贴额度不足,且上海市区两级都缺乏对科创板上市企业的专项扶持政策。产业层面,对比江苏省苏州市对实现IPO的生物医药类企业给予每家最高不超过100万元奖励,上海政策虽支持鼓励优质生物医药企业境内外上市挂牌融资,但缺少相关细则(见表10-6和表10-7)。

表10-6 主要省市上市专项财政补贴

级别地区	省(市)级	市(区)级
上海	25万元(张江180万元)	各区配套不超过600万元
北京	不超过300万元	各区配套300万元以上
广东	不超过300万元	各区配套300万元以上
深圳	不超过150万元	各区配套约500万元

表10-7 上海、江苏生物医药产业IPO补贴政策对比

地区		政策文件	IPO融资扶持条文
上海	市级	《促进上海市生物医药产业高质量发展行动方案(2018—2020年)》	大力支持各类生物医药投资基金在上海集聚,满足不同阶段企业的融资需求。引导推动创新成果实现产业化。支持鼓励优质生物医药企业境内外上市挂牌融资
江苏	市级	《关于加快推进苏州市生物医药产业高质量发展的若干措施》	对在资本市场实现IPO的生物医药类企业,按规定给予每家最高不超过100万元奖励

5. 市级人才保障体系尚有欠缺

上海只在区级(片区)层面有相关人才购租房补贴,如2019年11月,自贸区临港新片区发布新措施,包括实施海外高层次人才个税税赋差额补贴、人才租房补贴等。黄浦、普陀、浦东等对高层次人才均设有购房补贴。但市级人才保障体系尚有欠缺。深圳对人才生活及住房补贴的力度很大,根据学历可获得一次性发放的15 000~30 000元不等的补贴,并且提供30万套人才住房解决应届生租房困难,研究生以上学历可优先承租并享有优先购买人才住房权。对于创新和研发型人才最高可提供5 000万元的支持。南京的租房补贴力度也很大,除了对毕业3年内在南京工作的人员发放租房补贴外,对于外地应届生来宁面试给予1 000元补贴(见表10-8)。

表 10-8 人才保障措施对比

行政范围	补贴额度
上海	无
深圳	一次性发放生活及住房补贴：本科学历 15 000 元、硕士 25 000 元、博士 30 000 元
南京	外地应届生来宁面试补贴 1 000 元 毕业 3 年内在南京工作能获得租房补贴：学士每月 600 元，硕士每月 800 元，博士每月 1 000 元
杭州	来杭工作的应届毕业生一次性发放生活补贴：本科 10 000 元、硕士 30 000 元、博士 50 000 元

（三）从政策环境来看，仍存在不同所有制之间的差别化待遇

1. 在违法行为的界定方面，民企与国企存在差异性

调研中企业反映，国有企业高管和民营企业高管同样侵占企业资产，国有企业被追究刑事责任，民营企业则被判定为民事纠纷；民营企业员工跳槽后，泄露企业关键技术和商业秘密的案件，在法院中受理难、执行难等问题，亟待进一步解决和改善。

2. 民营企业在政府采购中处于弱势地位

有部分民营企业认为，在市场竞争中民营企业仍处于弱势地位，尤其在项目招投标、政府采购等方面难以获得和国有企业平等的市场主体地位。大型央企、国企相较于中小民营企业不但具备突出的技术、资质、人才和资金优势，其政府背书的品牌优势也十分突出。企业座谈会反映，在项目招投标和政府采购中往往有偏重国有企业或主管部门下属单位的倾向，民营企业不得不通过分包，向央企、国企交纳管理费来取得市场份额。有企业反映，在医疗器械等领域，针对内资企业和外资企业采取两套招投标的标准，民营企业甚至很难与外资企业同台竞争。

3. 针对民营企业的人才引进政策亟待突破

和国企、外资企业相比，民营企业有着人才吸引方面的天生劣势，据我市部分民营企业反映，目前民营企业仍然存在招人难、留人难、人才落户难的问题。上海市虽然针对人才引进出台了很多政策，但是政策门槛高，只有达到一定的条件才能享受到政策优惠，对于中小型民营企业而言，很难达到要求。比如落户对用人单位注册资金的要求直接切断了小体量民企人员落户的可能。此外，民营企业很少有能力配备人才公寓，而上海市所出台的人才租购房政策补贴，很少民营企业能申请到。即使企业为了留住人才打算自建人才公寓，也面临着土地性质转变的制约。

三、进一步完善民营经济发展政策的思路和建议

（一）抓紧出台一批实施细则，补充民营经济政策空白点

1. 出台营商环境地方性法规

建议参考辽宁、河北、黑龙江、陕西等省已出台的地方性法规，同时重点针对上海营商环境的突出短板和市场主体反映强烈的痛

点难点堵点问题，起草形成《上海市优化营商环境条例》，涵盖市场主体保护、市场环境、政务服务、监管执法、法制保障等营商环境建设的各方面，对当前上海优化营商环境工作涉及的各个领域梳理形成地方性制度化规范。

2. 探索出台一批政策实施细则

一是抓紧研究出台民营骨干企业奖励、民营企业家参与重大涉企政策制定等相关政策细则。遴选一批在战略性新兴产业和未来产业等高新技术领域具有高成长性的企业，建立重点培育企业库。政策制定时征求与政策关联性强的有关民营企业家智库成员、行业协会和商会的会长、秘书长、企业家的意见。二是完善科技成果转化的政策体系。参考闵行区，对承接和实施科技成果转移转化、成果转化项目，承担国家科技重大专项，或获得国家级、市级科技进步奖励项目的企业给予相应比例的资助；对交易过程中产生的交易服务费用给予50%的补贴。部门之间通力合作，协调、规范和推进科技成果转化政策的落实。

3. 加快研究新兴产业制度供给

加快完善新兴产业行业标准的制定，如针对"车电分离、电池租用、可充可换、梯次利用"的新商业模式，建议公安部同多部委协同研究新商业模式下的"换电"制度，保障新商业模式下安全、合规的电池更换与升级行为。健全包容和支持创新发展的管理机制、建立更加开放透明的市场管理模式，进一步发挥"科技进步奖"等重量级奖项的创新引领作用，为需要特殊市场准入或许可的获奖产品开通绿色通道。

4. 补充IPO专项补贴，助推企业登陆资本市场

建议市区两级财政对登陆科创板上市的民营企业给予专项资金奖励支持。在产业层面，对上海重点扶持的人工智能、生物医药、集成电路等产业，对实现IPO的重点产业企业额外给予资金奖励。在市区层面，加大市中小企业专项资金奖励力度，各区支持力度进一步平衡，同时浦东新区、闵行区、徐汇区等科创板上市企业聚集区，加快探索出台区级科创板上市企业专项补贴政策。

5. 完善创新创业企业人才落户和保障体系

一是进一步完善人才落户和招才引智支持政策。加快推进上海人才高峰建设，集聚相关领域的领军人才，对不同性质的企业实行落户政策同等对待，兼顾传统制造业人才结构特点，对低学历、高技能的专业人才，在落户评分方面给予同等待遇，探索形成"量身定制、一人一策"的引入机制，突破解决人才个性化问题，为成长性企业提供各类人才供给。二是完善民营企业人才保障体系。探索民营企业人才减税、奖励等以人为本的支持政策。参照粤港澳大湾区经验，在长三角示范区、自贸试验区对高层次人才实施个人所得税差额补贴政策。针对科技型民营企业实施定向配租政策，支持企业招募留住优秀人

才。对于应届生及毕业1~3年内的在沪工作人员适当给予与学历对应的租房及生活补贴。

（二）加快完善一批政策，加大民营经济政策扶持力度

1. 降低企业成本，切实减轻企业经营负担

一是进一步加大清费力度。进一步归并、调整相关类目，压缩上海涉企行政事业性收费项目数，加快推进地方涉企行政事业性收费零收费，切实帮助企业减轻经营负担。二是进一步降低企业社保缴费负担。建议研究社保缴费基数的调整机制，合理确定调整幅度和频率，如在经济不景气时，暂停调整，防止对降税负政策的对冲，切实让降费举措最大限度惠及企业。同时参照北京做法，将部分险种的社保缴费基数下限降低为社平工资的40%，或探索向广州、深圳等地学习，将下限设为上海最低工资标准。对5人及以下的小微企业实施差异化社保征管政策，即予以较低的社保费率，或缓征、减免相关社保费用。三是进一步落实国家各项减税政策。股权激励缴纳个税指标方面，建议向国家有关部门反映，适度提高政策中财务指标的限额以扩大政策适用范围，帮助企业真正享受到该项优惠政策。在研发成本方面，参考深圳，采取比照奖补的形式，对入库的科技型中小企业增按25%的标准给予奖补，即将研发费用加计扣除比例实质上提高至100%，降低企业研发成本。

2. 保障募投项目用地，提高经济密度

一是减轻企业地价负担。完善"先租后让"试点，适当调低资金紧缺的中小企业土地出让金收取比例，运用综合评价机制，根据企业符合本区域产业分类与发展前景等要素，进行综合评价分类，依法适当减免评级较高的A、B类企业的城镇土地使用税，减轻企业用地负担。按照土地集约利用原则，提高工业用地利用效率，加快旧工业区改造，放开工业用地容积率上限。二是保障募投项目用地。充分了解改制上市企业募集资金投资项目对土地的实际需求，合理制定年度产业发展土地供应计划。鼓励本地企业将资源集中用于技术改造、用于实体产业发展，吸引更多具有高新技术、高端品牌、高附加值的优质募投项目在上海落地。以现有产业园区为基础，拓展部分园区的特色功能，根据各区产业规划，试点建设上市公司产业园，优先安排重点产业的改制上市企业进驻，比如，可以在徐汇区试点建设人工智能产业上市公司产业园，促进产业集群化发展。

3. 建立健全知识产权支持体系，加大专利资助力度

一是加大税收、金融、政府采购等间接支持。进一步强化知识产权创造、知识产权保护、知识产权运用，参考深圳经验，加快建成亚太地区知识产权保护中心，建立健全知识产权支持体系，为知识产权事业开辟更为广阔的空间。二是加大对专利项目的奖励和资助力度。提高专利资助力度，完善省级专利

奖的资金扶持政策，打通研发、成果转化、保护和融资等关键环节，使企业保持科创活力，创新知识产权综合金融产品，探索知识产权证券化。

4. 加大中小微企业融资贷款支持力度

一是进一步提高上海创业担保贷款金额和期限。以财政资金或设立基金为来源对创业担保贷款进行适当贴息，进一步解决创业群体的融资瓶颈问题。二是建立多层次信用担保体系。完善政策性担保机构融资担保政策，推动金融机构、担保机构和中小企业建立长期稳定的合作关系。三是打通政府部门、金融机构、商业机构等信息交互渠道。加强市公共信用信息服务平台的信息归集、查询功能，整合政府部门的涉企资质与监管类信息以及企业家的个人信息，统筹社会商业机构的涉企信息，提高企业信用信息查询的便捷性。四是发挥好政策性融资担保基金"药引子"功能。进一步做大政策性融资担保规模，挖掘企业融资需求存量，释放基金普惠效应。同时鼓励民资、外资等各类资本设立商业性融资担保机构。

5. 加强对重点领域项目精准投资

针对不同阶段的重点产业出台更加精准化、差异化的扶持政策。一是成熟项目，即经济效益好、盈利性较强、主业比较成熟，经过上市改制，进入或拟进入上市辅导期，具备短期内在主板、中小板、创业板上市条件的项目；引进战略投资者或合作伙伴共同投资的大型联合项目，以及发行信托产品、与战略投资者合作建立基金的融资项目。二是高风险类项目，即拥有核心自主知识产权，取得了国家专利权，且处于种子期，具有重大的不确定性因素的项目，政府要求孵化的高科技项目等。三是列入国家级科技攻关计划并取得重大成果的项目，科技成果取得省部级有关权威部门认可并在行业内推广的项目。

6. 完善科创政策，助推成长性企业发展

一是完善卓越创新企业计划。探索设立卓越创新企业培育计划，增加重点培育销售规模5亿元人民币以上或市场估值超过5亿美元的硬科技企业，补齐从小巨人企业到卓越创新企业间的政策空当。将卓越创新企业提供的产品和服务纳入工会共享计划和政府采购目录，为卓越创新企业的产品提供更大的展示空间。二是完善科技小巨人政策。探索完善科技小巨人企业（含培育）的遴选机制，改变以单一营收指标为标准，引入市场估值等市场化认定标准，支持更多战略新兴行业的科技型成长性企业发展。

（三）梳理修订差别化政策，营造公平公正的发展环境

1. 积极向国家层面反映，对刑法相关规定进行修正

建议针对刑法规定中对民营企业存在不平等规定问题，通过适当途径向立法部门反映，对刑法相关规定进行修正。修改刑法以平等保障各类企业的合法权益，加大对非公企业职务犯罪的打击力度，预防非公企业工作人员，特别是高级管理人员的职务侵占、挪

用资金、商业贿赂犯罪行为。开展非公职渎职行为"入刑"的立法调研，重点针对第165条非法经营同类营业罪，第166条为亲友非法牟利罪，第167条签订、履行合同失职被骗罪，第168条徇私舞弊造成破产、亏损罪，犯罪主体从原先国有企业工作人员扩展到非公企业工作人员。

2. 探索出台市场竞争专属政策，有效释放竞争空间

一是探索民营企业招投标、政策采购保险机制，减轻招标单位顾虑。建议重新修订上海民营企业在项目招投标、政府采购等市场竞争方面的政策，针对不同项目，在项目招投标中适当放宽对资质及业绩的要求。探索改变最低价中标等评标标准，将重心放到评标环节，综合评估竞标企业的项目方案、综合保障能力等，确保民营企业得到公平待遇，防止因部门垄断、关联交易而产生利益垄断。二是依法依规对民营企业生产的产品平等对待。进一步加大政府采购向民营企业的开放程度；鼓励民营企业与国有企业建立战略合作关系，鼓励围绕科技创新、智能制造等发展混合所有制。同等条件下，市场拓展类政策专项资金优先支持民营小微企业参展项目；有条件的展会要设立上海市民营企业专区。

3. 人才政策向民营企业倾斜，全面促进人才流动

建立民营企业人才激励体系，对民营企业成功引进高层次人才给予不同程度的奖励。鼓励和引导国有企业骨干到民营企业兼职兼薪，鼓励和引导公务员和科技人员到重点民营企业挂职锻炼，促进人才向民营企业流动。建立市级层面的补贴政策，对民营企业中属于我市重点领域、重点产业、重点项目紧缺急需的人才给予生活及住房补贴。加大人才公寓供给力度，允许民营企业协同园区开发主体共同建设人才公寓，或选取部分已建成的人才公寓，长租给企业使用，允许企业在自有土地上建设人才公寓。

（供稿单位：上海市工商业联合会，主要完成人：徐惠明、吉小明、张捍、顾月明、朱海燕、丁佳馨）

专题十一

上海民营经济相关产业、专业性政策系统集成研究（B）

"民营经济是我国经济制度的内在要素，民营企业和民营企业家是我们自己人。民营经济是社会主义市场经济发展的重要成果，是推动社会主义市场经济发展的重要力量。"[①]2018年11月1日，习近平总书记主持召开民营企业座谈会，他强调毫不动摇鼓励支持引导非公有制经济发展，支持民营企业发展并走向更加广阔的舞台。

截至2018年底，我国民营企业数量超过3 200万家，个体工商户超过7 600万户。我国民营经济从小到大、从弱变强、从国内走向国外，不断发展壮大，贡献了50%以上的税收，60%以上的国内生产总值，70%以上的技术创新成果，80%以上的城镇劳动就业，90%以上的企业数量。在世界500强企业中，我国民营企业由2010年的1家增加到2018年的28家。民营企业是上海经济发展的重要引擎，是上海创新转型的重要力量，上海一直高度重视民营经济发展。2018年，上海市民营经济占全市1/4的经济体量，贡献了1/3以上的税收，新增就业人数占比超过70%，企业数量占比超过80%。

近年来，国家及上海市陆续出台了多项支持民营经济发展的政策措施，为民企的发展和解困给出了一系列实实在在的指导意见，成效显著。但与兄弟省、区、市相比，上海在民营经济发展的政策集成中仍存在一些不足，未来应进一步进行政策优化和升级，支持上海民营经济发展，扶助上海民营企业做大做强。

一、上海民营经济相关产业、专业性政策梳理和集成

为全面掌握十八大以来国家及上海颁布出台的惠及民营经济发展的相关政策情况，课题组先后从党中央、国务院、国家部委、上海市委市政府及上海市相关委办的网站和公共信息平台上，查询梳理上百条政策文件，并走访相关单位进行政策查漏补缺，最终形成《上海市民营企业政策服务手册》。手册中将政策分为综合政策、财税政策、金融服务、科技创新、人才教育、生态绿色、总部经济和特定产业、项目政策八大类，共79条，政策是依

---

① 习近平总书记在2018年11月1日民营经济座谈会上的讲话。

照民营经济政策优先、上海市政策优先等原则进行排序的。

(一) 综合政策

该部分共有相关政策12条,其中直接针对民营经济的有2条,分别为2018年由国家科技部、发改委等发布的《关于推动民营企业创新发展的指导意见》以及民营经济座谈会仅仅两天后,上海市委市政府发布的《关于全面提升民营经济活力　大力促进民营经济健康发展的若干意见》(简称"27条"),"27条"中的"三个100亿"、降低用地成本、加强政府采购等政策直击企业发展痛点。

上海市近些年颁布了7项促进中小企业发展的综合政策,其中上海市发展"专精特新"中小企业三年行动计划(2015—2017年)是实施到2017年的,因此已过期。《上海市人民政府办公厅转发市金融办等十六部门关于推进上海中小企业上市工作实施意见的通知》从联席会议制度、上市资源库、流程简化、融资扶持等方面对中小企业上市予以政策支持。《上海市制造业转型升级"十三五"规划》中对助力大众创业、万众创新和中小企业转型有专门部分论述,指出要"引导中小企业向'专精特新'方向发展,培育一批国内及国际'隐形冠军';拓展民营企业发展空间,营造公开、公平、公正的环境,放开市场准入,减少不合理门槛和限制,鼓励参与国企开放性、市场化重组,加大政策扶持,减轻企业负担,切实增强民营企业获得感"。上海市委办公厅、上海市人民政府办公厅印发《关于进一步优化供给促进消费增长的实施方案》的通知和上海市商务委等九部门《关于上海推动夜间经济发展的指导意见》都是从具体政策领域对民营中小企业发展带来益处,如支持各类市场主体进入养老、托幼领域,对夜间文化娱乐活动和小摊位予以支持等。上海市人民政府《关于进一步做好新形势下上海就业创业工作的意见》中专门指出要解决中小企业融资难、落实国家中小企业税收政策、政府采购扶持发展政策。2017年颁布的《中国(上海)自由贸易试验区中小企业垄断协议豁免指导意见》中规定,中小企业在接受上海市反垄断执法机构调查时,符合一定条件可以申请豁免。

国家近些年颁布了3项支持中小企业发展的综合政策,2017年颁布的《中华人民共和国中小企业促进法》、2018年工信部颁布的《促进大中小企业融通发展三年行动计划》和2019年中办、国办印发的《关于促进中小企业健康发展的指导意见》,是从促进中小微企业发展的角度进行指导。《中华人民共和国中小企业促进法》首次明确了中小企业工作部门是"综合管理"的部门,首次提出了中小企业主管部门对中小企业促进工作可进行"监督检查";《促进大中小企业融通发展三年行动计划》有效期至2020年,提出了包括培育专精特新"小巨人"企业,实施"互联网＋小微企业"计划等一系列措施;《关于促进中小企业健康发展的指导意见》中指出,要"落实对小微企业融资担保降费奖补政策、金融机构单户授信1 000万元及以下小微企业贷款利息收入免征增值税政策,推进增值税等实质性减税,降低社会保险费率等综合措施,减轻企业显性负担","将单户授信1000万元及以下的小微企业贷款纳入中期借贷便利合格担保品范围",从财税、金融、创新创业环境等方面予以支持。

(二)财税政策

财税政策为各类政策中数量最多,十八大以来共计28项。其中,直接提及民营经济的有3项,小规模纳税人、小微企业有关的有25项;税收优惠直接相关的有13项,税前扣除直接相关的有3项,降费奖补相关的有5项,优化税费缴纳机制的有2项,专项资金管理的有4项;国家相关部委总局发布的有20项,上海市发布的有8项。

其中,相当多的政策是直接为民营和中小企业减税降费的,根据《国家税务总局上海市税务局关于全面落实税收优惠政策积极促进减税降费措施落地的通知》和《关于对上海增值税小规模纳税人减征部分地方税费的通知》,当前上海市对增值税小规模纳税人,按50%的幅度减免"六税两费";对地方权限内的有关税费政策,在国家规定的幅度范围内降到法定税率最低水平。《关于对小微企业免征有关政府性基金的通知》《关于金融企业涉农贷款和中小企业贷款损失准备金税前扣除有关问题的通知》全文已超过规定时效,已作废。根据《关于延续小微企业增值税政策的通知》,增值税小规模纳税人免征增值税政策有效期到2020年底。同时,对于小微企业免征有关政府性基金、金融企业涉农贷款和中小企业贷款损失准备金税前扣除、中小企业融资(信用)担保机构有关准备金企业所得税税前扣除、提高科技型中小企业研究开发费用税前加计扣除比例、金融机构小微企业贷款利息收入免征增值税、个人转让全国中小企业股份转让系统挂牌公司股票有关个人所得税政策、小微企业融资担保业务实施降费奖补、延长高新技术企业和科技型中小企业亏损结转弥补年限有关企业所得税、继续实施全国中小企业股份转让系统挂牌公司股息红利差别化个人所得税政策等问题,均有专门的政策予以规定。

《上海市中小企业发展专项资金管理办法》《上海市外经贸发展专项资金(中小企业国际市场开拓资金)实施细则》《上海市科技型中小企业技术创新资金管理办法》和《上海市中小企业融资担保专项资金管理暂行办法》,都对上海市支持民营和中小企业发展专项资金的使用和管理进行了规范,其中《上海市中小企业融资担保专项资金管理暂行办法》的有效期至2017年6月。

《市财政局关于建立上海中小企业财务会计信息库的通知》规定,从2013年起各区要按规定报送本区中小企业名单和基本经济数据。《上海鼓励中小企业开展股权托管交易有关财政专项转移支付管理办法》聚焦改制后在上海股权托管交易中心成功挂牌的辖区内中小型股份有限公司,尤其是科技型、创新型中小股份有限公司,予以财政扶助。

《关于简化小型微利企业所得税年度纳税申报有关措施的公告》《关于建立小微企业涉税诉求和意见快速响应机制的通知》等文件的出台，对优化营商环境、简化企业报税流程、增强企业获得感方面十分有帮助。

(三) 金融服务

十八大以来，国家层面和上海市出台了共16项加强金融服务民营企业和中小企业的政策文件，直接针对民营企业的有3项。中办2019年2月发布的《关于加强金融服务民营企业的若干意见》，提出完善普惠金融定向降准政策、增加再贷款和再贴现额度、抓紧推进在上交所设立科创板并试点注册制、加快民营企业首发上市和再融资审核进度等多项政策。同年6月，上海市颁布了《关于贯彻〈中共中央办公厅、国务院办公厅关于加强金融服务民营企业的若干意见〉的实施方案》，在总体要求后又分别从发挥货币信贷工具导向支撑作用、建立"敢贷、愿贷、能贷"长效机制、发挥上海多层次资本市场优势、持续优化金融营商环境、加强部门协同等五个方面，提出了19条具体工作举措。中国银保监会《关于进一步加强金融服务民营企业有关工作的通知》中，规定了民企贷款纳入考核，正向激励，尽职免责，加快商业银行资本补充债券工具创新，商业银行贷款审批不得有歧视性条款等事项。加强金融服务中小企业的政策共13项，银保监会每年会颁布该年度"小微企业金融服务工作的通知"，对该年度的政策要点进行梳理，最新的《关于2019年进一步提升小微企业金融服务质效的通知》中提出，在信贷方面要实现"两增"目标，成本管理方面要求银行保持"量""价"平衡，风险管控方面，将普惠型小微企业贷款不良率容忍度放宽至不高于各项贷款不良率3个百分点。2014年原中国银监会针对小微企业贷款难的问题，专门发布了《关于完善和创新小微企业贷款服务提高小微企业金融服务水平的通知》，提出要科学设置小微企业续贷业务的风险分类；对满足一定条件的小微企业，经银行业金融机构审核合格后可以办理无还本续贷。2016年又颁布了《关于2016年推进普惠金融发展工作的指导意见》，对2016年银行业金融机构和各级监管部门推进普惠金融发展工作提出了指导意见。为进一步完善商业银行小微企业授信业务管理机制，推动小微企业金融服务持续健康发展，2016年还印发了《关于进一步加强商业银行小微企业授信尽职免责工作的通知》。而后，相继印发了《关于印发提高小微企业信贷服务效率 合理压缩获得信贷时间实施方案的通知》《关于推进大型商业银行普惠金融事业部设立工作的通知》等。2017年，人民银行、工业和信息化部会同财政部、商务部、国资委、原银监会、外汇局联合印发了《小微企业应收账款融资专项行动工作方案(2017—2019年)》，立足实体经济，聚焦小微企业，全面实施小微企业应收账款融资专项行动，该行动到2019年底完成。2019年国务院办公厅颁布《关于有效发挥政府性融资担保基金作用切实支持小微企业和"三农"发展的指导意见》,提出了切实降低小微企业和"三农"综合融资成本,构建政府性融资担保机构和银行业金融机构共同参与、合理分险的银担合作机制等一系列切实举措。

(四)科技创新

近些年,科技创新的重要性愈发凸显,国家和上海市相关部门陆续出台了14项关于民营或中小企业科技创新的政策,以推动民营经济提质增效、创新发展。

直接提及"民营企业"的政策有2项。上海市发布的《关于进一步深化科技体制机制改革增强科技创新中心策源能力的意见》中指出,"市级部门年度采购项目预算总额中,专门面向中小微企业的比例不低于30%,其中预留给小微企业的比例不低于60%";"大力培育发展民营科技企业,鼓励支持民营科技企业承担政府科研项目和创新平台建设,加大对民营科技企业技术创新人才培养的支持力度"。国家知识产权局于2018年发布的《关于知识产权服务民营企业创新发展若干措施的通知》指出:各知识产权保护中心要在服务企业名录中,进一步扩大民营企业占比;产业知识产权运营基金2018年新增投资超过2亿元,将民营企业投资比例纳入基金绩效评价指标,投向民营企业占比应超过80%;实施中小企业知识产权战略推进工程;压减专利代理机构审批时间至10天;面向民营企业组织专利收费减缓及相关申请政策宣讲会。

《关于全面建设杨浦国家大众创业万众创新示范基地的实施意见》《上海市科技创新"十三五"规划》《关于加快建设具有全球影响力的科技创新中心的意见》和《关于促进金融服务创新支持上海科技创新中心建设的实施意见》中,都对科技型中小企业的发展提出了支持举措。上海市"科技创新行动计划"为年度项目,每年都会发布,因此政策汇集中仅列出了最新的2019年度项目指南。

2015年出台的《关于进一步推动科技型中小企业创新发展的若干意见》从支持创办科技型中小企业、设立研发机构、协同创新、集群发展、财政和金融支持等方面予以说明。2015年国办发布的《关于发展众创空间推进大众创新创业的指导意见》中也指出要运用各种手段对初创阶段的小微企业提供帮助。《深化科技体制改革实施方案》和《科技型中小企业评价办法》对科技型中小企业评价办法和信息服务平台进行了说明。财政部2018年发布《关于支持打造特色载体推动中小企业创新创业升级工作的通知》,提出中央财政计划支持200个实体经济开发区打造创新创业特色载体,通过中小企业发展专项资金,采取奖补结合的方式予以支持。2019年8月,科技部印发《关于新时期支持科技型中小企业加快创新发展的若干政策措施》的通知,明确了民营企业特别是各类中小企业走创新驱动发展道路,强化对科技型中小企业的政策引导与精准支持。2019年4月,工业和信息化部办公厅、财政部办公厅《关于发布支持打造大中小企业融通型和专业资本集聚型创新创业特色载体工作指南的通知》中明确指出,着力支持引导创新创业特色载体向专业化精细化方向升级、支持打造"龙头企业＋孵化"的大中小企业融通型载体、支持打造"投资＋孵化"的专业资本集聚型载体三大重点任务,进一步明确了打造大中小企业融通型和专业资本集聚型创新创业特色载体的目标和路径。

(五) 人才教育

市场监督管理总局、人力资源和社会保障部于2018年发布的《关于规范营利性民办技工院校和营利性民办职业技能培训机构名称登记管理有关工作的通知》,对民办技工院校、民办培训机构的登记方式、机构名称、审批流程等进行了规范。工业和信息化部办公厅、教育部《关于开展2019年中小企业与高校毕业生创业就业对接服务工作的通知》是延续2017年和2018年的工作,继续对中小企业招聘高校毕业生提供中间服务。

(六) 生态绿色

《上海市产业园区小微企业危险废物集中收集平台管理办法》对当前小微企业面临的危废物处理问题进行了规定。生态环境部、全国工商联于2019年发布《关于支持服务民营企业绿色发展的意见》,意见指出:要支持企业提升环保水平,营造企业环境守法氛围,鼓励企业积极采用第三方治理模式;健全市场准入机制,完善环境法规标准,规范环境执法行为;加快"放管服"改革,增加环境基础设施供给,强化科技支撑服务,大力发展环保产业;实施财税优惠政策,创新绿色金融政策,落实绿色价格政策,完善市场化机制;建立协调机制,加强交流合作,创新服务平台。

(七) 总部经济

2019年5月,市商务委会同市发改委、市经信委以及市工商联正式印发《上海市鼓励设立民营企业总部的若干意见》,经过审定,奥盛集团有限公司等44家单位符合直接认定有关条件,被认定为首批民营企业总部。44家民营企业中,从注册地看,浦东最多,共计13家,占比29.55%;嘉定第二,共计6家,占比13.64%;青浦位居第三,共计5家,占比11.36%。从涉及的行业看,"平台经济"类企业最多,共计15家,占比34.09%;物流业第二,共计11家,占比25.00%;贸易类位居第三,共计7家,占比15.91%。对经认定的民营企业总部,各区可以依据有关规定,给予开办、租房等资助,对区域经济发展有突出贡献的,可以给予奖励。与此同时,上海将加大对民营企业总部的金融支持力度,充分发挥户籍政策的激励和导向作用,通过居住证积分、居转户和直接落户等梯度化人才引进政策体系,大力支持民营企业总部引进所需的高级管理人员、专业技术人才、有特殊贡献者等各类优秀人才。

(八) 特定产业、项目政策

近些年共有4项对民营企业特定产业、项目的政策出台。2015年国务院办公厅转发原银监会《关于促进民营银行发展指导意见的通知》,规定了投资入股银行业金融机构的民营企业以及民间资本发起设立民营银行的要求条件。2017年工业和信息化部、中国国际贸易促进委员会颁布《关于开展支持中小企业参与"一带一路"建设专项行动的通知》,支持中小企业参加国内外展览展销活动,共同搭建"中小企业'一带一路'合作服务平台",并鼓励中小企业服务机构和企业到沿线国家建立中小企业创业创新基地,鼓励中小企业运用电子商务开拓国际市场。2019年住房和城乡建设部办公厅发布《关于支持民营建筑企业发展的通知》,指出民营建筑企业在注册地以外的地区承揽业务时、参与房屋建筑和市政基础设施工程招投标活动时、收取保证金时和开展建筑企业诚信评价时,不得对民营建筑企业设置壁垒。2019年中办颁布《关于促进小农户和现代农业发展有机衔接的意见》,为扶持小农户和培育新型农业主体指明方向。

二、上海民营经济相关产业、专业性政策特色和效果

上海民营经济相关政策特色鲜明、亮点频出,对全市民营经济发展尤其是民营企业发展起到了很好的助推作用。在当前经济下行压力加大的情况下,以上措施极大缓解了企业的困难,激发了市场主体的活力。上海民营经济相关政策有诸多的特色和亮点,主要表现在以下五个方面。

(一)政策数量多且发布速度快

上海为支持民营经济发展,陆续出台了多项政策,且很多工作的开展和政策的颁布都是走在全国前列。如2019年春节后上班第一天,市里就召开了进一步优化营商环境工作会议,以加大力度推进全市各领域的营商环境改革;民营经济座谈会召开两天后,上海市委市政府就发布了《关于全面提升民营经济活力 大力促进民营经济健康发展的若干意见》;为解决中小企业融资难融资贵问题,上海市于2016年设立中小微企业政策性融资担保基金,首期规模50亿元,数额居全国之首;上海市在全国率先成立小额票据贴现中心,实现承兑行、贴现下限、贴现时间三个突破,年贴现额达到60亿元。截至2018年10月,"上海市企业服务云"累计发布政策1 336项,已有379家服务机构开店服务,收到各类企业服务申请27 243个,网站累计访问量达275.15万人次,活跃用户3.8万人。

(二)不断完善政策服务体系

上海在支持民营经济发展的政策上注重政策服务体系的完善、政商关系的优化以及出台相应的具体配套措施,以保证政策具体可操作。2019年,围绕集成电路、人工智能、生物医药等产业,市、区各级领导调研走访企业5 000多家;5位民营企业家荣获"第五届全国非公有制经济人士优秀中国特色社会主义事业建设者";有效保护民企合法权益,清偿民营中小企业账款13.7亿元,清偿率79.66%,居全国第二;推出全国首份省级跨领域"市场轻微违法违规经营行为免罚清单",未予处罚案件270个。

在配套措施方面,以 2018 年颁布的"民营经济 27 条"为例,截至 2019 年 11 月,上海已将其分解成 70 项措施,出台 17 项配套政策、9 个实施方案,11 个区制定相关的政策意见。这些举措,推动了企业经营成本下降、创新发展活力增强、金融供给优化,政策可操作、可执行,民企普遍反映"获得感满满"。

(三)减税降费力度大

近些年,上海市通过加大税费减免力度、降低用地成本、降低要素成本、降低制度性交易成本四项措施有效降低了民营企业经营成本。《上海市 2018 年预算执行情况和 2019 年预算草案》提出,2019 年上海的"加力"主要体现在实施更大规模"减税降费"和积极争取扩大政府债券发行规模上。时任上海市委副书记、市长应勇在做政府工作报告时也强调,实施更大规模减税、更明显降费,进一步降低社保费率,稳定社保缴费方式,在减轻企业负担上取得新进展。

2018 年以来,上海推出的一系列减税降费政策措施涉及增值税、企业所得税、个人所得税等多个主体税种。2019 年上半年,上海市新增减税 931.3 亿元,其中小微企业普惠性政策新增减税 59.2 亿元。加大地方性减税力度,减征车船税、城镇土地使用税和房产税 20.8 亿元,将房地产原值减除比例由 20% 提高到 30%,将城镇土地使用税标准调降 50%。落实科技企业孵化器、大学科技园、众创空间税收政策,减免房产税 655.9 万元、城镇土地使用税 65.3 万元,免征增值税销售额 1 亿元。

(四)基金引导效果佳

2019 年,国家中小企业发展基金已经有 4 只子基金,认缴的总规模 195 亿元。基金总共完成的投资项目 222 个,投资金额超过 60 亿元,已投项目中主要以种子期、初创期成长型中小企业为主,已投项目涵盖了高端装备制造、新能源、新材料和生物医药、节能环保、信息技术等战略性新兴行业。

在国家基金的示范带动下,上海也设立了支持民营经济和中小企业发展的基金。上海市国资委牵头的"上市公司纾困基金"已签约 49 亿元,市财政局的"中小微企业政策性融资担保基金"规模达 85 亿元,市经济信息化委"中小企业千家百亿信用融资计划"已提前实现 100 亿元目标,累计发放贷款 130 多亿元。

(五)服务政策系统化、服务项目品牌化

上海正向服务政策系统化、服务项目品牌化的方向迈进。上海市已编制发布了上海市惠企政策清单(253 条)和涉企公共服务清单(包含 147 项公共服务产品),通过部门协同、市区联动,协调建立了企业诉求响应机制。"上海市企业服务云"完成服务 10 万余次,其中 2018 年累计受理企业诉求 1 300 多项,基本都得到了妥善解决。在企业服务方面,上海依托各类实体服务机构,各项服务正在向品牌化、系列化发展,服务项目主要有:"千家万户"企业服务计划(重点培育数千家"专精特新"企业、服务万家小微和"双创"企业)、千家百亿信用担保融资计划、中小企业质量提升计划、百家中小企业改制上市行动、"1100"志愿服

务工程（100个园区志愿点、1 000个志愿者）、企业领军人才培训专项工程等。

三、上海民营经济相关产业、专业性政策存在的问题

上海民营经济相关产业、专业性政策种类多、覆盖面广，对民营经济的发展起到了很好的推动作用。但深入研究可知，仍存在一些瓶颈制约，为此课题组主要进行了三种方式的调研。首先是组织了一次问卷调查，共有40家各种类型的民营企业参加了此次问卷调查，调查内容包括"政策设计和安排""政策执行和落实"等方面的15个问题。其次是对市发改委、市经信委、市发展中心和部分区县的经委进行了走访调研，了解政策制定和实施过程的难点。最后是深入访谈了联影医疗集团有限公司、上海市金成进修学院、腾讯上海分公司等民营企业代表，了解企业对政策的需求。根据调研情况分析，当前上海市民营经济政策存在的问题主要有以下几个方面。

（一）政策内容方面

1. 部分政策已过期或过时，不能满足当下需求

一方面，上海民营企业政策汇集中有些已经过期，但相关部门尚未清理，会给企业在查询政策和使用政策时带来误导。如市财政局印发的《关于印发〈上海市中小企业融资担保专项资金管理暂行办法〉的通知》，有效期至2015年，2015年经评估市财政局发文继续实施，其有效期延长至2017年6月18日。但2017年6月后却没有发文废止，调研中有区一级的相关委办反映，2018年和2019年都有民营企业来咨询该项政策。

另一方面，有些颁布较早的政策，已不符合当下时代发展特征和企业发展需要，不能解决当下企业碰到的实际问题。如对于上海中介服务业的发展管理和规范，2010年2月上海市人民政府印发了《关于进一步促进上海中介服务业发展若干意见的通知》，经过近十年的时间，尤其是深化"放管服"改革后，社会中介机构承担了越来越多的由职能部门让渡的社会管理和公共服务事项，但由此又衍生出一些新问题，有的中介机构收费过高，有的领域由少数中介机构垄断提供服务，存在职能部门指定提供服务之嫌，而相应的政策却没有及时地更新和完善。

2. 政策不符合实际情况，缺乏延续性

一方面，一些政策的规定没有考虑到该行业中民营中小企业的实际情况，导致具体执行过程中出现合法不合理的问题。如按照《关于培育新时期建筑产业工人队伍的指导意见》的相关规定，建筑劳务公司必须先建立一支固定的团队，然后通过学习获取资质，才能去承揽相应的劳务业务。但是，由于业务的不连续，有时几年都没有一单生意，几乎所有的民营劳务公司都不可能养一支固定的队伍，都是接到工程后再组织人力。这种行业属性，导致不少劳务公司为了获得资质，临时

拼凑团队,然后再解散团队,并由此滋生了一个中介行业。同时,按照规定,这类公司承接建筑劳务的每一项业务,都要有相应的施工资质,而取得资质需要有技能培训的相关书面记录和认证材料以及至少3个月的社保缴费证明,但中小民营企业通常都是直接去劳务市场找农民工干活,干完就结账走人,况且这些游走于不同工地的农民工大多是熟手,并不需要额外的培训,因此公司不得不花钱请一些并不需要培训的农民工来参加培训并为这支临时凑起来的队伍缴纳社保以取得资质。因此,加强事后监督,随时抽查施工人员个人是否持有资质,比要求劳务公司在创立之初就设立固定团队并获取资质,更有现实意义。

另一方面,部分政策缺乏稳定性和延续性。比如调研中有企业反映,很多年度项目在六七月份的时候,很多政策的操作细则仍没有出来;再如国家知识产权局2018年12月发布《关于知识产权服务民营企业创新发展若干措施的通知》,目的是贯彻习近平总书记关于民营经济发展的重要指示和党中央、国务院决策部署,发挥知识产权在创新驱动发展中的基本保障作用,大力支持民营经济提质增效、创新发展,因此其有效期必然不仅限于2018年内。其中相关政策有:"2018年底前,各省(区、市)和副省级城市至少举办1场知识产权质押融资对接活动。各知识产权运营服务体系建设重点城市2018年知识产权质押融资额增幅应超过20%,其中中小民营企业项目数占比超过50%。""2018年底前,各省(区、市)面向民营企业培训100人次以上,各知识产权强省试点省、示范城市面向民营企业培训200人次以上。"通知于2018年12月7日发布,距离2018年底仅有三周时间,通知中提出限于2018年底前完成的要求对于执行层面来说明显时间上过于仓促。同时,政策仅规定了2018年的要求,而对2019年及以后年份的工作未作出明确指导,导致该政策缺乏延续性,从而最终影响实施效果。

3. 政策力度不足

上海市在某些政策的力度上可进一步加强。如2018年12月,深圳市政府印发《关于以更大力度支持民营经济发展的若干措施》,提出了4个1 000亿,深圳2017年的财政收入达到8 624亿元,4个1 000亿加起来,规模上接近2017年深圳财政收入的一半。当然这些资金并非财政资金,大部分来自市场资金,而且截至2019年10月30日,减负降成本1 000亿元、新增银行信贷规模1 000亿元、设立1 000亿元平稳发展基金均可按计划完成年度工作任务或超预期完成工作任务,新增发债1 000亿元工作正在全力推进中。而上海民营经济27条的"3个100亿"与之相比政策力度不足。具体来看,如深圳提出"实现新增银行信贷规模1 000亿元以上",而上海民营经济27条中提出"实施'中小企业千家百亿信用融资计划',为优质中小民营企业提供信用贷款和担保贷款100亿元"。

再比如在调研中,很多企业反映在对扰

乱市场秩序的违法行为处理中,当前政策力度不够强,如对于"制售假冒伪劣、价格欺诈、虚假广告、侵犯知识产权等扰乱市场秩序的行为""安全生产、食品药品等领域损害人民群众身体健康和生命财产安全的行为""公用企业限制竞争、商业贿赂等行为",相关部门仍要加大执法处罚力度。

4. 产权保护政策不足

一方面,上海产权保护政策体系不完善。在民营企业投资兼并国有企业、民营企业科技成果资本转化、知识产权争端等方面,出现了许多非法剥夺、占有、挪用、侵吞民营企业投资产权的案例。调研中发现,民营企业更希望知识产权政策可以通过税收、金融、政府采购等方式获得更多的间接支持。而上海市知识产权政策信息平台公布的28项市级知识产权科技激励中,直接资金扶持的政策有24项,约占86%,税收等间接支持的政策仅有5项。

另一方面,产权案追责难度仍很大,尤其是知识产权案,欠缺政府扶助。调研中发现,民营企业一些高科技产品一经发布,很容易被仿制、抄袭,甚至冒牌,群体侵权、恶意侵权等行为时有发生,但考虑维权成本太高,民营企业很难追求侵权责任。企业均表示此时特别需要政府给予专业知识的辅导和维权成本的补贴。

(二) 政策操作方面

1. 政策不够具体,可操作性有待加强

一方面,上海某些政策不够具体、细化。比如,同样是降低企业要素成本,上海民营经济27条中指出要"进一步降低企业社保缴费比例",而具体怎么降低,降低至多少并没有说明,致使政策无法具体操作。而深圳市则明确提出,"基本医疗保险一档的用人单位缴费费率下调1个百分点,有效期至2019年底。失业保险费率由1.5%下调至1%,其中用人单位缴费费率为0.7%。按省统一部署,降低工伤保险缴费费率。亏损满1年的民营企业,经职工代表大会或工会同意,可以申请降低住房公积金缴存比例最低至1%或缓交住房公积金。将小微企业工会费的返还比例由60%提高到70%",十分明晰、具体可操作。

另一方面,有的政策信息不对称,从而导致无法落地、企业的获得感不强。比如,2009年3月上海市人力资源和社会保障局、上海市财政局颁布《关于2009年帮助困难企业减轻负担稳定就业岗位有关事项的通知》,其中指出对"困难企业"可根据当前经济形势和生产特点申请特殊工时制度等灵活用工政策,本意是考虑在金融危机背景下,广大中小企业受外向型订单影响,生产与销售受季节性影响明显,没有订单时工人很闲,有订单时加班较多,员工辛苦,为平衡这种情况,特殊工时制保证了员工在闲时有较高的收入,而在忙时又保证了企业不会频频被迫提高加班费,从而减少因工作时间和劳动报酬不明确而产生的劳资纠纷,这对企业和员工是双赢之举。但在民营企业实际操作中,或因种种原因无法有效贯彻实施,或因缺乏政策连续性而暂

停执行。

再如现行对创新过程中的税收激励措施,主要是研发费企业所得税前加计扣除政策。根据《中华人民共和国企业所得税法》及其实施条例、《财政部 国家税务总局 科技部关于完善研究开发费用税前加计扣除政策的通知》和《国家税务总局关于企业研究开发费用税前加计扣除政策有关问题的公告》的规定,企业发生的研究开发费用,在按照规定据实扣除的基础上,按照研究开发费用的50%加计扣除,当年未能扣除的部分,可以在以后5年期限内扣除。这种规定事实上缺乏发挥实际作用的现实基础。技术创新企业在投资创新项目时往往在相当长的期限内投入较大而无盈利,5年的时间技术开发费用可能仍然无法扣除,事实上很多企业无法享受到该项税收优惠政策。

2. 政策申请的手续烦琐、复杂

近些年,上海市在优化营商环境方面不断努力,成效显著,但调研中仍有不少企业反映,民营企业仍面临"办事难""办事慢"的问题。调查结果显示,企业在申请政策时,不知晓政策、政策看不懂、申请手续烦琐等问题最为突出,而"申请手续烦琐"选项的被选择率达到100%。比如,针对"一网通办"的运作效果,有企业表示,对于出现的问题和需要取回修改的信息,仍需一个部门一个部门跑;有的在网上提交了相关申请,还要拿着纸质件到相关窗口再办理一次申请,以前只需走线下,现在线下线上两头跑,相当于增加了程序(如办理落户)。浙江省现已实现企业开办全流程涉及的企业设立登记、公章刻制、银行开户、发票申领等四个联办事项在一个工作日(8个工作小时)内办结,部分地区还实现了"零成本"开办,上海仍有进步的空间。

3. 部分领域仍存在准入门槛

上海民营企业大多集中在传统行业,新行业进入较少,原有行业民营企业竞争激烈,制约了民营企业的进一步发展。如第三产业中,上海民营企业集中在批发零售业和房地产业。在某些垄断行业,如公用事业,烟草制品业,教育业,卫生和社会工作业,金融业,水利、环境和公共设施管理业等,规模以上的民营企业数量偏少甚至处于空白。

当前,很多领域民营经济仍存在隐形准入门槛。首先,政策制定中仍存在区别所有制的差别化待遇。有企业反映,2017年11月上海市人民政府办公厅颁布的《上海市加快推进具有全球影响力科技创新中心建设的规划土地政策实施办法》的适用主体为承担市级、区级各类园区建设、运营管理的平台型公司。在具体操作中,有的区在园区平台认定标准和管理办法中规定"承担产业园区整体开发建设任务的国资开发公司或国资控股公司优先支持"。此外,调研中民营企业普遍反映,大多数银行在贷款方面对国有企业和民营企业区别对待,对民营企业惜贷、慎贷、惧贷,贷款利率一般都在国家基准利率的基础上上浮30%。

其次,行业准入中对民间资本仍存有一

定限制。有企业反映,在能源领域,民营资本难以进入原油的进口和炼制环节,在下游的销售业务也受到一定限制。2015年银监会发布的《关于促进民营银行发展指导意见的通知》仍然要求民营银行须具备3年持续盈利及净资产比重30%以上等准入条件,严苛的准入条件阻碍了民营中小企业金融机构的发展。

再次,民营制造企业在项目招投标中处于弱势地位。有企业反映,在大型项目招投标中,企业规模、资质、经验等是重要考量因素,加之招标单位担心出现问题追究责任时说不清,也倾向于选择国有企业或外资企业,大量的项目资源集中在央企和国企手中,又导致转包、挂靠、借用资质等不合规现象。还有企业反映,民营企业在与外资企业竞争中也处于不利地位,如在医疗器械项目采购中,民营企业产品进入大医院时,要求价格至少比进口产品低30%以上。

最后,民营制造企业在兼并收购中仍面临一些门槛障碍。有企业反映,在民营医药公司收购国有药企时,存在由于民营所有制身份而导致收购受阻的情况。

(三) 政策管理方面

1. 政出多门,缺乏统筹

调研中发现,上海市不缺乏促进中小企业发展的管理部门,包括:委办局设置的中小企业管理部门,如经信委下属的上海市中小企业发展服务中心、上海市促进小企业发展办公室;上海市科委下属的上海市科技创业中心;各区设置的中小企业管理部门,如浦东新区中小企业推进服务中心、徐汇区中小企业服务中心等。但是由于上海市没有专门的中小企业局统筹,科委、经信委、财税和工商等部门都可以出台中小企业相关政策,因此各部门出台的关于中小企业政策大多数是出于自己的需要而制定的,彼此之间缺乏了解,各部门资源使用情况缺乏统筹规划,相互之间不通气,政策不免分散、重叠、冲突。以中小企业各种扶持资金为例,很多企业反映经信委、科委等诸多部门都有相关扶持基金,政策申请方式和申报材料也都各有要求,企业还要派专人研究政策进行申请,因此面对此类几万元的扶持资金,企业陷入"食之无味、弃之可惜"的两难境地。

2. 政策效用发挥陷入"两难"怪相

上海企业仍然存在着外资和国企主导明显、缺乏核心技术、企业相对缺乏活力的困境。民营企业是创新最为活跃的产业发展主体,然而在市场竞争中也仍感到压力大、负担偏重、管制偏多,制约了中小企业的发展。企业与政府双向的调研结果发现:一方面,上海对企业扶持政策名目多、支持力度大、优惠措施广泛。这使很多企业享受政策优惠的途径较多,造成企业生产积极性降低,出现诸如拆成多家企业以享受政策优惠的怪相。企业发展内驱力低下,市场竞争力薄弱,企业难以发展壮大。另一方面,企业感到政府层面施加的管制及约束过多,规范流程较为复杂,从而让企业自主发展空间受限,缺乏在市场环境下试错容错、演变壮大的动态生态机制。

四、兄弟省、区、市的经验借鉴

"他山之石可以攻玉",当前上海正处在民营经济政策集成优化的关键时期,北京、深圳、浙江等地在推进民营经济发展方面均有自己的特色和亮点,可供上海借鉴参考。

(一)北京市

1. 缩减审批事项,优化民营企业营商环境

"民营经济座谈会"召开后,北京将现有的2 298项市级审批和政务服务事项精简50%以上,最终只保留1 130项。16区区级独有事项精简比例均在半数以上。以企业办理建设工程联合验收为例,以前要分别跑住建、消防等7个部门,精简后只需到住建委一个部门即可办理。

2. 为民营企业量身定做"政策服务包"

民营企业中中小企业比例较高,且每个企业遇到的问题和碰到的困难均有不同,有些政策可能无法覆盖所有情况,为此北京不断创新管理方式,为民营企业提供量身定制"服务包"。即根据企业定位提供普惠式政策集成,根据企业遇到的困难量身定制解决方案,根据企业所属行业提供"管家式"政务服务,用具体政策措施及时回应企业需求。根据该制度,北京市发展改革委作为"总管家",统筹协调服务企业重大事项,相关行业主管部门作为"服务管家",建设市区两级综合"服务包"机制,针对企业发展诉求,推动一批"服务包"确定的政策和承诺事项落地兑现。如西城区成立工作专班,组建区经济发展综合服务办公室,下设优化营商环境专项组;东城区坚持开展"百强企业"服务计划,根据需求清单制定服务内容;朝阳区未来将扩大综合"服务包"覆盖范围,新进入的百强企业、重点文化科技创新企业、重点引进项目等均有望纳入"服务包"支持范围⋯⋯

3. 为中小企业续贷,解决融资难

2019年2月13日,北京银保监局印发的《关于进一步做好小微企业续贷业务支持民营企业发展的指导意见》中指出,要引导银行机构在满足内部控制和风险管理要求的前提下开展续贷业务,清理不必要的"通道"和"过桥"环节,缩短融资链条,降低融资成本,逐步提高小微和民营企业贷款规模占比。2019年8月22日,北京海淀区成立了全国首家"小微企业续贷中心"——北京市企业续贷受理中心,续贷业务针对流动资金周转贷款到期后仍有融资需求,又临时存在资金困难的小微企业,经申请、调查、评审后,在原贷款到期前签订新的借款合同,以新发放贷款结清原贷款,为其融资纾困。原先企业贷款需向各银行提交20到50项不等的申请材料,现在统一压缩到14项,且其中5种为必要材料、9种可选择性提供,比如公司章程若无变更就无须再提交。续贷中心首期入驻在京主要15家银行机构,小微企业申贷、续贷不再申请无门,还可"货比三家",入驻银行将在10个工作日内完成授信审批并向企业反馈结果。

(二) 深圳市

1. 4个"1 000亿"力度大

2018年12月,深圳市政府印发了《关于以更大力度支持民营经济发展的若干措施》,此次措施的亮点主要为4个1 000亿,即确保2018年企业减负降成本1 000亿元以上、实现新增银行信贷规模1 000亿元以上、实现民营企业新增发债1 000亿元以上、设立总规模1 000亿元深圳市民营企业平稳发展基金。

一是减负降成本。统计显示,2018年深圳为企业减负1 418亿元,超额完成任务。2019年前9个月,全市共为企业减负约1 291.7亿元,其中,减免税费894.1亿元,降低社会保险成本136亿元,降低用电成本40亿元,政策性产业资金资助135亿元,用地优惠政策减负76.6亿元,其他政策减负10亿元,因此2019年全年减负金额达1 500亿元以上。

二是政府建1 000亿"风险补偿资金池"交给银行,由银行主导,政府考核,以提高银行对不良贷款的风险容忍度,不要因为一点小问题而引发接连的资金链断裂,更不要因为个别现象而引起传染性的接连破产。

三是民营企业发债千亿计划,由深圳市高新投集团有限公司和深圳市中小企业信用融资担保集团有限公司承担(仅此两家公司评级符合条件),采取市财政注资方式为高新投、中小担两家融资担保机构提供100亿元增信资金支持,增信资金到位后争取两年内完成1 000亿元新增发债目标。调研中了解到目前已落实40亿元增信资金,剩余60亿元发债增信资金确保在2019年年初安排到位。债券之前一直是深圳的弱项,此次如此大规模地发债,以作为民营企业的支持工具,有助于进一步解决短板问题,且十分有利于市场信心的增强。

四是设立总规模1 000亿元深圳市民营企业平稳发展基金。2019年深圳市政府专门印发了《深圳市民营企业平稳发展基金设立与流动性风险处置工作方案》,提出分2期设立总规模1 000亿元的深圳市民营企业平稳发展基金,在全国率先探索解决优质民营企业流动性风险的实施路径。截至2019年9月底,平稳基金已累计为54家上市公司提供股权、债权流动性资金支持151.56亿元。二期基金将由市安居集团出资250亿元(其中50亿元为借款),与市属国有企业合资设立公司制平稳母基金。各区参照市级层面建立辖区平稳发展工作机制,设立总规模不少于200亿元的区级平稳基金(或资金),形成市区联动的工作机制。

2. "出政策+推平台+搞创新",缓解民营企业融资难

实体经济是深圳市产业发展的四梁八柱,为支持民营实体经济发展,深圳市打出"出政策+推平台+搞创新"的系列"组合拳",引导金融回归服务实体经济本源。

首先是"出政策"。在缓解民营及中小微企业融资难方面,深圳可谓政策不断。早在2018年9月,深圳市政府便发布实施《关于强

化中小微企业金融服务的若干措施》,提出设立 30 亿元规模的政策性融资担保基金、首期 20 亿元的风险补偿资金池,建立战略性新兴产业中小企业政银担合作贴息、贴担保费、信贷风险分担机制,试点政策性小额贷款保证保险,落实无还本续贷奖励、过桥贴息和企业发债融资支持机制等 8 条措施"输血"中小微企业。同年 9 月,人民银行深圳市中心支行又会同市地方金融监管局等 4 个单位联合发布《关于进一步改进小微企业金融服务的意见》,从货币政策、财税激励、监管考核、信用建设、支持创新、拓宽渠道和优化环境等 7 个方面,提出 19 条意见措施,共同向解决民营及中小微企业融资难问题发力。12 月,深圳市政府印发《关于以更大力度支持民营经济发展的若干措施》,实施"4 个 1 000 亿"计划。

其次是"搭平台"。针对中小微企业融资轻资产、缺抵押,企业风险甄别难,政府配套资源相对分散等"痛点"问题,深圳市搭建了深圳市创业创新金融服务平台,为企业提供一站式的综合金融服务。截至 2019 年 9 月底,平台注册金融机构 135 家,合作金融产品 179 项,注册企业 2.05 万家,累计解决融资金额 118.6 亿元。

最后是"搞创新"。为了提高小微企业金融服务精准度,深圳市更是敢于"搞创新",率先试点"小额贷款保证保险"。市财政每年最高安排 3 000 万元,按照实际发放贷款额和实际承保额,奖励银行和保险公司。截至 2019 年 9 月底,全市有 22 家银行、12 家保险公司参与试点,实际放款金额 25.63 亿元。深圳市政府早在 2005 年创设金融创新奖,奖励在金融创新项目的研究、开发、应用、推广等方面做出突出贡献的金融机构。2017 年,市政府分设金融科技专项奖,重点奖励深港两地在区块链、数字货币、金融大数据运用等领域的优秀项目。金融创新奖已连续举办 14 届,获奖项目 480 余个,奖励金额合计约 1.9 亿元。

(三) 浙江省

1. 减税降费浙江省走在了前面

2019 年 1 月 24 日,《财政部 税务总局关于实施小微企业普惠性税收减免政策的通知》发布,之后浙江省成为全国第一个确定地方税费减征幅度并发布政策的省份。通知对资源税、城市维护建设税、房产税、城镇土地使用税、印花税、耕地占用税及教育费附加、地方教育附加这"六税两费"从以前的极小范围扩大到了现在直接按应纳税额 50% 的最高幅度予以减征。2019 年浙江省为小微企业减征税费 195 亿元以上,可享受优惠的企业数量占纳税企业总数的 95% 以上,其中 98% 是民营企业。随后,山西、辽宁、黑龙江、宁夏、福建、甘肃、新疆、重庆等多地陆续表示,都将按照最大幅度 50% 顶格减征增值税小规模纳税人的"六税两费"。

2. 为民营上市公司缓解债务压力

2018 年底,浙江出台支持民营经济发展的 31 条意见,提出实施小微企业信贷"增氧"计划等具体措施。同时,浙江省国有资本运营有限公司与农银金融资产投资有限公司、中国农业银行浙江省分行共同设立"浙江省新兴动力基金",该基金目标规模100亿元,首期规模20亿元,将以市场化、法治化方式运作,主要投向浙江省内上市公司特别是民营上市公司,以缓解其债务压力,化解股权质押风险,对浙江金融市场起到了"稳定器""甘霖雨"作用。

3. 持续优化营商环境

为进一步优化民营经济发展环境,提出2019年实现一般企业投资项目开工前审批"最多跑一次""最多100天"、2020年企业开办时间压缩到2个工作日等;再如为减少企业开办中的登记成本,浙江省印发《企业开办全流程"一件事"一日办结行动方案》,至2019年6月底,全省新开企业将在1个工作日内办结企业设立登记、公章刻制、银行开户、发票申领等联办事项,企业开办费用预计将下降20%以上,有条件的地区将实现"零成本"开办。

五、对策建议

上海一直高度重视民营经济发展,各部门先后出台多方面措施,多层次支持民营企业转型升级。未来,应进一步进行政策系统集成,推进政策落地见效,优化政策实施环境,切实为民企解决后顾之忧,为民企转型升级赋能。

(一) 不断进行政策内容的修正和集成

1. 废除清理过时的政策

对于现存的已经过期的政策文件进行清理,如清理已过期的市财政局印发的《上海市中小企业融资担保专项资金管理暂行办法》,更新完善内容后重新印发。

同时,对于已不符合当下时代发展特征和企业发展需要,不能解决当下企业碰到的实际问题的政策予以废除,更新完善后重新印发。如对于《关于进一步促进上海中介服务业发展若干意见的通知》,应增加"对社会管理和公共服务事项类中介服务机构进行进一步规范和监督",对当前市场中部分存在乱定价、垄断经营、与职能部门勾结等行为进行规范。再如《关于培育新时期建筑产业工人队伍的指导意见》中,对于民营中小企业施工资质应进行专门规定(如对于熟练工可免培训)并加强事中事后监管(不定期抽查等)。

2. 补充完善有益的政策

上海当前拥有较为完善的民营企业扶持政策,但有些方面仍应进一步补充完善。如2016年上海市出台的《关于加强知识产权运用和保护支撑科技创新中心建设的实施意见》,成立上海知识产权交易中心、成立知识产权运营基金、深化专利质押保险工作、培育研发与转化功能型平台等一系列举措都收到很好的效果,接下来应就民营企业,尤其是民营中小企业的知识产权保护进行进一步的政策补充,增加"扩大现有的知识产权质押融资试点范围,通过政府牵头的方式鼓励金融机构对有融资需求、具备知识产权质押融资基本条件的科技型民营中小企业提供融资""在融资前端,相关部门应共同建立具有专业性和公信力的知识产权评估体系,对民营中小企业用于质押的知识产权就其应用前景、商业价值进行公允的评估后,为金融机构判断担保物价值提供可靠的参考"等政策支持。

再如应制定中小企业退出援助政策。对于无法适应环境或者希望退出市场的中小企业,制定退出援助政策,帮助它们平稳退出市场。企业自愿退出市场在发达国家是普遍存在的,并且政府专门制定了相应的退出援助政策,帮助企业平稳过渡。仅仅帮助企业进入市场或创业仍然是不够的,还要满足中小企业和创业企业退出市场的政策需求。建议学习日本、德国的做法,完善风险资本的投资和退出机制,培养"小而专"的中小企业,提高产品质量,提升中小企业的竞争力。尤其是在产能过剩的情况下,政策上对过剩产能退出的援助显得尤为重要。例如,对风险投资采取风险预警援助方式,规定专业机构免费为中小企业提供管理咨询服务;设立产业退出援助基金,让过剩产能的中小企业有动力退出,缓解产能过剩问题。

3. 加强部分政策的力度

上海市在某些政策的力度上可进一步加强。如进一步加大对优质中小民营企业提供信用贷款和担保贷款的支持力度。加大对于"制售假冒伪劣、价格欺诈、虚假广告、侵犯知识产权等扰乱市场秩序的行为""安全生产、食品药品等领域损害人民群众身体健康和生命财产安全的行为""公用企业限制竞争、商业贿赂等行为""金融机构违规附加贷款条件、额外收取费用查处"等侵害民营中小企业行为的处罚力度。要严格落实各种涉企减税降费优惠政策,要进一步挖掘社保、用地、能源、物流等方面的成本下降空间,降低民营企业水电气等制度性交易成本,继续清理各类奇葩证明。最大限度地简化行政审批,切实降低制度性交易成本,最大限度地、实质性地减轻企业负担。加大对上海金融机构为民营企业提供更多客户培训、财务顾问、管理咨询、税务筹划等多样化金融服务的引导和支持力度,加强金融服务创新及金融产品更新力度,不断探索新型业务和金融服务方式、金融产品,立体化为民营企业提供尽可能多的服务。

(二) 完善机制,进一步强化政策落实执行

1. 建立统一的民营经济政策体系,打出政策"组合拳"

当前促进民营企业和中小企业发展的政策措施多且杂,各相关部门都在颁布有关措施和发放有关支持金和奖励,不仅造成了政策的交错、资源的浪费,还给企业申请政策享受服务带来了不便。因此应在全市范围开展"建设民营经济政策体系"专项行动,将民营企业和中小企业政策整合,对目前政策存在遗漏或界限不清的,通过政策创制予以堵漏补缺,对"目标一致、功能相近"的,通过分类归并予以整合,清理规范地方自主实施的制度和项目。将最终形成的"上海市民营企业政策服务手册"发放给所有在沪民营企业,使企业"有政策可依"的同时,实现"政策好依、

政策易依"。

2. 加强政策的可操作性

一方面，上海应尽快出台一些重要文件的实施细则。比如，调研中有民营外贸出口公司，正在考虑于自贸区内设立分支机构，希望更多具体的细则尽快出台，明确出口到底什么能做什么不能做。

另一方面，对于部分中小企业无法实际操作的政策进行修正。如现行的《中华人民共和国企业所得税法》及其实施条例、《财政部 国家税务总局 科技部关于完善研究开发费用税前加计扣除政策的通知》和《国家税务总局关于企业研究开发费用税前加计扣除政策有关问题的公告》中对于企业发生的研究开发费用可在后面5年扣除的规定，对于中小企业该年限可进一步适当延长。

此外，要进一步减少企业在申请政策时的手续和环节，压缩各政策项目的申请材料种类数量，已经实现网上申请的项目取消线下的材料递交。

3. 健全信息服务平台，加强政策的宣传引导

当前上海的"企业服务云"中，可为民营经济提供专门板块，将涉及民营企业的相关政策单列于此，系统抓取关键词自动进行比对，如果有冲突，会给予提示，便于政策优化集成和民营企业查找使用。

同时通过平台联系企业的类别、规模、纳税指标，自动将适合该企业的政策通过平台网、微信公众号和手机短信等三种方式主动推送给企业，解决企业不知晓政策的问题。

将上海市经济和信息化委员会、上海市促进中小企业发展协调办公室、上海市中小企业发展服务中心的各项企业服务志愿者活动进行整合，在"企业服务云"平台上为民营企业提供线上专家志愿者服务。通过召集吸纳一大批各行业包括智库、高管在内的专家志愿者，在线为民营企业答疑解惑，从而可以有效弥补市场服务参差不齐、费用昂贵的不足。

（三）不断优化政策环境

1. 营造公平竞争市场环境，扩大民营企业市场空间

上海要推进产业政策由差异化、选择性向普惠化、功能性转变，打破各类"卷帘门""玻璃门""旋转门"，特别是贯彻落实习近平总书记讲话精神，在市场准入、审批许可、经营运行、招投标、军民融合等方面打造公平竞争环境，为民营企业发展腾出充足市场空间。

首先，打破政策制定中仍存在区别所有制的差别化待遇。如《上海市加快推进具有全球影响力科技创新中心建设的规划土地政策实施办法》在区一级具体操作中存在的"承担产业园区整体开发建设任务的国资开发公司或国资控股公司优先支持"的规定，再如很多银行存在对民营企业惜贷、慎贷、惧贷，贷款利率上浮。

其次，进一步放开民营企业行业准入限制。目前上海民营企业经济实力和技术实力

等大为增强,具备进入资金和技术密集产业的能力,要按照国务院"民间资本投资36条"要求进一步清除对民营经济的准入障碍,鼓励和支持民营经济进入垄断行业和领域、基础设施领域、公用事业领域,鼓励和支持民营企业"走出去"。如可对《关于促进民营银行发展指导意见的通知》中民营银行的限制条件进一步放宽,支持促进民营中小金融机构的发展。

最后,清除民营企业在招投标、兼并收购、施工许可等项目中的障碍。如招标文件中不得出现倾向性的政策条目,招标人不得排斥民营企业参与招投标活动,不得对民营企业与国有企业采取不同的资格审查或者评标标准,严禁向民营企业收取不同于国有企业的其他保证金,在开展企业诚信评价时,不得设置歧视民营企业的信用评价指标,不得对民营企业设置信用壁垒。

2. 进一步提高对民营经济和民营企业家的关注度,加快构建亲清的新型政商关系

首先,要进一步提高对民营经济和民营企业家的关注度。2018年10月31日,由深圳市政府提请深圳市六届人大常委会第三十六次会议第二次全体会议上获表决通过,确定2018年11月1日为深圳"企业家日"。上海可借鉴经验,选择合适的时间设置为上海的"民营企业开放日",在当天各相关部门集中为民营企业答疑解惑,并表彰当年度的优秀民营企业和民营企业家。

其次,要在全市企业服务联席会议的框架下,建立市、区领导联系重点企业的制度,对重点企业、重点产业和重点项目实行定点联系、定向服务,推行"一企一策";明确相关部门、各区和专业机构职责分工,加强跨部门协作,建立企业家参与重大涉企政策的决策机制,进一步营造企业家健康成长的环境。

最后,上海要充分发挥商会、协会等行业组织作用,拓展民营企业与政府沟通的渠道,增强民营企业归属感和获得感。

3. 多渠道为民营企业提供法律服务

2019年2月,深圳市司法局在全国率先推出普惠式、可选择、便捷化的"民营企业法治体检自测系统",系统由诉讼风险分析、法律风险测评、法治体检报告三大模块组成,通过三大系统直击民营企业管理中的潜在风险点,帮助民营企业排查法律风险,完善治理结构,健全管理制度。系统将民营企业面临的主要法律风险以表单形式呈现,并经企业自主勾选即可生成测评报告,操作简单便捷,深受企业好评。上海可借鉴深圳市经验,多渠道为民营企业提供法律服务。

(供稿单位:上海市工商业联合会,主要完成人:徐惠明、张捍、周静、朱海燕)

专题十二

完善市场主体退出机制 进一步优化营商环境工作研究

完善市场主体退出机制是上海在深化"放管服"改革过程中,通过破解企业"注销难"问题,让企业"自由进出"市场,从而推进营商环境不断优化的创新与实践。通过完善市场主体退出机制,实现市场主体从"准入"到"准营",再到"退出"的全过程准入和监管闭环,借助注销企业"一窗通"网上平台,通过市场监管、人保、商务、海关、税务等部门的信息共享和联动协作,走出一条具有上海特色的商事制度改革的新路子,同时也是转变政府职能,推动"放管服"有效结合的生动实践。

2019年6月以来,登记注册处针对如何进一步完善市场主体退出机制,优化上海营商环境开展深入研究,成立专题调研组,针对退出难连续召开6次专题座谈会,与50多个政府行政事业单位主管部门、290余户企业进行座谈交流,对上海市场主体退出环节进行深入调研,摸清卡住企业退出的真正症结,不断探索研究完善市场主体退出机制的有效措施,探讨下一步的努力方向,形成以下调研报告。

一、摸清企业注销过程中的"堵点""痛点"

2015年起,上海率先试点企业简易注销改革,并自2017年3月1日起在全国范围内复制推广。但对于不符合简易注销条件的企业而言,退出市场的渠道仍不够通畅。企业普通注销涉及法律规定多、程序复杂、耗时长,一定程度上影响了市场退出效率。针对市场主体"退出难"问题,根据李强书记在2018年9月19日市委常委会上关于"请市委、市政府领导牵头协调1个复杂重大问题"的指示要求,由许昆林副市长负责牵头解决"企业注销存在审批程序较多、审批环节复杂"等问题。市场监管局作为主要负责部门,经过多轮调研摸底,摸清了企业注销过程中的"堵点""痛点",为从体制机制、实际操作等层面切实解决问题打下了坚实基础。

(一)法律法规体系的不统一

按照退出的市场主体类型,公司制企业依据《公司法》、非公司制企业依据《企业法人登记管理条例》、合伙企业依据《合伙企业法》、农民专业合作社依据《农民专业合作社法》等，各有相关法律法规依据且设定退出的程序与要求均各不相同。市场主体退出涉及的部门，包括市场监管部门、税务部门、人民法院、银行、海关等多个部门，且部门与部门之间依法或有先有后、或互为前提。市场主体在准入和监管环节均有专门的部门和人员负责，而在市场主体退出环节则没有一个独立的专门负责企业退出的"出口"。市场主体退出涉及市场监管部门、税务部门、人民法院、银行、海关等多个部门，部门与部门之间、企业与部门之间，均缺乏有效衔接机制，不利于企业快速、有效地退出市场。各部门的工作职责具体包括：(1)税务部门办理注销手续。企业需先完成税务管理等注销受理前的准备工作，符合税务注销受理条件后办理注销税务登记，分为三种情况：一是对"双定"个体户、临时税务登记、无票无税的纳税人（约占33%）适用简易流程，当场办结；二是对大部分纳税人（约占62%）适用一般流程，15个工作日内办结；三是对重点行业、重点税源及高风险纳税人（约占2%）适用特殊流程，20个工作日内办结；剩余3%的纳税人因不配合清算或涉及税务稽查案件尚在办理或暂停税务注销。(2)市场监管部门办理清算组成员备案；企业自行报纸公告，45天公告期满后办理市场主体注销登记，5个工作日办结。(3)人社部门办理注销社会保险登记手续，当场办结。(4)银行办理账户撤销。备案类账户注销，当场办结；核准类账户注销，须报人民银行核准，人民银行核准需0.5个工作日。(5)涉关企业办理海关注销手续。海关总署未明确办理时限，一般不超过10个工作日。外资企业办理注销还需增加2个环节。(6)商务部门办理注销。负面清单以外的企业（占比约99%），办结时限为3个工作日；负面清单以内的企业，如为营业期限到期前注销的先要向审批机关提出注销申请，8个工作日办结；其次是公告期满后到审批机关办理批准证书缴销手续，当场办结。(7)银行办理外汇注销登记，5个工作日办结。

(二)部门间办理程序的不透明

由于注销流程涉及部门众多，企业通常搞不清楚政府部门间的串并联关系，往往都会选择串联办理，依次向各部门提出申请。如为内资涉关企业，完成全部注销流程一般需要37个工作日加45天公告期。如为负面清单外的涉关外资企业，则一般需要45个工作日加45天公告期。除此之外，部分区域还出于安商、稳商的需要增加了市场回访、意见征询单流转等要求，企业注销流程有时要超过半年（以占比最高的一般纳税人为统计样本，银行备案类账户按照平均3个计算，各账户注销分日办理，核准类账户计2个工作日，不考虑企业准备资料、因自身原因暂时搁置注销流程等外部因素，不同部门事项均分日办理）。以公司为例，公司注销前需要经过成立清算组、报纸公告、清理债权债务、清理公司财产、编制资产负债表和财产清单、制定清算方案、分配公司财产、制作清算报告等程序,涉及市场监管、税务和银行等多个部门,没有任何意外的情况下,仍需耗时2~3个月。办理注销登记手续烦琐、费用高、时间长,客观上超出了许多企业的实际承受能力,有些企业甚至无相关人员办理或无力承担清算费用、公告费用和清算组织的其他开支。此外,对于那些已经长期处于沉睡状态的僵尸企业,还存在破产清算程序复杂的问题。比如,僵尸企业无法正常退出,原本可以通过请求法院解散或破产清算程序办理,但从处理破产案件实践来看,从破产立案到最终执行,通常需要两三年的时间,同时存在债权债务人启动破产难、法院不愿受理等问题,在过程复杂、时间长、效果差、成本高的情况下,僵尸企业很难通过破产程序退出。

(三)企业自主办理意愿薄弱

调研中发现,部分企业由于长期停业、无人员管理、无档案记录、债权债务理不清晰等原因,难以满足法定注销要求,无奈选择了放弃,既不继续经营,也不办理注销,直至成为"僵尸企业",最终导致恶性循环。一是股东不配合或失联。以有限公司为例,根据《公司法》相关规定,股东会会议做出解散公司的决议必须经代表三分之二以上表决权的股东通过,部分公司章程自行约定必须经全体股东同意,若部分股东不配合、股东失联等原因无法形成有效决议进行清算和解散,股东很难通过一般注销程序完成注销登记。二是企业内部管理混乱。根据目前法律法规规定,企业终止经营,需组成清算组对债权、债务进行清算或通过法院强制清算。但是实际上部分企业因内部管理问题,长期处于无人管理的混乱状态,既无法成立专门的清算组织,也没有专人进行清算,难以办理正常的注销登记。三是对吊销概念存有误解。被吊销企业不履行注销程序,未真正退出市场,企业依法被吊销营业执照即被剥夺经营资格,企业不能再从事任何经营活动,但是企业的主体资格仍然存在,并未真正完成退出市场。部分企业认为被吊销营业执照已经是行政处罚,将吊销视为企业注销,企业主体也随之消灭,且企业和投资人不需承担任何法律责任和风险,对被吊销企业置之不理。

二、找准症结,拿出破解问题瓶颈的实策

摸清企业注销过程中的"堵点""痛点"后,市场监管局高度重视,根据国家市场监管总局等五部门《关于推进企业注销便利化工作的通知》和总局办公厅《关于落实注销便利化改革工作的通知》及有关工作要求,紧扣上海打造营商环境新高地的目标,牵头税务、商务、人社、海关、人民银行、外汇管理、法院等部门反复沟通协调,研究推行企业注销"一网通办"服务、改革企业登记注销制度、加强部门信息共享和业务协同、简化企业注销程序和材料、优化各部门注销机制、强化信用管理等改革内容,全力破解市场主体"退出难"问题。

（一）聚焦上海实际，出台上海完善市场主体退出机制

2018年9月，市工商局、市税务局、市商务委、市人力资源和社会保障局进行多次沟通，终于联合推出《上海市工商行政管理局 国家税务总局上海市税务局 上海市商务委员会 上海市人力资源和社会保障局关于进一步改革市场主体退出机制的意见》（沪工商规〔2018〕6号）（以下简称《意见》），这项艰巨的综合性改革，旨在打通部门间注销业务流程，实现企业信息互通共享。一是突破了企业注销中的一些堵点痛点。针对因股东失联、不配合等原因导致的"注销难"问题，《意见》明确经书面及报纸公告通知全体股东，召开股东会形成符合法律及章程规定表决比例的决议并清算后，公司可以持决议与清算报告向登记机关申请注销。公司无法形成有效注销决议的，小股东可以向人民法院提起强制清算申请，凭人民法院终结强制清算的裁定向登记机关申请注销。同时，对营业执照遗失或法定代表人无法代表公司提出注销申请的企业，将原先补领营业执照、变更法定代表人与注销登记两个环节合并为一个环节，提高了办事效率。《意见》出台后，工商部门将积极与人民法院沟通，形成切实可行、公开透明的操作细则。二是继续深化简易注销登记改革。凡领取营业执照后未开展经营活动，申请注销登记前未发生债权债务或者已将债权债务清算完结的有限责任公司、非公司企业法人、个人独资企业、合伙企业申请办理注销登记的，可以选择简易注销登记程序。企业在国家企业信用信息公示系统上免费进行45天的简易注销公告。同时，相比于普通的注销程序，简易注销在流程和材料方面都进行了简化，采用简易注销的企业无需先行办理清算组备案，注销时也无需提交依法作出的决议（决定）、清算组备案证明、清算报告等多份文书材料。三是突出"便利化"。由工商部门牵头建设注销企业网上服务平台。该平台聚焦"一网通办"，在已有的开办企业网上服务基础上，将打通工商、税务、商务、人力资源社会保障、海关、人民银行各有关部门办理企业注销业务流程，实现流程的清晰透明、企业信息互通共享，为企业提供各部门办理结果反馈、全流程进度跟踪等功能的电子政务服务，实现注销过程的畅通便利、规范高效。四是实现了流程再造。针对原先坐等企业上门办理手续、各相关部门串联审批的问题，重新设计流程，实现企业一键触发、政府主动预检。企业提交注销登记申请后，信息同步推送各部门，相关部门主动预检、分步审核、实时反馈。同时，通过短信提醒企业办理节点和注意事项，指引企业将可以并联办理的事项同步并联办理，有效缩短注销全流程的办理时间。预计平台建成运行后，企业注销办理工作日可缩短1/3。五是使企业注销更加透明、规范。针对企业注销涉及部门众多、企业反映对注销法律法规不了解、办理注销手续各环节衔接不畅等情况，对企业注销办理各类材料、环节要求进行全面梳理并告知企业,服务平台将在线上通过"进度条"的形式、在线下通过短信提醒的方式,让企业对办理流程一目了然,把复杂的注销流程变为简单的清单式指引,实现企业注销服务"一口清"。

(二)打破信息孤岛,建立企业注销"一窗通"平台

2019年1月3日,注销企业"一窗通"网上平台(以下简称"注销平台")正式上线运行,率先在全国范围实现企业注销网上"一网通办"。注销平台充分利用"互联网+政务服务"的信息化手段,通过线上一个窗口采集企业注销信息、后台数据分送办理业务的新模式,为企业提供合法、清晰、透明的注销流程,满足企业便捷高效退出市场的实际需求。

一方面,通过流程再造,平台打破了企业注销各环节、各部门"各自为政"局面。企业在线填报注销申请信息,平台同步推送数据,各部门并联预审办理,为业务审批提速增效提供了有力支撑。注销平台通过系统控制,帮助申请人了解各项业务前后办理关系,引导企业按照最优方案办理注销事务。同时,注销平台还提供了银行账户撤销的预约服务功能,企业可以在线实现多个商业银行的预约办理,缩短银行账户注销办理时间。同时,注销平台为申请人集中提供各部门办事指南、结果反馈等电子政务服务,及时告知企业办理流程、要求和进度情况,督促各业务部门按照规定时限和要求完成注销业务程序,进一步实现注销流程的透明化、规范化、法治化。

另一方面,对企业注销申请进行分类处置,进一步提升了办理效率。注销平台通过与相关部门业务系统、国家企业信用信息公示系统对接,实现智能比对筛选。符合简易注销登记条件的企业,可直接进入公示系统办理简易注销,并可在注销平台查看简易注销办理进度和具体办理要求。其他企业则由注销平台将相关注销申请信息同步发送给各相关业务部门进行预审,实行分类处理。对于可通过数据共享即时办结的,由业务系统实时反馈注销平台;对于不适用线上直接办理的,将本部门办理注销所需提交的材料、办理要求、联系方式等信息通过注销平台和短信反馈给企业。通过清单式的告知方式,推动实现窗口办事"一口清"。

(三)优化办理流程

根据2019年3月修订的《公司登记管理条例》以及国家市场监管总局《关于推进企业注销便利化工作的通知》规定,优化普通注销登记流程,取消企业向公司登记机关备案清算组的程序,改为企业通过国家企业信用信息公示系统向社会免费公示清算组信息,将通过报纸公告的程序调整为允许企业通过国家企业信用信息公示系统免费公告。在线上,为进一步提高上海企业的注销便利化,市场监管局完成了公示系统与注销平台改造对接,将清算组备案及债权人公告环节纳入注销平台线上办理,具体做法包括:注销平台改造后,企业可经由注销平台链接登录公示系统,线上完成清算组备案。同时,注销平台还为企业提供了在国家企业信用信息公示系统免费发布注销公告的功能,这也使企业告别此前注销必须在报纸等媒体公告的传统,为每户企业节省成本约500元。在线下,明确企业注销实行形式审查,办理注销登记时不再提交《备案通知书》、报纸样张等5份材料,仅提交《清算报告》等7份必需要件。

三、勇于担当,办成企业期盼的实事

市场主体的退出分主动退出与被动退出。当完成前期的市场主体依法定程序和路线,在法律规定下完成退出行为的改革以后,破解"僵尸"企业、股东纠纷等市场主体的被动退出问题愈发受到关注,也是企业最烦最怨的问题。为此,笔者带领团队,继续深入基层进行专题调研。

2019年6月14日,我局与上海市高级人民法院联合印发《上海市高级人民法院　上海市市场监督管理局关于企业注销若干问题的会商纪要》(沪市监注册〔2019〕193号)(以下简称《纪要》)。从以下四个方面回应了企业和群众最关心的问题。

(1)破解了"僵尸企业"注销难题。《纪要》明确,对于因长期未开展经营活动,账册、文件灭失,企业人员下落不明,无法正常清算的"僵尸企业",在履行相关强制清算或破产清算程序后,仍无法清算或无法全面清算的,公司清算组或破产管理人可以凭人民法院有关终结清算程序的裁定文书,向登记机关申请办理注销。

(2)简化了公司注销登记材料。《纪要》规定,破产企业因主要财产、账册、重要文件等灭失或企业人员下落不明,履行清算程序后,仍无法清算或全面清算,不能取得税务部门清税证明的,清算人或管理人凭有关裁定文书向登记机关申请注销时,登记机关不再收取清税证明。

(3)充分保障债权人合法权益。《纪要》指出,通过强制清算或破产清算程序仍无法清算或全面清算的,由人民法院在相关终结清算程序裁定书中,载明债权人依法主张权利的内容。公司注销后,债权人仍可以依法向清算义务人或债务人的有关人员主张其合法权利。

(4)明确了公司注销责任义务。《纪要》要求,设有分支机构或对外投资子公司的企业,在终结清算程序前,应对其分支机构或对外投资子公司进行相应处理。进一步明确了公司退出市场应尽的责任义务,避免公司注销导致其分支机构或对外投资子公司因母体或股东主体资格灭失,产生新的"注销难"问题。

2019年7月17日,市场监督管理局与市高级人民法院共同召开推进解决企业注销若干问题政策发布会,专门进行政策解读。

四、完善市场主体退出机制的下一步改革方向

完善市场主体退出机制相关改革是上海

行政审批制度改革的新的突破口,企业"退出"问题解决不好,便利化的营商环境将难以彻底实现。上海开展相关改革工作以来,已经在便利企业退出、推动部门协作、释放存量资源等方面取得了一定的成绩,并且一些做法在全国范围实现了推广复制,取得了良好的效果。

下一步,笔者将继续带领团队,做好以下两方面工作:一是与人民法院一起,再啃硬骨头,聚焦因股东纠纷而导致的退出难,明确行政机关和司法机关在促进市场主体启动市场退出机制中的权力归属,依据法定的事由,追求合法的结果;二是进一步提升平台智能化水平,实现企业清算备案的全程网办,精简企业注销登记提交材料,提升平台使用率。

(供稿单位:上海市市场监督管理局,主要完成人:上海市市场监督管理局登记注册处课题组)

专题十三

优化徐汇营商环境提高企业感受度和竞争力的研究

2019年,区政协、区工商联、民建徐汇区委就"优化营商环境"主题联合成立调研课题组。一方面以区政协经科委委员、工商联执委、民建会员为调研对象,向区域内相关企业开展问卷调研,共收到有效答复150多份;另一方面借力大调研活动,通过实地走访,了解区域内企业对当前营商环境改革的感受度,寻找制约企业发展的瓶颈问题,并结合徐汇区优化营商环境改革的新行动、新变化、新体验,进一步建言献策,推动徐汇区营商环境改革向纵深推进。

一、优化营商环境改革的初步成效

徐汇区坚持问题导向、需求导向、效果导向,通过制定和落实《徐汇区着力打造卓越全球城市最优营商环境改革行动方案》,不断破除企业办事创业的痛点难点和体制机制的堵点断点,有力提升了企业对于营商环境转变的感受度。

(一)政务办理更加便捷高效

(1)区市场监督管理局围绕"能放尽放、能简即简、能延则延、能网全网"原则,在全市市场监管系统率先出台了《关于推进企业注册许可便利化、优化区域营商环境的若干措施》,从而使企业证照核发全面提速,网上办事更加便捷,窗口服务得到优化延伸,企业准入门槛合理降低,进一步营造了更加国际化、法治化、便利化的营商环境。

自从加大营商环境改革力度以来,企业普遍感受到了身边环境的巨大变化,不少原本困扰企业的难点、痛点、堵点问题得到了解决。其中感受最明显的是企业事务办理周期缩短了,占23%;其次是感受到通过联合审批可以少跑路了,占18%;再次是感觉部分事项能就近办更方便了,占14%。

(2)区行政服务中心立足"互联网+政务服务"示范区品牌,打造行政审批服务、政府综合监管、城市运行管理、政务数据治理四大平台,实现了网上网下、事后事中、条块联动、内外共享四个一体化,探索和实践了"一号申请""一窗受理"和"一网协同",实现了202项事项全程网办、区级审批事项100%网上预审、全区4.3万多家注册企业信息全部入库等,这些改革契合了企业对于优化营商环境的期盼,为企业提供了极大的便利。

在拓展网上政务服务深度方面,企业感到通过数据多跑路的便捷和高效,最为受益的是审批事项全程网办,占34%;对区级审批事项网上预审和网上平台向移动终端、自助终端的延伸,各占18%。

在行政审批事项改革方面,企业感受到了政府职能的转变和行政效能的提高,其中感受度最高的是企业注册许可便利化,占21%;投资项目审批制度改革、贸易投资便利化、公开市场准入"负面清单"均占18%。

(二) 企业权益更加受到保护

(1) 区法院制定了《徐汇法院关于司法服务保障营商环境建设和企业家创新创业的实施细则》,通过规范审判权力运行,完善司法保障体系。加强产权保护,增强财产安全感。加强商事审判,防范金融风险。加大知识产权保护力度,支持文化产业传承发展等措施,为优化营商环境提供了有力的法律保障,让企业获得了信心。

(2) 区检察院加大对高端制造、智能制造、互联网产业等新兴领域知识产权保护力度,有效地打击和预防知识产权犯罪,全面保护权利人的智力成果,为区域创新发展营造良好法治环境。区检察院还通过社区检察部门,立足社区检察的"社区"属性,主动寻求检察职能与服务区域营商环境的结合点,精准发力,如为企业提供廉政培训教育、组织企业参观廉政基地和监察室、面向社区开展大型法律咨询活动等。

在知识产权保护方面,企业深刻感受到这几年的保障力度得到了加强,企业在科技创新、文化创新方面更敢投入。其中最为受益的是公共信用管理制度作用的发挥,占26%;其次是知识产权保护范围的拓展,占21%;再次是专门建立了知识产权法院,占16%。

(三) 社区服务更加贴近需要

徐汇区通过设立街道营商办公室,以党建为引领,统筹社区各方资源,形成各具特色的营商模式,让企业感到更加贴心。

(1) 徐家汇街道以创新促发展,打造营商服务的"徐家汇范式"。例如,专门设立营商服务中心,为企业提供业务接洽、申请、办结等服务。开通街道营商服务专线、营商微信服务,倾听企业需求、传递相关政策。成立徐家汇街道企业家联合会,搭建企业合作交流的平台。

(2) 漕河泾街道、斜土街道、长桥街道以协作增实效,集中街道、功能区公司的资源共同为辖区内的园区、企业服务。例如,以区域化党建为纽带、商会平台为载体,做大区域企业服务资源。加强与功能区公司密切联系,开展重点企业共访、重要问题共商、优势企业共引,协同发力支持、扶持区域企业的发展。

(3) 湖南街道着力构建高效的营商工作网络。例如,探索楼宇物业的联谊机制,让物业公司成为街道营商的好帮手。将社区工会、党建资源都纳入街道营商办,在营商的同时,做好党建、工建,通过党建、工建进一步激发企业的归属感。

应当说,通过优化营商环境改革,徐汇区已经初步形成区委领导下全系统服务企业的合力,企业对于优化营商环境的感受度有了很大提升。我们也要充分认识到,企业的良好发展,其内因是企业自身的努力,政府的帮助与关心只是锦上添花的外因,并非企业经营成功与否的唯一因素。

二、企业创新发展存在的瓶颈问题

课题组认为,营商环境的优化不仅要对标世界银行指标,提高企业家对政府行政效率和服务意识提高的感受度,更要依据经济形势的变化,研究中国企业开设和运营的思维逻辑及操作方式,以"敢为天下先"的勇气和"取法乎上"的智慧,磨砺出有徐汇特色的政务服务范式,营造出有利于企业家健康成长的环境,打造出规范和引领市场的徐汇特色政务服务道路,真正能够弘扬优秀企业家精神,更好发挥企业家作用。改革的目的不是希望培育出有点风吹雨打就头疼脑热的"企业巨婴",而是要真正形成有利于"马云"和"任正非"们脱颖而出的营商环境。

通过多次深入现场走访和座谈交流,课题组归纳出了企业家们认为影响企业竞争力提升的五个最重要问题。

(一)企业运营成本不断攀升

近年来,以徐汇区为代表的中心城区存在一些导致企业运营困难日趋加大的环境短板。

一方面,高昂的房租、难以找到合适的办公场所等问题,困扰着企业在徐汇区长远的发展。以星环信息科技为例,2013年成立至今,差不多一年搬一次家,大量的精力耗费在寻找合适的办公空间方面,不利于企业在徐汇区稳定发展。

另一方面,企业员工多样的需求难以得到有效满足。以漕河泾开发区职工的住房问题为例,其常住人口2.2万人,园区工作人员高达20万人,人口潮汐现象严重,白天人声鼎沸,晚上则是一座空城,职住分离使原本可以集中精力创新创业的人群不得不花费大量的时间和精力在上下班的奔波上。子女教育、医疗等问题同样也困扰着企业员工,使企业不得不付出更高的成本来吸引人才。

(二)新型政企关系有待构建

十八大以来,中央出台的一系列政策,进一步强化了对企业家权益和企业家精神的保护。十九大报告中指出要构建"亲""清"新型政商关系。然而我们仍可以看到资本"脱实向虚",企业家坚守实业信心不足的问题,主要在于能够充分信赖的新型政商关系未能完全建成。

一方面,多年以来确实有一些地方在对某些企业的处理上,存有一些问题或者不公正待遇,随着法治化营商环境建设的深入,法治环境日趋公平透明,但仍然存在着不足。这需要更进一步重视法治公平,使处置同类问题的方法和标准在较长时间内保持稳定，以期形成稳定的法治环境，塑造能让企业家安心经营的公正公平营商环境。

另一方面，自从上海街道体制改革以来，街道取消了招商引资职能，固然完善了街道职能，可以推动街道工作重心切实转移到公共服务、公共管理和公共安全等社会治理工作上来，但原来服务企业的功能也一并削弱了，政企之间更加显得"清"而不"亲"，企业遇到问题也不知道去和谁反映、沟通。在调研中，恰尔斯、锦和投资等企业的负责人谈到，街道体制改革之后和政府部门的沟通没有过去便捷了，以往企业碰到困难可以找街道帮助协调，区级层面的部门很难有精力像过去街道招商部门一样服务好企业。特别是一些新招商落户的企业，本身对区域的情况不熟悉，更加找不到解决问题的门路。在外区对新兴企业的吸引力逐渐增强的形势下，要让企业把根留住，如何在街道不招商的前提下把服务区域企业的积极性和责任心调动发挥起来就至关重要。

（三）企业创新发展激励不足

中美贸易摩擦引发的"中兴事件"给我们敲响了警钟，在芯片相关行业为代表的一批高科技领域，尤其是在对稳定性和可靠性要求很高的通信、工业、医疗以及军事国防、航空航天的大批量应用中，我们的企业距离国际水平差距较大，一些技术含量很高的关键器件，还完全依赖进口，关键领域核心技术不掌握，对国家来说有着严重的安全隐患，对企业来说命门始终受制于人。

徐汇区内共有研发中心总部26家，国家和市级工程技术中心27家，国家级和市级企业技术中心32家，上海交大、复旦大学医学院、华东理工大学等10余所高校，以及中山、市六等8家三甲医院，科研资源雄厚，但与企业协同创新的过程中，还需要大量的配套服务。我区这些年配套服务持续改进，但还存在着创新服务资源的各方整合、协同推进力度不够，集项目发现、技术评估、技术交易、商业孵化等功能于一体的综合服务平台培育不够，信息不对称、科技服务政策精准化和便利化程度不高的问题，与市场需求仍存在不能匹配的现象，阻滞了科研力量直接服务市场的效率。

长期对基础创新人才的激励不足，使人才流失较为严重。以漕河泾的芯片行业为例，该行业有着高投入、长周期的行业特性。润欣科技负责人在调研中表示，即便在欧美，微电子设计博士平均学时5～6年，博士期间至少有条件完成2～3个设计流片和封测，要成为核心研发人员至少40岁以上了。目前国内半导体信息领域的科学家多数是海归，本土人才严重匮缺。微电子专业的博士需要读6年，在房价飞涨的今天靠课题组的补贴连吃饭都无法保障，学校的导师可能都从未设计过规模量产芯片。每年IC专业的学校招聘，大学生多数不愿做本专业的研发人员，尤其是芯片底层计算的设计，觉得没前途，收入低，更愿意去互联网公司做手游、App开发、金融创投等赚钱快的行业。

（四）简政放权仍然步调缓慢

上海自贸试验区成立以来，探索采用了多种改革措施，在制度领域进一步简政放权，实现高效管理。徐汇区也不断积极复制推广自贸区改革创新经验，但对标国际先进水平还是存在差距。

企业家反映最多的就是在市场监管手段方面，社会经济发展日新月异，但我们的市场监管手段却与社会发展形势有些脱节，使合法经营的企业家不得不承担额外的风险和成本。比如，为了避免互联网金融的非法集资行为，所有投资类企业都无法注册，一些公司的正常业务却无法开展，以至于早先注册的投资类企业都可以作为壳公司转让。而真正的非法集资者仍然会想方设法达到目的，既不利于经济发展，而且也无法真正起到保护投资者的作用。米哈游科技的负责人在调研中反映，在文创、演出、出版等领域，监管审查标准模糊不清，使企业的研发投入处于巨大的不确定性之中，有时候即使前期已经做了完整的审批和备案，还会突然被要求进行整改。还有一些电商企业向我们提到，当前零售领域存在很多"职业打假人"，利用企业经营中的漏洞问题故意大量买入很多商品索要高额赔偿，而这类案件往往是以企业赔偿告终，对企业经营者的信心造成损害。

在行政审批方面，有不少企业在调研中提到，当前许多行业发展变化很快，在知识产权方面需求量巨大，并且需要长期快速更新和迭代，但审批速度赶不上行业发展速度。依图科技负责人在调研中谈到，人工智能方面的知识产权申请时间较长，如商标一般一年，发明专利一般两年，人工智能等领域的知识产权审查和授权流程速度实在无法跟上行业的发展速度。在审批过程中有很多数据环节如果打通将会大大提高速度。东湖仪器的负责人在调研中表示，在生物医药领域，虽然标准清晰，但因其行业特点，申报审批流程冗长，往往需要近三年的时间，对于企业而言无疑是压力巨大。

（五）企业家精神未能充分发扬

市场活力来自企业，特别是来自企业家，来自企业家精神。一方面，改革开放以来，粤商、浙商、苏商等商人群体形成其各具特色的地方商业名片，也彰显了这一个地区所代表的企业家精神。譬如，"爱拼才会赢"的粤商精神，"历经千辛万苦、说尽千言万语、走遍千山万水、想尽千方百计"的浙商精神，"厚德、崇文、实业、创新"的苏商精神等。多年商业文化积淀的企业家精神，为一个地区的经济带来的是百折不挠的勃勃生机。富申评估、宏博投资等企业负责人在调研中和我们说，徐汇区的文脉资源丰富，很多优秀企业家都有着厚重的"徐汇情结"，应该紧密结合文化和经济两张皮，通过营造文化环境来优化经济环境，通过经济环境来带动文化环境，发现和培育徐汇特色的企业家精神。

另一方面，我们也缺乏真正能代表徐汇企业家精神的领军企业，而说到杭州就能想到阿里巴巴,提到深圳就能想到腾讯和华为。以杭州为例,杭州聚集了以阿里巴巴为代表的电子商务公司,并以此为核心拓展了对金融、物流、营销、大数据、云计算等方面的产业需求,领军企业不仅仅是所在城市和地区的靓丽名片,对一个区域的产业发展更是有着带动作用。而我们过去在重视央企、国企的同时,对待非公经济并不能一视同仁,使一些在徐汇扎根的民营经济的力量始终未能形成合力,很难真正发挥区域经济的引领作用。泰坦科技的负责人在调研中谈到,希望可以更多了解区域其他新兴独角兽企业的情况,希望能有部门牵头把各行业的独角兽企业聚集起来,依靠企业间的合力与政府的推动力不断做大做强。

三、进一步提高企业感受度和竞争力的建议

(一)发挥徐汇社会事业综合优势,为企业提供多元服务

中心城区的环境短板是短时间难以解决的,然而,徐汇有着丰厚的教科文卫基础,我们可探索发挥优势社会事业为企业服务,形成"引才聚才""安商稳商"的良好局面,进一步优化营商环境的作用。

1. 发挥教育资源丰富的优势

加大对于职工亲子园的投入,解决企业职工子女的托管问题。目前,徐汇区已有"上海百事通信息技术股份有限公司职工亲子工作室"作为试点,可以在总结经验的基础上,进一步扩大规模,在漕河泾、枫林、滨江等职工需求集中且有条件的企业单位、园区、楼宇中,为注册在徐汇的企业按比例解决企业职工子女的晚托、暑托、寒托等各类形式的托育服务。

2. 发挥医疗卫生资源丰富的优势

搭建医疗绿色通道服务平台。2019年,区工商联试点联系中山医院、五官科医院、红房子医院、儿科医院、华山医院、肿瘤医院、第六人民医院、瑞金医院等8家三甲医院,为徐汇非公经济人士提供优质医疗服务,包括就医专家推荐、协助专家门诊预约、名医就诊绿色通道、全程导医服务、报告代取送服务、住院协调服务以及电话咨询等。注重提供有"温度"的医疗服务,增强企业家的认同感和归属感。

3. 发挥文化演出资源丰富的优势

可以试点以区域经济的贡献度为标准,向企业职工发放文化消费券,让企业职工自由选择徐汇区内举办的任意演出、展览、大型文化活动等,以文化消费券支付或抵扣门票。一方面可以培育企业职工作为徐汇一员的自豪感,另一方面也能起到支持文创事业发展,扶持文化产业的作用。

(二)进一步优化"一体两翼"的基层营商服务新机制,为企业在徐汇安心发展提供贴心服务

在区委、区政府制定出台的《徐汇区关于进一步健全基层营商环境工作机制的实施方

案》中，明确了街道营商办和功能区公司作为关键的"两翼"，共同做好招商安商、稳商兴商的各项工作。街道营商办与功能区公司在工作职责上虽然各有侧重，但也处于你中有我、我中有你的环境。营商服务是一项系统性工作，需要从全局出发，整合区相关部门、街道各方力量，共同为企业做好服务。

1. 党建引领营商服务

通过整合社区党建资源，将街道的党建工作与营商服务进行有机结合，并立足各街道的实际，形成各具特色的营商服务模式。譬如，可依托区域化党建平台，将街道区域内重要企业纳入其中，并通过区域化党建平台集聚起、整合好社区、驻区单位的各类资源，开展组团式服务，形成企业服务的合力。探索"社企"融合的机制，引导区域内的企业积极走进社区，参与社区党建，社区共建，让企业更好地融入社区、扎根社区，形成企业与社区的双向交流。扩大楼宇党建的效能，主动排摸楼宇内各个企业的诉求，补好服务企业、楼宇白领的短板。

2. 构建区职能部门与街道营商服务工作的联动机制

一方面，街道在营商服务过程中，若遇到企业提出的超出街道能力范围的棘手问题，街道可以向区相关职能部门求助，通过街道与部门的协调，以一事一议的形式，由职能部门提供相应的解决方案，会同街道一同解决企业的诉求。另一方面，区相关职能部门掌握的营商信息也要及时向各个街道通报，畅通信息沟通的渠道。譬如，可将区商务委掌握的企业信息库向街道开放，方便街道掌握区域内企业的动态，关注企业是否有外迁意向，提前开展针对性服务。

3. 进一步明确街道营商服务的经费政策和激励机制

街道营商服务工作在新的时期，面临着新的问题。特别是在营商办公室的经费使用方面，亟待解决在严格遵守八项规定的同时，如何用好相关经费，做好营商服务的问题。区相关部门应在发布政策后，进一步形成经费使用规范、相应细则，并给予街道一定的指导。同时，可借鉴功能区公司的管理、考评模式，根据各个街道的经济发展的不同情况对街道营商服务工作进行激励。

（三）发挥"独角兽"企业的"鲶鱼效应"，提振企业创新发展活力

在2019年3月23日科技部火炬中心发布的《2017年中国独角兽企业发展报告》所收录的164家独角兽企业中，上海有36家，其中徐汇有8家。若能进一步充分培育和引导这些独角兽，或是细分行业的隐形冠军，发挥它们的"鲶鱼效应"，就能激发区域企业的创新活力和动力。

1. 重点关注和引导"独角兽"企业的动向

从行业分布上看，"独角兽"公司主要诞生于16个行业，电子商务、金融、文化娱乐行业在数量上分列前三，占了总数的46%。这些独角兽企业有高度的政策敏感性，因其对资本的把控能力，又有很强的政策反应力。

由于它们的"市场候鸟"属性,对市场趋势的嗅觉、对国家政策的反应、对法治的态度,其实能对整个地区经济甚至社会发展起到一个导向、带动作用。

2. 为优秀企业建立政策信息传达服务专门渠道

确保政策导向和变化的利好或风险能够及时到达企业,并能够使企业即时获得或享受政策红利,或防范和应对新政对企业可能造成的不确定性和风险问题。

3. 表彰和奖励对区域发展有突出贡献的优秀企业

对为区域经济发展做出突出贡献的非公企业和个人进行表彰奖励,给予有贡献的非公企业荣誉和地位起到树立典型的作用,号召区域内其他企业向他们学习,形成非公企业积极主动为区域经济发展做贡献的良性氛围。

(四)加快人工智能等新兴技术的运用,进一步简政放权,保护企业合法权益

2019年,张学友演唱会上接连抓获逃犯一事引起舆论热议,这背后实际上是人工智能技术在安防方面的运用起到的作用,新技术的运用对公安工作效率起到了极大的提升作用。更好地运用新兴的人工智能、大数据等技术,会成为破解我区市场监管的死角、盲区的关键因素。

1. 通过人工智能等技术提高监管和审批效率,降低人工工作量

在当前我区市场主体突破3万家的背景下,传统的人盯人监管模式已经很难满足当下的监管要求,大数据和人工智能技术在企业开办、证照办理等方面的运用将有效地降低人工工作量,提高监管效率。

2. 通过人工智能等技术形成完整数据链,促进精细化管理

大数据分析模型能为市场管理提供风险预警,对于涉嫌违法行为的调查,提供全方位的电子取证产品和多样化的证据固定信息化装备支撑。譬如,目前证监会就已部分运用大数据和人工智能在资本市场监管上,当交易所发现某个上市公司信息披露出现了异常,就可以将异常情况通过中央监管信息平台传送给辖区的证监局,证监局核查后再反馈给交易所,通过数据流动形成完整的监管链条。

3. 通过人工智能等技术进行技术筛查,维护企业合法权益

在电子商务更发达的杭州,市场监管局也在运用大数据技术筛查"职业打假人",在总体鼓励消费者监督投诉假冒伪劣产品的同时,若发现投诉人是以牟利为目的购买、使用商品或接受服务的,则根据最新消费者保护条例将不受到法律保护,以此维护企业的合法权益。

(五)形成全区干群齐心合力优化营商环境的工作氛围,为发挥企业家精神保驾护航

营商环境的优化不仅仅要看各项硬指标,更要看重软环境的建设,若是没有每一位基层干部的勇于担当,没有每一家中小企业的奋力拼搏,没有每一位企业家的全情投入,

也难免变成"剃头挑子一头热"。营商环境的优化体现在方方面面的小事和点点滴滴的琐事,在全社会营造尊重和激励企业家干事创业的社会氛围。

1. 进一步理顺工作机制,激发每一名机关干部的服务热情

我们要进一步推动优化营商环境落到实处,助力区域经济发展,在全区形成"优化营商环境"的良好氛围。"优化营商环境"需要集全区之力,在向全区机关干部宣传相关工作的重要性的同时更要建立更加完善的工作机制,让每一位能够热情响应并主动服务企业的机关干部都能够真正得到相应的支持和表彰,从而激发他们为企服务的信心和热情,才能让全体机关干部都参与到相关工作中去,主动为企业做好服务。

2. 更加关心中小企业成长,保护每一家中小企业的创业激情

区相关部门要主动跨前一步,利用自身优势,为中小企业提供精准服务,想企业所想、急企业所急。如开展人才落户政策的解读、宣讲双创扶持政策等,从而构建有利于中小企业成长的环境。完善政府采购扶持中小企业产品和服务制度,加大政府对创新产品和服务的采购力度,政府可通过首购、订购、实施首台(套)重大技术装备实验和示范项目等措施,推广应用新技术、新产品和新服务,鼓励中小企业不断推陈出新,激发企业创新活力和创业激情。

3. 增强商会组织的团结引导职能,发挥每一位企业家的主体作用

充分发挥企业家的"以商招商"作用,积极引导骨干企业加入商会组织,提升商会组织的代表性和公信力。加强商会专门人才建设和培养,打造一支职业化商会人才队伍,建设有利于企业家通过商会发挥作用的软环境。本区民营企业家的发展经历及亲身体会,是招商引资最有说服力的"名片",通过商会平台支持有代表性的民营企业家发挥更大作用,使之成为政府"以商引商"的重要载体,发挥他们的人脉资源和信息优势以及在产业链上下游、经营合作伙伴、同乡挚友等关系,利用已在徐汇企业的"人脉"和合作互助关系,帮助政府"招大引强",努力形成政府推动、企业主动的良好局面。

(供稿单位:徐汇区工商业联合会,主要完成人:骆文、何儒新、孙一冰、朱敏、姜杰)

专题十四

创新生态中的加速器：对杨浦区知识型现代服务业发展的调研

一、引言

《上海市城市总体规划（2017—2035年）》当中明确了上海的目标愿景为：立足2020年，建成具有全球影响力的科技创新中心基本框架，基本建成国际经济、金融、贸易、航运中心和社会主义现代化国际大都市。展望2035年，基本建成卓越的全球城市，令人向往的创新之城、人文之城、生态之城，具有世界影响力的社会主义现代化国际大都市。为确保上述目标的顺利实现，中国共产党上海市第十一届委员会第四次全体会议审议并通过《中共上海市委关于面向全球面向未来提升上海城市能级和核心竞争力的意见》（以下简称《意见》）。《意见》明确指出："城市的持久繁荣，在于城市能级和核心竞争力的不断提升。"就当前而言，上海发展正面对全新的内外部环境，对提升上海城市能级和核心竞争力提出了新的挑战。外部环境方面，面对外资的大规模转移与中美贸易摩擦的不断加剧，上海需要思考如何化解外界对自身发展的不利因素；内部环境方面，上海近五年产业结构趋于僵化，亟须寻找经济发展的全新动力源。面对上述全新挑战，在上海建设全球科创中心乃至全球卓越城市的进程中，知识型服务业[①]作为产业发展价值链中的最高端、最重要的部分，以及整个创新生态的枢纽和加速器，对加快产业升级，提高现代服务业国际竞争力，提升所在城市能级与核心竞争力具有特殊战略作用。一方面，随着知识经济的快速发展以及信息技术、网络技术和数字技术的广泛应用，传统服务业不断升级，整个服务业知识化、专业化和智能化趋势增强，涌现出大量的以知识为基础的服务产业，如金融服务业、专业服务业、信息服务业、教育服务业、医疗服务业、研发及科技服务业等知识密集型服务业，成为地区经济与就业增长的最大贡献者，是"独角兽"企业的重要来源。另一方面，知识型服务业有利于引领产业向价值链高端提升，推动制造产业提质增效升级，对于区域经济整体能级提升贡献巨大。

---

① "知识型服务业"，主要是指以知识活动（知识创造、传播和共享等）为基础，提供知识产品和知识服务的产业，是智力密集型服务业群体的总称，是相对于劳动密集型服务业和资金密集型服务业而言的新兴服务业，包括生产性知识服务业和消费性知识服务业两部分。

因此,大力发展知识型服务业,对应对全新内外部环境带来的挑战,全面提升上海城市核心功能、城市能级和核心竞争力具有十分重要的战略意义。

在经济"新常态"背景下,杨浦区经济已处于向高质量增长模式转变的攻坚期。任何一个区域的发展空间都直接受其资源拥有量的制约。目前,杨浦区乃至整个上海资源消耗过多、环境压力较大,特别是随着城市化的发展,土地资源开发已近饱和、后备资源明显不足、自主创新能力较低,经济增长方式急需转变。环境与资源已经成为杨浦区社会经济持续、快速健康发展的重要约束性因素。在此背景下,知识型服务业能大大提高所在区域商业信息和专业知识的流动和更新,进而提高所在区域的信息化程度,从而使城市的地理位置相对改变、城市的可及性或通达性得以改善,使社会经济活动进一步摆脱空间限制,城市资源的利用效率增强,从而突破发展的资源和空间瓶颈,形成新的经济增长点。因此,大力发展知识型服务业,是深化供给侧结构性改革的重要抓手,将有利于推动杨浦区经济向更高质量增长模式转变。

杨浦区在发展知识型服务业方面具有先天的区位条件和雄厚的前期积累优势与基础条件。首先,上海作为全球城市的产业布局规律决定了杨浦区成为知识型服务业的集聚发展目的地。纵观其他全球城市的产业空间布局规律,可以发现,在全球城市的中心城区往往形成金融行业的高度集聚,中心城区周围往往集聚各种生产性服务业和创意设计产业,比如纽约和巴黎的服装设计行业就在其核心区域的周围高度集聚。这主要是因为纽约、巴黎等全球城市的核心区域具有十分完善的基础设施,由此导致其地价、租金和其他成本十分高昂,因此往往只有金融行业企业能够承受上述高昂成本。而以现代设计产业为代表的知识型服务业无法承受如此高昂的成本,但是其行业特性又决定了其必须在尽量靠近全球城市核心的区域经营。上海的核心城区也是以金融业高度集聚为主要产业结构特征,而杨浦区位于上海核心城区的东北部,毗邻核心城区,属于知识型服务业集聚的理想区位。因此,杨浦区成为上海建设全球卓越城市过程中知识型服务业高度发展和集聚的核心地区。其次,杨浦区知名高校云集,教育和人才资源丰富,环同济带对知识型服务业引领作用显著。杨浦区拥有复旦大学、同济大学和上海财经大学等全国知名高等院校,每年都培养大批高质量专业技术人才。同时,以现代设计业为代表的知识型服务业往往容易围绕高校自发集聚,比如20世纪80年代,以建筑设计为主的创意产业在该地区萌芽。2002年前后,在同济大学南门附近初步形成了以设计为主体,包括图文制作、建筑模型、装潢、设计咨询类企业相配套的一条完整的产业链。同济大学南侧一条860米长,20米宽的赤峰路(规划道路等级为支路),自发集聚了500多家与建筑设计有关的企业,被称为"现代设计一条街"。而后产业集聚逐渐由一条街道向周边辐射扩张,至同济大学北侧的国康路、西侧的密云路、东侧的四平路和彰武路,以及更外围的中山北二路、江浦路、控江路、大连路一带,影响范围横跨杨浦和虹口两个区,汇聚了杨浦区95%的设计企业。截至2016年,共有1 700家设计企业和创意机构在同济大学周边各个社区落户,从业人员近3万人,年总产值达到180亿元人民币,成为中国首个以现代服务业为主的特色产业基地和最具影响的设计产业集聚区之一。这是上海其他区所不具备的特色和优势。最后,杨浦区作为老工业基地,其在"传统工业杨浦"向"知识创新杨浦"转型发展过程中催生知识型服务业基因。2003年,杨浦区政府组织了一批以同济大学为主的专家学者,在市里有关方面支持下,高起点编制了《杨浦知识创新区发展规划纲要》。然后举全区之力配合,在重大项目、科技园区建设、环境整治、宣传氛围营造等方面与高校一起规划、推进,主动为高校服务,总投入超过3亿元。通过打造地方政府与大学互动互融、密不可分的新局面,并在此基础上,杨浦区和高校签订了一系列的战略合作框架协议,进一步推动了人才交流等全方位的合作发展。同时通过推动科技企业在大学周边集聚集群发展,打造科技成果孵化、转化、产业化平台。建成了复旦大学、同济大学、上海理工大学、上海财经大学、上海电力大学、上海体育学院、上海海洋大学7个国家级大学科技园和10个专业化大学科技园,建成了上海中心城区最大的国家级科技企业孵化基地,大学科技园面积从2002年的不到30万平方米拓展到现在的127万平方米,全区商务资源面积达550余万平方米。一方面,杨浦区创新城区的打造衍生出很多生产性服务需求,这成为知识型服务业在杨浦区集聚发展的重要推动力。另一方面,传统工业基地改造过程中的老厂房往往会被改造成初创型企业的孵化场所或者是创意产业企业的集聚地区,比如北京的"798艺术区"和虹口区的"1933老工坊"。因此,杨浦区的工业老城区转型和改造为杨浦的知识型服务业发展奠定了良好基础。

二、杨浦区"环同济带"成长、发展历程回顾与规律总结

(一)杨浦区"环同济带"成长、发展历程回顾

在20世纪80年代初,同济大学校内外就出现了少量的设计企业与科技咨询服务企业。到了20世纪90年代初,适逢上海浦东开发以及全国随之而来的房地产开发热潮,从而激发了同济大学周边大量的建筑与城市规划设计企业的产生,由此形成了同济大学设计产业集群的雏形。这一阶段"环同济"知识型服务业产业集聚处于自发状态。

2000年起,"环同济带"从自发阶段迈入政府引导阶段。2000—2004年,"环同济带"

内的企业利用同济大学这个主体,以城市设计及相关产业为核心,以娱乐、餐饮、银行和证券为辅助产业,汇集了技术、人才、信息等各种市场要素,形成了一个相当完整的知识型服务业生态链。截至2004年,同济大学周围汇聚了374家以建筑设计、规划设计、环保设计为主的企业。仅在赤峰路上就有250多家企业,配套形成约125家与建筑装潢、图文制作、建筑模型制作、建筑软件设计和建筑监理相关的企业。依赖于市场机制和政府扶持,"环同济带"雏形——"同济现代建筑设计街"逐步形成。这一阶段,政府主体的作用开始凸显。2000年7月,中共杨浦区委六届七次会议做出了《关于依托高校优势推进杨浦经济和社会发展的决定》,明确了企业是集群发展的核心主体。杨浦区政府后续出台了一系列的政策,如科技企业税收减免、企业注册一条龙服务、设立企业孵化器、进行赤峰路和国康路的环境治理、加快载体建设等,刺激同济大学师生勇于创业,从而带动了高校成果转化,同时吸引外围企业入驻"环同济带",加快企业集聚。

2005年至今,"环同济带"进入高速发展阶段,2009年更名为"环同济研发设计服务特色产业基地"。杨浦区紧紧围绕《杨浦知识创新区发展规划纲要》中"三区融合、联动发展",把大学作为整个城区发展的核心,统筹规划和配置发展资源,构建区域创新服务体系,并为之出台了一系列相关政策和保障措施,在延续上阶段政府依托高校优势推进杨浦经济和社会发展的同时,提升金融服务质量,营造良好的集群发展软环境。同时加强空间载体规划,继续同济联合广场、白玉兰环保广场等硬环境的建设。

(二)杨浦区"环同济带"成长、发展规律与经验总结

杨浦区"环同济带"的成长和发展过程为我们总结出了最优创新产业生态的发展规律和宝贵经验。

(1)"环同济带"知识型服务业的迅猛发展得益于"借势",即充分利用自身原有的资源禀赋、优势条件来实现自身快速发展。首先,杨浦区位于上海核心城区的东北部,毗邻核心城区,属于知识型服务业集聚的理想区位。因此,杨浦区成为上海建设全球卓越城市过程中知识型服务业高度发展和集聚的核心地区。其次,杨浦区知名高校云集,教育和人才资源丰富,"环同济带"对知识型服务业引领作用显著。杨浦区拥有复旦大学、同济大学和上海财经大学等全国知名高等院校,每年都培养出大批高质量专业技术人才。而同济大学是我国城市科学领域的领军学校,特别是在城市规划、项目管理、建筑设计等领域在国内居领先地位,其学科优势辐射和带动了一批优秀师生在同济周边创业、就业,同时也吸引了社会众多企业争相入驻。由此可见,"环同济带"知识型服务业的快速发展在于充分利用自身所具备的区位优势、学科优势和人才优势等有利条件。

(2)政府规划引导与市场机制各司其职、

相得益彰。"环同济带"知识型服务业的迅猛发展离不开政府的规划引导。杨浦区政府在市场机制作用的基础上顺势而为,适时通过资金扶持、空间载体规划建设、人才吸引、知识产权保护、完善科技金融服务等措施,为"环同济带"知识型服务业的集聚和发展提供良好的软硬件基础设施,充分体现了有为政府在市场机制基础上对经济的重要引导作用。以空间载体规划建设为例。2004年,在约2.6平方千米的"环同济带"区域内容纳了1500多家设计企业及配套服务企业。企业数量的激增及原有企业规模的扩大要求"环同济带"能有更大的空间载体。为此,2004—2008年,杨浦区政府重新规划营口路、彰武路、四平路等,建设提供商业、办公服务的白玉兰环保广场等,以满足"环同济带"区域企业的发展空间需求。由此可见,若无杨浦区政府的空间规划布局和政策性引导,"环同济带"知识型服务业不可能形成今天的规模。

(3)"环同济带"知识型服务业产业生态链健全完整,有利于强化人才和产业集聚水平。早在2004年前后,"环同济带"就形成了十分完整的知识型服务业产业生态链,其中产业链最为完整的是建筑设计业,在"环同济带"现代设计业集群内,设计企业主要集中在建筑设计、邮电设计、市政设计和结构设计等几个领域。除邮电设计主要集中在邮电设计院、业务相对比较独立外,其他几个产业都呈现出了明显的链条结构,且相互间关联也较紧密。前向关联企业主要涉及前期策划、可行性研究、设计招投标代理等方面的企业,后向关联企业主要有施工图审查、造价咨询、施工招投标代理、施工、负责交付后维护等方面的企业,整个产业链贯穿了整体规划、可行性与总预算、承接方案、施工图绘制与审核、施工方案的确定、施工承包、用户产品维护等方面的业务。此外,在横向协作关系方面,可以发现这一区域的产业配套也十分完整,业务涉及效果表现、咨询性技术服务支持、资质合作认定、工程监理与项目管理、工程性业务平行分包、IT、施工检测等方面,其中效果图制作、模型制作、多媒体制作公司与建筑设计业之间具有明显的空间相关性,而其他相关生产性服务企业在这一区域虽然也表现出了一定的空间集聚特征,然而通过调研发现,涉及这部分的业务有许多来自其他区域,这是由生产性服务业的特性所造成的。总体上来说,"环同济带"现代设计产业集群当中相关产业链的大部分业务环节,能够为建筑设计业务提供完整的产业链支持。这种健全完整产业链条的形成,使行业相关专业人才的流动配置过程可以始终在"环同济带"区域范围内进行,降低了人才流失的可能性。同时,由于产业链条的完整性,使区域内行业企业间的纵向承接与横向协作更为密切,有利于行业知识溢出和形成规模效应,进而对外部相关企业产生强大的吸引力,推动区域产业企业进一步集聚发展。

(4)优越的制度环境是"环同济带"知识

型服务业快速发展的重要基础条件。从2004年开始,杨浦区紧紧围绕《杨浦知识创新区发展规划纲要》中"三区融合、联动发展",把大学作为整个城区发展的核心,统筹规划和配置发展资源,构建区域创新服务体系,并为之出台了一系列相关政策和保障措施①,提升金融服务质量,营造良好的集群发展软环境。此外,杨浦区政府还通过加强知识产权保护和提升人才吸引力度,完善集群软环境建设。在知识产权保护方面,2004—2008年,杨浦区政府在引入外资、刺激本土企业与外资企业联盟的同时,尝试性地完善知识产权保护法律法规体系②,保护本土企业的竞争优势。在人才吸引方面,杨浦区结合国家和上海的各项人才政策,出台了相应政策细则③,不仅通过提供居住证、政府资助、税收优惠等方式支持企事业单位培养和吸引创新人才,同样也提供科研开发、成果转化、人才中介、创业扶持等服务工作,吸引国内外高层次人才在杨浦创业。除此之外,杨浦区政府还加大高校周边硬环境建设,为企业提供更大的空间载体。通过强化非营利性中介服务组织的作用,构建集群创新网络,促进集群内产业链横向、纵向的企业主体增进交流与合作,形成各方力量推进集群自身发展的良性运行机制。综上所述,杨浦区政府为"环同济带"发展营造的良好制度环境和各种优越的软硬件基础设施条件,是"环同济带"知识型服务业快速发展的重要基础条件。

三、杨浦区知识型服务业发展现状与问题分析

(一)杨浦区知识型服务业发展总体概况

杨浦区历年经济与社会发展统计公报的相关数据资料显示(见图14-1),2005年杨浦区的知识型服务业增加值为49.3亿元,2017年已经增长至308.97亿元,12年间平均增长率均值超过10%。从行业占比情况来看,杨浦区知识型服务业占杨浦区生产总值的比重由2005年的11.67%增长至2017年的18.14%,杨浦区的知识型服务业在其本地经济发展当中的比重和作用日益增加。此外,2017年杨浦区第三产业增加值为749.93亿元,其中知识型服务业增加值为308.97亿元,占杨浦区第三产业的41.20%,这也充分表明在杨浦区的第三产业当中,知识型服务业是其重要的优势产业和支柱型产业。

在杨浦区的知识型现代服务业当中,现代设计业占据了很高的比重。从图14-2数据可以看到,2008—2017年,杨浦区现代设计业增加值由22.3亿元增加至93.49亿元,其在

---

① 这些政策措施包括:《杨浦知识创新区发展规划纲要》《关于促进杨浦区研发外包服务业发展的扶持办法》《上海市杨浦区产业发展配套资金使用和管理办法》《上海市杨浦区风险投资引导和补助基金实施办法》《关于中小企业贷款担保的扶持意见》。

② 杨浦区科委于2008年颁布《关于鼓励本区自主知识产权创造和应用的实施细则》。

③ 杨浦区政府于2007年发布《关于建立上海杨浦知识创新区博士后创新实践基地的实施方案》《关于贯彻〈杨浦区科技发展"32条"配套政策〉若干人才配套政策的实施细则》。

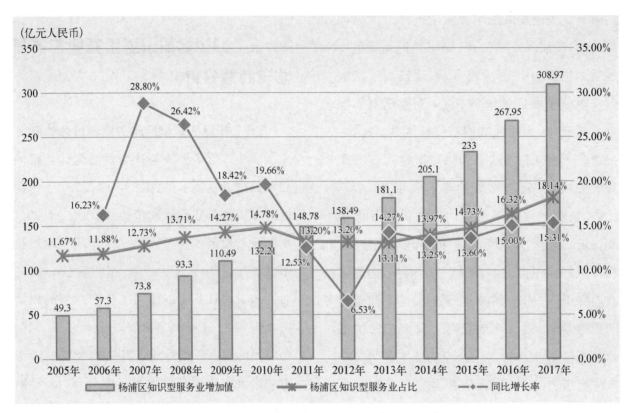

图 14-1 2005—2017 年杨浦区知识型服务业发展情况

资料来源：2005—2017 年杨浦区经济与社会发展统计公报。

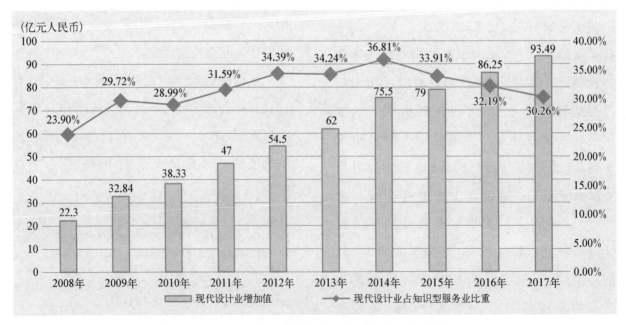

图 14-2 2008—2017 年杨浦区现代设计业发展情况

资料来源：2008—2017 年杨浦区经济与社会发展统计公报。

知识型服务业当中的比重在2008—2014年呈稳步增长态势,由23.9%增长至36.81%。随后的2014—2017年,现代设计业在知识型服务业当中的比重有所下降,由近十年来的最高点36.81%一路下降至30.26%。尽管如此,从《杨浦区2017年经济与社会发展统计公报》公布的数据来看,现代设计业仍然是知识型服务业当中规模最大的优势行业。

(二）杨浦区建筑设计业发展概况分析

在杨浦区的知识型服务业当中,环同济带的建筑设计业在现代设计业乃至整个杨浦区的知识型服务业当中占有很高的比重,接下来,我们将对杨浦区的建筑设计业发展情况进行分析。

1. 建筑设计业已成为杨浦区现代设计业当中的重要特色产业

在杨浦区的现代设计业当中,建筑设计业是其重要的特色产业。早在2009年,在上海市和杨浦区两级政府的联合推动下,上海提出按照大学校区、产业园区和公共社区"三区联动"的模式打造中国最大设计产业集群的战略规划,以推动区域的设计创新能力和经济增值活力。该产业集群的形成,始于20世纪90年代中期。一些中小建筑设计企业首先开始聚集在同济大学周围,依托其知识辐射、技术优势、社会资本积累以及人才汇集优势,企业有效地降低了商务成本,增加了贸易和非贸易接触,提高了业务量。中小企业的兴起促进了产业链上各类专业支持公司的出现,随着集聚企业的相互联系日益密切,杨浦环同济建筑设计产业创新集群初步形成。目前,同济大学周边已初步形成以建筑设计为龙头,以市政工程设计、规划设计、景观设计、室内设计等为重点,国内规模最大、产业链最为完整的建筑设计产业集聚区,在国内外形成了一定的影响力和知名度,在上海乃至全国已经具备很强的产业先发优势。

2. 杨浦区建筑设计业产业链结构分析

在"环同济带"现代设计业集群内,设计企业主要集中在建筑设计、邮电设计、市政设计和结构设计等几个领域。除邮电设计主要集中在邮电设计院、业务相对比较独立外,其他几个产业都呈现出了明显的链条结构,且相互间关联也较紧密。前向关联企业主要涉及前期策划、可行性研究、设计招投标代理等方面的企业,后向关联企业主要有施工图审查、造价咨询、施工招投标代理、施工、负责交付后维护等方面的企业,整个产业链贯穿了整体规划、可行性与总预算、承接方案、施工图绘制与审核、施工方案的确定、施工承包、用户产品维护等方面的业务。此外,在横向协作关系方面,可以发现这一区域的产业配套也十分完整,业务涉及效果表现、咨询性技术服务支持、资质合作认定、工程监理与项目管理、工程性业务平行分包、IT、施工检测等方面,其中效果图制作、模型制作、多媒体制作公司与建筑设计业之间具有明显的空间相关性,而其他相关生产性服务企业在这一区域虽然也表现出了一定的空间集聚特征,然而通过调研发现,涉及这部分的业务有许多来自其他区域,这是由生产性服务业的特性所造成的。总体来说,环同济带现代设计产业集群当中相关产业链的大部分业务环节,能够为建筑设计业务提供完整的产业链支持(见图14-3)。

综上所述,杨浦区的建筑设计业依托同济大学形成了十分完整的产业链条,区内各类建筑设计企业和其他相关企业分布于产业链条当中的各个环节,形成了建筑设计业的完整行业闭环系统。

(三) 杨浦区知识型服务业存在的问题与需求

为充分了解杨浦区知识型服务企业的发展情况,本课题组对杨浦区知识型服务业企业进行抽样式问卷调查,调查结果反映出杨浦区知识型服务业企业在发展过程中主要存在如下问题。

1. 杨浦区知识型服务业高端龙头企业缺乏,产业集群品牌形象和竞争力有待进一步提升

根据本次调查问卷结果,杨浦区知识型服务企业当中,50人以下的小型企业占比达到46%,50～100人企业占比为16%,即100人以下企业占比达到62%。规模在100～500人的企业占比达到32%。500～1 000人以及1 000～5 000人企业分别占比3%。由此可见,杨浦区的知识型服务企业主要以中小型

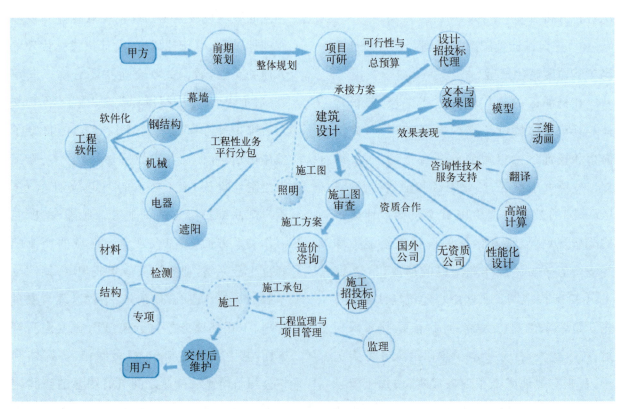

图14-3 杨浦区环同济带建筑设计业产业链结构示意图

资料来源:根据杨浦区第三次经济普查数据绘制而成。

企业为主。500人以上的大中型企业占比较少。企业规模整体偏小,使其在项目竞标过程中处于较为被动地位,且不利于杨浦区知识型服务企业整体竞争力的提升。此外,大型企业的严重缺失,也容易造成本区域内行业高端人才资源的流失。

此外,在课题组进行企业走访调研的过程中,绝大部分企业都提到集群中缺少国际顶级企业,集群中的大企业则对集群内众多的中小企业具有排斥心理,集群内横向协作关系有待进一步优化和加强。企业认为良好的集群形象对于企业宣传、抢占市场份额、设计人才招聘等有显著的作用,杨浦区的知识型服务业产业集群尽管相较其他区域有较大的品牌优势,但是缺少集中的推广平台,客户仍然难以了解杨浦区的知识型服务业产业集群的设计业务优势,导致杨浦区知识型服务业的产业集群优势没有有效转化为市场竞争力优势。

2. 杨浦区知识型服务产业集群知识和技术溢出效应与梯度辐射效应有待进一步加强

根据本次问卷抽样调查结果,杨浦区知识型服务业企业与高校或科研院所进行研发创新合作的比例仅为41%,另有59%的企业表示其并未与任何周边高校或科研机构进行产学研方面的合作交流。从杨浦区知识型服务企业与高校/科研院所合作的效果来看,仅有7%的企业表示合作的产出效果显著,另有33%的企业表示产出效果较好。高达60%的企业表示与高校/科研院所的产学研合作产出效果一般甚至没有产出效果。就企业自身的创新产出来看,高达86%的企业的专利产出低于10项,高于30项专利的企业仅占3%。这充分表明杨浦区知识型服务产业集群内部的产学研合作强度和产出效率仍不理想,产业集群内部的知识溢出效应仍有很大提升空间,而产业集群内部溢出效应的不足,又进一步降低杨浦区知识型服务业对周边乃至更远区域的梯度辐射效应强度,降低杨浦区知识型服务业产业集群的品牌标识度和影响力。

此外,在与高校进行产学研合作的企业当中,仅有27%的企业反映曾得到政府的财政补贴资助和支持,73%的企业表示并未得到政府的财政补贴,由此可见,杨浦区政府在对知识型服务业的产学研合作的支持和资助力度方面仍需继续加大。

3. 杨浦区知识型服务业企业的营商生态环境仍然存在短板

本次针对杨浦区知识型服务业的抽样调查当中,从政府支持、产业发展势头、高科技人才密集度、研发环境评价、金融服务支持、中介服务支持、市场环境公平性以及区域创新知名度这几个方面考察了企业对杨浦区营商环境的评价状况。由表14-1统计结果可得,杨浦区知识型服务企业对杨浦区的高科技人才密集和公开公平的市场环境这两方面评价较高,分别有超过50%的企业对上述两个方面的营商环境条件表示肯定和认可。评价最低的两项指标分别是研发环境和中介服务支持,仅有24.32%的企业对这两项指标持肯定态度。此外,政府支持、金融服务支持和区域创新知名度等方面的肯定性支持率都在30%～40%。综上所述,目前杨浦区知识型服务企业的营商环境在区域创新的知名度、政府的相关支持力度、中介服务水平、研发环境以及金融服务支持方面仍处于短板状态,相关的其他软硬件基础设施也需要进一步完善。

表14-1 杨浦区知识型服务业企业营商环境评价

营商环境各个方面	政府支持	产业发展势头强劲	高新科技人才密集	研发环境优良	金融服务的支持	发达的中介服务支持	公开公平的市场环境	区域创新知名度
肯定性支持率	35.14%	29.73%	51.35%	24.32%	35.14%	24.32%	51.35%	37.84%

资料来源:根据抽样调查问卷调查结果数据整理所得。

四、杨浦区发展知识型服务业的对策建议

针对前文分析所得杨浦区知识型服务业发展现状和面临的主要瓶颈性问题,通过对标上海全球科创中心建设的需求、对标国家战略的布局和要求,围绕将杨浦区建设成为上海乃至全国创新发展的加速器示范区,本专题就杨浦区发展知识型服务业问题提出如下对策建议。

(一) 力争"高端更高"

在杨浦区"环同济带"知识型服务业高水平集聚发展基础上,采取有力措施进一步全面提升杨浦区知识型服务业品牌标识度、人才集聚度和产业引领度,打造知识型服务业发展"新高地"。

在提升品牌标识度方面,充分利用杨浦区"环同济带"知识型服务业特别是建筑设计业的产业发展优势,着力将建筑设计业由"环同济带"的品牌产业打造提升成为杨浦乃至上海的品牌产业。通过税收减免、财政补贴、项目对接等措施大力吸引具有国际影响力的国内外大型建筑设计业以及其他知识型服务企业入驻杨浦区,同时充分利用各行业协会(如杨浦区建筑设计业行业协会)的行业资源优势,通过推出专业性技术设计竞赛、大型行业展会、投资洽谈对接会等,打造更加丰富的产业发展与交流平台,加大宣传力度,全面提升杨浦区知识型服务产业集群在国内外的品牌形象和市场影响力,将杨浦区知识型服务产业集群打造成为"上海服务"的一块金字招牌。

在人才集聚度方面,充分利用杨浦区内复旦大学、同济大学、上海财经大学等国内知名高校的人才资源和学科优势,进一步优化杨浦区人才引进政策,在人才落户、行政手续、住房配套等方面推出超预期政策措施,降

低本区域高端人才的流失率。同时与杨浦区知识型服务企业协同合作,政企同发力,以优惠人才政策为基础保障,以优质企业与优质工作岗位为核心,以区域产业品牌知名度为依托,以全面提升杨浦区对本区域、上海乃至全国全球人才的吸引力为目标,切实提升杨浦区人才集聚度。

在产业引领度方面,充分利用知识型服务业较高的价值链地位和其自身所具备的强大的产业关联性,以知识型服务业为引擎和纽带,引领杨浦区其他产业向价值链高端提升,推动制造产业提质增效升级,带动其他服务业向知识化、信息化转型升级。通过打造杨浦区知识密集型产业集聚发展新高地,力争占据上海市产业转型升级和高质量发展的核心地位,从而进一步提升杨浦区在整个上海的产业引领度。

(二)聚焦"梯度更强"

围绕国家战略重点领域,依托杨浦区丰富高校与科研机构,打造多维度产学研生态圈,通过推动区域内各创新主体(高校、科研院所、企业)深化协同与合作,强化杨浦区区域知识、技术溢出效应,以更强梯度溢出效应辐射带动周边区域创新融合发展。比如,充分借鉴"环同济带"的成长发展经验和客观规律,有效利用复旦大学、上海财经大学、上海理工大学等高校的差异化学科优势,通过政府合理空间规划布局,在市场机制的基础上以产业政策顺势引导,积极打造各类自发性优势知识型服务产业的产业链生态闭环生态系统,形成环复旦、环理工、环财大等多维度、差异化产业集聚中心区,打造多元化产业集聚和知识技术溢出的高梯度核心区,力促杨浦区在上海整体经济发展格局当中处于更强梯度位置。

(三)追求"生态更优"

精准弥补杨浦区营商环境短板,打造适合高端人才和研究项目落地发展,顺应知识型服务业总部经济发展需求的生态环境。首先,知识型服务业属于轻资产、知识和人力资本高度密集型产业,因此需要加强人才载体建设,培养和吸纳更多的高层次人才和专业人才,为知识密集型服务业的发展提供智力支撑。其次,信息服务业和数字产业是知识型服务业的重要组成部分,又是知识型服务业发展的重要支撑。加快建设以数字化、网络化、智能化为主要特征的"数字杨浦"。把信息化作为创新驱动、产业升级和城市发展的重要支撑。抓住物联网和互联网发展机遇,加快推动企业信息化建设,为金融、物流、科研、教育等知识型服务业发展构筑更好的信息服务平台。最后,需要完善政策法规,完善配套政策,创造有利于知识型服务业发展的环境。运用经济政策降低企业成本,调整和消除妨碍企业创新和市场竞争的行政法规,加强投资环境、公共服务、综合协调、基础设施、信用体系等方面建设,逐步建立并完善支持知识型服务业融入全球服务生产网络发展的政策支持体系。一方面通过产业规划布局、政策引导和资金支持等方式,以产业集聚促进知识型服务业进一步发展。另一方面加强行业规范,强化知识产权保护,建立行业标准体系,完善监管体制,建设征信服务系统,切实打造知识型服务业发展普适性营商生态环境。

(供稿单位:杨浦区工商业联合会,主要完成人:郑蕾)

专题十五

聚焦"三大两高一特色"产业，推进青浦区民营企业做强做优的思考与建议

青浦区，上海的西大门，地处苏、浙、沪两省一市的交界处，位于中国长江三角洲经济圈的中心地带，具有承东启西、东联西进的枢纽作用和对华东地区的辐射作用。上海轨道交通17号线，从东方绿舟到虹桥火车站交通枢纽，未来会与苏州—昆山的地铁对接，成为一条跨省的轨道交通线路。青浦的区位和交通优势日益明显。2017年青浦区生产总值（GDP）突破1 000亿元大关。近年来，青浦区围绕构建"三大两高一特色"的主导产业体系，着力做强大物流、大会展、大商贸三大现代服务业产业集群，重点发展高端信息技术、高端智能制造两大先进制造业产业集群，加快发展文旅健康特色产业。因此，青浦区工商联以《聚焦"三大两高一特色"产业，推进青浦区民营企业做强做优的思考与建议》为主题，对青浦区的民营企业进行了调研，形成下面的调研报告。

青浦区与长三角主要城市的距离都在300千米之内，处于长三角城市轴的关键节点。青浦区五届区委六次全会提出聚焦提升城市能级和核心竞争力，对标上海建设卓越的全球城市目标定位、对标长三角一体化和青浦全面跨越式发展的战略安排，加快建设上海对外服务的门户城市和长三角一体化发展的综合性节点城市，树立高能级、高品位的上海之门新形象。上海之门的功能定位是打造中国全球采购的桥头堡，打造区域协同创新的主阵地，打造上海对外服务的大前门，打造江南文化的示范区。

一、做强大物流、大会展、大商贸

一直以来，人们谈起虹桥商务区，一定离不开三个标签：大交通、大商务、大会展。虹桥枢纽的国际级交通辐射效应、世界五百强企业云集的商务氛围以及世界最大国展中心所扮演的区域发展引擎，正是这三者合力，大虹桥的发展令世界侧目，也给青浦的发展带来了机遇。

（一）借助大会展的引擎作用

大会展时代，带动虹桥步入新台阶。规模大、品质高、影响力强的国际化、品牌化、专业化的展览在国家会展中心的相继举办，大大提升了徐泾会展经济。徐泾应直面国家会展中心和大虹桥的辐射效应，主动承接会展溢出效应，抢抓"一城两翼"和西虹桥商务区

开发建设的重要机遇,加快产业转型升级,优化产业结构,把104区块作为徐泾未来发展的生命线,强势推进新增长极培育。"中国会展经济研究会产业会展促进中心"与"上海国际会展产业园"双双落户徐泾,全面盘活104区块以及周边存量土地和楼宇资源搭建了平台,加强平台招商,大力扶持特色产业园区发展,形成徐泾会展的品牌集聚。

虹桥大会展远距离辐射,以商务会议、研发等为主导。华为、IT小镇落户,打造升级版的"中国硅谷"。世界手工艺产业博览园落户徐泾,壮大了徐泾文化产业,增强了徐泾的文化软实力。世界手工艺产业博览园不仅是继承和弘扬中国传统文化的一个重要基地,更是青浦乃至上海的一张具有中华文化特色的国际新名片。上海世界手工艺产业博览园2016年被列入上海市文创办重点支持的项目,成为上海乃至全国工艺美术领域、文化创意产业的典范,成为中华传统文化在上海崛起的重要标杆。文创产业将成为徐泾镇可持续发展与城市再生的新引擎。

2017年5月,习近平主席在"一带一路"国际合作高峰论坛上宣布,中国将从2018年起举办中国国际进口博览会,表明了中国新一轮对外开放和主动向世界开放市场的决心。主动对接进博会,大虹桥的配套已经全面提升,虹桥商务区依托明确的国家战略定位、完善的交通、商业及会展配套,使企业与投资者信心倍增,迎来了世界顶尖五百强企业抢驻的井喷期。随着全世界大企业的聚集,引进的城市资源与精英人脉正在悄然改变整个大虹桥的商办市场面貌,使其成为集世界级交通枢纽、五百强总部商务、顶级商务圈配套于一体的全球资本总部大本营,带动了青浦区经济的腾飞。

(二)支持大物流稳步发展

在虹桥交通枢纽的辐射下,在以华新、重固为重点的两个物流总部基地的发展下,目前青浦区集聚快递业务经营许可企业88家,规模以上交通运输企业48家,全国和区域快递总部14家,快递产业发展保持良好的势头。

取得的成绩有:(1)信息化程度稳步提升。圆通速递牵头联合工业和信息化部电信研究院、中国重型汽车集团有限公司、北京国邮科讯科技发展有限公司、上海物联网有限公司、中国联合网络通信集团有限公司(中国联通)5家单位共同组建的"物流信息互通共享技术及应用国家工程实验室"于2017年5月获国家发改委批准并开始建设。这是物流行业目前唯一一家国家工程实验室,是对圆通速递信息化科技化能力、创新研发能力以及资源整合能力的充分肯定,将为推动物流信息互通共享的技术进步和产业发展提供技术支撑。(2)资本化进程进一步加深。"三通一达"四家快递企业总部均成功上市,这是快递产业平台资本化发展的一个重要节点,诸多二线快递企业资本化进程亦进一步加快,如优速物流2017年初通过银行授信和A+轮融资获得20亿元融资,一米滴答年中完成3亿元B轮融资。可以预计,青浦作为快递物流总部集聚地,在汇集了物流、人流之后,将迎来资金流的集聚。(3)成功建设国家火炬特色产业基地。青浦区快递物流产业集聚发展,发挥自身特色优势,聚焦智慧物流新领域,探索智慧物流模式,实现智慧物流关键技术突破,获得更强产业竞争优势,成为区域经济发展方式转变的引擎。2017年,青浦区国家火炬上海青浦智慧物流特色产业基地成功获批,是国家科技部对我区快递物流产业从传统物流向智慧物流转型升级的充分肯定。

需继续推进的是:(1)专项资金扶持物流产业发展。一是争取上级资金支持政策,2016年圆通与申通,2017年中通、韵达和德邦成功获批全市贸易型总部并得到政策优先支持,中通和一米滴答也获得"2016年度上海市服务业发展引导资金"扶持。二是加强区级扶持力度,2017年通过区级现代服务业转型资金政策扶持16个快递物流项目,扶持资金978万元。(2)推进企业标准化建设。圆通速递有限公司承担建设任务的国家级快递服务标准化试点项目是我区首个国家级服务标准化试点项目,于2017年5月下旬顺利通过国家标准化管理委员会组织的专家组现场评估。项目建设过程中圆通速递先后参与完成了20余项国家标准、行业标准研讨,导入了标准化、流程化、制度化、信息化、国际化的"五化"模式,建立了由238项标准构成的较为科学、完整的快递服务标准体系,实现了具有圆通特色的快递服务模式。在此基础上,德邦物流的"物流服务标准化试点"获批2016年度市级快递业服务标准化试点项目,申通快递的"快递网络全连通标准化试点"获批2017年度市级快递业服务标准化试点项目。项目建设顺利,以点带面,建立和不断完善适合自身发展的物流标准体系,进一步提升服务的安全性和能力,有效提高整体快递物流行业水平,形成具有行业优势的核心竞争力,成为上海现代物流服务业中的新亮点,需大力支持。(3)提升物流行业安全服务水平。一是积极应对解决企业安全用油问题,下达整改通知,约谈企业重申严禁各快递物流企业流动非法加油,听取各方意见探索增设加油站等合法渠道,疏堵结合保障企业安全用油。二是保障业务高峰期平稳安全运营,落实企业主体责任,杜绝疲劳驾驶、超载超重等情况,实施"错峰发货、均衡推进"机制,在高峰期重点路口安排警力进行管理,有效减轻高峰期道路交通压力。(4)推动产业平台间融合发展。鼓励快递物流企业多元化发展,向产业链上下游延伸。一是加强与北斗平台合作交流,推动上海北斗导航创新研究院、上海交通大学、德邦物流共同成立"快递物流空间数据应用工程中心",推进北斗+物流信息技术应用和发展,启动"智慧物流空间数据分析应用"项目。目前,德邦物流的所有6 000余台物流车辆均配备了北斗GPS定位终端,整个物流配送过程实现全过程监控,采集物流过程数据,推动利用智能化的物流空间数据分析技术手段优化快递共性问题,提供全面物流信息技术的解决方案。下一步需要推动北斗平台与快递物流产业平台深入合作,跨界融合,交流发展。二是依托跨境电子商务,为快递物流企业开展多元化经营与国际化发展提供便利。目前已完成跨境电商物流集中监管场所备案1家,绿地铂选、洋码头、大田物流等食品化妆品仓库备案企业6家,跨境电商企业备案29家,电商商品备案12 000余种,加快我区向上海海关申请跨境电子商务出口功能。

(三)促进大商贸智能化发展

大虹桥的发展定位是基本形成"产城融合发展、环境生态文明、配套优势明显、区域特色鲜明"的世界一流商务区框架,逐步朝着"长三角城市群联动发展新引擎"和"世界一流水准商务区"的发展目标迈进,逐步将商务区打造成为服务长三角、面向全国和全球的一流商务区。目前,虹桥商务区建设卓有成效,已经取得了阶段性成果。数据显示,2017年底,大虹桥入驻企业达到1 000多家,包括罗氏制药、壳牌石油、长江实业、万科等世界500强在内的国际知名企业,未来三年,入驻企业将达到3 000家。

取得的成绩有:在大虹桥的辐射下,青浦区以赵巷镇商业商务区为核心,以奥特莱斯、米格天地、吉盛伟邦、豪车汇、元祖梦世界等重点商业项目为主体,加快赵巷商业商务区升级发展,全力打响"上海购物"品牌。政府正在加快商区的"智慧商圈"建设,已在5月底完成"i上海"等免费WiFi的覆盖,在2019年8月底完成100个摄像探头的安装布点。已协助落实百联奥莱监控系统的数字化改造,完善软硬件对接,为实现人脸识别、人流统计等大数据分析功能打好基础,形成智能导购、智能停车等新零售消费体验,不断向智能化方向转型发展。徐泾镇目前E通地块内鼎沪实业有限公司新建的两栋楼宇与E通世界达成联盟招商战略,正式签署了委托招商协议,目前招商客户入驻率已达87%。金博地块已与吉利集团正式签约。徐泾镇已经完成食尚天地和永业两个大型商业体内的承接动员,督促企业围绕进博会消费承接制定营销方案;会同质监所完成梳理餐饮企业的排摸,选定龙庭酒家做为特色餐饮企业;会同镇文广中心对社区文化活动进行梳理。朱家角镇重点引进了两个特色"园中园"。一是中采服务贸易产业园,旨在建设成为全国首家社会化经营性服务贸易产业园区和沿海开发地区第一个以服务贸易为主营业务的专项产业园区。另一个特色园区是华院华东互联网产业园,力争建设成为上海市互联网产业创新先导区、高端人才汇聚区和应用服务示范区。2018年上半年,中国物流与采购联合会服务贸易分会落户朱家角,中采服务贸易产业园已入驻企业240家。

存在的问题是:(1)奥特莱斯作为品牌直销购物中心,引进了众多国际知名品牌,形成了一定的品牌效应,但是由于税收等因素其销售价格仍然偏高,因此无法充分体现品牌直销方式的价格竞争优势,潜在的消费人群大量流失,销售潜力没有得到充分挖掘。(2)奥特莱斯因电商冲击及周边道路拓展维修,米格天地因电商冲击及业态转型,均导致2018年上半年销售额下降。(3)周边公共设施有待完善,奥莱周边道路拥挤,经常造成堵车,停车问题突出。(4)在新商事制度下,新注册商贸企业逐年增多,但是商贸企业投资少、经营范围广等特点,更容易成为虚开骗税活动的载体,给管理工作带来了挑战。

可以采取的措施:(1)停车问题,建议奥特莱斯应充分挖掘自身潜在资源,在有限的场地空间内做足文章,在不超过总体容积率的大原则下,可以尝试引入立体停车场(库)。探索市场调节机制可行性,尝试利用周末节假日停车收费等手段调节车流导入。(2)加快推动商区产业调整和配套建设,推动吉盛伟邦二期向全球智能产业中心、国际贸易总部中心转型。支持米格天地优化自身业态结构,围绕家庭时尚体验购物中心的定位突出自身特色,促进线上线下融合,探索体验式消费模式。(3)加快智慧商圈一体化综合服务平台建设,实现无线网络全覆盖和摄像头的安装布点,协助百联奥特莱斯监控系统的数字化改造,促进数据的互联互通,为智能导购、智能停车等新零售体验打下基础。

二、重点发展高端信息技术和高端智能制造

(一)园区产业调整,为两高企业"腾笼换鸟"提供新空间

合理利用政策,继续清退不符合产业导向的低效企业,严格准入标准,广泛开展招商引资,着力引进高新产业,提升园区产业能级,推进高新产业集群化发展。重点是深化推进会展、北斗导航、快递物流、民用航空四大产业功能平台建设,拓展推进跨境电商、新材料、软件信息、人工智能及新能源汽车等产业功能平台建设,加强平台产业链和价值链招商,重点聚焦华为信息、威马汽车、中核建新能源,加快培育百亿级龙头企业和千亿级产业集群。全方位对接中国国际进口博览会。华新镇构建特色物流园和高端制造产业园,凝塑这两大龙头产业的聚集效应,服务好中控北斗数传科技、德国高端制造园建设,同时聚焦对楼宇经济等新兴业态的招商攻坚。

(二)新兴产业园区加速两高产业发展

北斗导航园区已具规模,需大力扶持。园区已集聚北斗导航相关企业百余家。北斗西虹桥基地在引进企业时,十分注重在产业链上形成紧密的上下游关系,开园3年多来产业集聚效应明显,已形成了较为完整的垂直产业链分工。产业链上游有海积、金赞、北伽等企业,这些企业致力于导航芯片研发、相关导航机器的零部件生产;中游有真灼、华测、索罗斯腾、联适、艾倍科等企业,主攻导航产品,如测量接收机、综合控制系统等;下游有普适、势航、博冕、齐运、爱喜、心云等企业,主要提供基于北斗导航核心技术的综合测绘服务、健康监测服务、公共交通服务等,还有一些产业配套和跨界融合企业。

市西软件园开发建设需继续稳步推进。

目前规划建设工作按计划稳步实施，已落实熊猫双子楼1.1万平方米大平层空间载体，启迪馆和漕河泾馆两个科技馆已落地，已启动C6、C6-08、D2-07三个地块的土地收储，已出让四个地块约425.21亩。特色产业已初见雏形，相继引进了以华为云为代表的大数据产业，以网易为代表的互联网产业，以汉得信息技术为代表的方案解决产业，以安谋中国、悦典电子为代表的技术研发产业，以震坤行为代表的现代服务产业，以精测电子为代表的总部类经济。需加强平台机构的深化合作，主动对接临港控股、清华启迪控股、安谋中国、华为云创新中心等专业平台机构，以商招商，招大引强，加快产业导入。

（三）打造总部经济集聚区，促进两高企业进驻

重固镇依托现有的医疗器械、危化交易产业平台和申通物流总部，积极打造"总部经济产业园区"，提升平台的集聚效应，加快构建现代化新型产业体系，重点推进落实申通快递智能物流示范基地建设、福泉山园区整体转型工作，提升现有产业能级，全面推动了195区域转型发展。注重强化服务意识，积极推动企业走向资本市场，培育推进华培动力、什马金融、富勒信息、高昕节能、颜钛实业、宝银金银、诺与汽车、赢朔电子等8家企业上市、挂牌进程。朱家角镇正在以轨交17号线产业走廊建设和"华为"生活区辐射效应为依托，通过打造医疗器械产业园等方式，吸引优质企业、研发企业落户，逐步形成总部经济产业集聚。中核建正在青浦的西虹桥商务区内打造中国核建上海科创园，集聚集团各类优势资源，建设中国核建第二总部，形成总部经济、教育培训、科技研发、金融租赁、海外市场开发等综合功能。

（四）专项资金扶持优势企业做强做大，转型为两高企业

积极采取创新举措，优化企业服务，扶持优质企业进一步做大做强，拓展延伸产业链，带动产业集聚。在政府的支持下，白鹤镇的青平、复旭、长隆、奇品4家企业共6台锅炉正在积极地进行低氮技术改造，减少锅炉的固体烟尘排放及二氧化硫等污染气体的排放造成的大气污染。华新镇加强龙头产业规划与升级，专项资金扶持中通、圆通等10多家企业申报青浦区品牌、现代服务业等专项资金，扶持"专精特新"中小企业19家。金泽镇服务好企业的并购重组，包括上海达卡供应链管理有限公司、上海星河数码投资有限公司、饱饱（上海）影视文化发展有限公司、合十基业（上海）投资控股有限公司。朱家角镇共计扶持荣泰、永冠、摩尔舒等12家企业申报展会项目扶持资金；扶持海鼎、佩纳、精细五金等7家企业申报"专精特新"企业扶持资金；其他现代服务业、技术改造等项目共计33家企业。

（五）推进企业服务实事工程，让企业员工安居乐业

园区职工家园120套人才公寓房的提升改造工作已经完成，重点企业员工于2019年6月底实现拎包入住。而工业园区的员工出

行难已经困扰了企业很多年,轨交 17 号线开通后,为员工出行提供了便利。因此,政府出面协商,赵巷站、汇金路站、青浦新城站及漕盈路站等 4 个站点,与重点落户企业之间的 8 条工作日高峰时段短驳班车线路,已于 7 月上旬全面正式投入运行,部分解决了员工出行难的问题。但是园区员工仍然希望出行能够更方便,建议至少要步行 10 分钟之内有车站能够短驳到地铁,车次间隔时间最好在 20 分钟之内,保证晚上 10 点钟之前工业园区的员工能够出得去,进得来。

三、加快发展文旅健康产业

青浦紧邻虹桥枢纽,高速畅达长三角,轨交 17 号线直通淀山湖、朱家角、东方绿洲,是上海特色旅游度假、康体疗养、品质休闲等第一宜居之选。上海的"水之源"在青浦,上海 21 个天然湖泊都汇集在此,并且全部位于青西地区。朱家角、金泽、练塘三镇联动发展,正在以博登湖区、日内瓦湖区等世界著名湖区为发展蓝本,发挥淀山湖生态、人文、空间、成本等优势,在西上海打造一座"世界创新湖区"。崧泽、福泉山、青龙镇正在被打造成上海的历史文化走廊,现已开放崧泽博物馆、规划建设崧泽遗址绿地公园。元祖梦世界、青浦万达茂等大型商业综合体也将在不久后建成营业,加上青浦自身优越的生态环境打造的青西郊野公园以及淀山湖新城 21 千米水系公园,来到青浦的人们可以尽享休闲品质生活。

朱家角镇正在积极推进"文创＋基金"特色小镇建设,积极协助朱家角镇景区 5A 创建、张马美丽乡村 4A 创建、张马研学基地建设、张马民宿试点等工作,重点打造"四园一岛"、特色民宿、"学农基地"等农事旅游点,探索、落实新增旅游景点、旅游线路、旅游项目,承接地铁 17 号线开通带来的更多游客,满足不断增长的旅游需求,让旅游业真正成为朱家角的支柱产业,这些均可以成为"东方威尼斯"变身前奏。

尚都里,十四载深耕朱家角,给朱家角传统古镇注入了新的生命力。新兴建筑尚都里入驻朱家角,邀请国际顶尖建筑设计师登琨艳、张永和、柳亦春及马清运联合打造,最终以流行的"仿古街"模式截然不同的面貌出现,人为打造自然生成了朱家角新的"镇中镇"。原汁原味的古镇,配以当代人喜爱的现代时尚元素和商业设施,形成了一个具有新江南韵味的建筑群落,把朱家角打造成一处不失烟火气的世外桃源,让更多的年轻人回归到江南水乡。十多年前很多年轻人离开了江南水乡,没有商机没有活力慢慢老龄化了,这样的一个城市会被年轻人遗忘。一个城市如果没有年轻人,就缺乏了活力会慢慢衰败。无论是小镇也好,城市也好,年轻人一定是其核心和灵魂。所以尚都里来到了朱家角,将呼唤更多的人热爱水乡、喜欢水乡、回归水乡。

(供稿单位:青浦区工商业联合会,主要完成人:李建明、蒋华、王炜)

2019

理论研究

上海民营经济

专题十六

民营企业和民营企业家是自己人

在中国特色社会主义发展新时期，2018年11月1号习近平总书记在京主持召开民营企业家座谈会具有特殊重要意义。习近平在讲话中对改革开放与民营经济这一当代中国重大命题，对中国特色社会主义道路指引下的基本经济制度作了深刻的分析和高度总结，尤其讲话中首次鲜明提出"民营经济是我国经济制度的内在要素，民营企业和民营企业家是我们自己人"。这一重大论断和持续落实，为中国改革开放的发展理论注入了新内涵，为社会主义市场经济深化发展提供了强劲新动能。

一、经济制度的内在要素

习近平在讲话中进一步阐述道：民营经济是社会主义市场经济发展的重要成果，是推动社会主义市场经济发展的重要力量，是推进供给侧结构性改革、推动高质量发展、建设现代化经济体系的重要主体，也是我们党长期执政、团结带领全国人民实现"两个一百年"奋斗目标和中华民族伟大复兴中国梦的重要力量。这"四个重要"理解是民营经济是我国经济制度"内在要素"的指针，是推动中国特色社会主义现代化建设的重要方面。

（一）民营经济是社会主义市场经济发展的重要成果

我国非公有制经济，是改革开放以来在党的方针政策指引下发展起来的。党的十一届三中全会以后，我们党破除所有制问题上的传统观念束缚，为非公有制经济发展打开了大门。改革开放汲取了建国之后搞"一大二公"大锅饭，"大一统"计划经济从而导致国民经济长期停滞不前的深刻教训，进行了体制性的反思变革，其根本就是进行以产权为核心的所有制结构改革，从而建立社会主义市场经济体制。

产权问题改革因与民营经济的所谓"非公"特点相联系，始终是争议最多，改革难度最大，也是突破亮点最显著的"改革之钥"。

改革开放围绕所有制调整变革，大致经历了四个阶段，这也成为民营经济发展的缩影。从"允许试"到"有益补充"，再到"社会主义市场经济重要组成部分""两个毫不动摇"，直至平等保护产权，反映出所有制调整改革不断走进市场化、理论化、系统化、法治化的现代市场经济体制。

中国的民营经济是在党的改革开放方

针,尤其是鼓励创业发展的政策指引下成长起来的,是在所有制结构调整中发展起来的,是在产权保护制度不断强化完善的条件上兴旺起来的。改革开放建立了"以公有制为主体,多种经济成分共同发展"的社会主义基本经济制度。该制度以所有制构成成分为中心内容,以新兴经济成分共同发展作为理论突破重点,成为中国改革开放的重大理论和制度成果,也成为中国特色社会主义市场经济体制的显著特征。

(二)民营经济是推动社会主义市场经济发展的重要力量

"社会主义也可以搞市场经济",这是以邓小平为代表的中国共产党人划时代的判断。党的十九大报告指出:经济体制改革必须以完善产权制度和要素市场化配置为重点。这是对改革开放伟大实践的总结。

中国的改革开放坚持产权制度改革主线,释放社会主义市场经济巨大红利,极大解放和发展了社会生产力。从市场主体的角度看,一方面是从增量这部分突破,主要从允许存在到积极发展民营经济,带来了市场经济新体制。另一方面是国有企业改革,这部分是存量改革。提出了建立产权归属清晰为核心的现代企业制度和市场化、现代化、国际化的改革目标。正是在产权改革的一致性、互动性、互补性的基础上,得以形成公有经济与非公经济相互促进的新格局。

民营经济具备与市场经济相适应的产权属性,具有产权归属清晰、责权明确,流转顺畅的特征,具有生产要素市场化、产权关系独立化、生产经营自主化的经营机制和运行机制,符合市场经济运行规律。产权制度明晰,使产权具有定价、流通、分配,使用等市场化的最大功能,能最有效发挥企业家和人力资源的创造力,从而最有效配置资源,组合生产要素,创造新的强大生产力。

非公经济成为国民经济中发展最快,活力最大的经济力量,在整个经济体系中稳居重要地位。民营经济贡献了50%以上的税收,60%以上的国内生产总值,70%以上的技术创新成果,80%以上的城镇劳动就业,90%以上的企业数量,撑起我国经济的"半壁江山"。可以说,没有民营企业的发展,就没有整个经济的稳定发展;没有高质量的民营企业体系,就没有现代化经济体系。

在党的富民政策指引和鼓励下,中国出现了人类历史上最壮阔的全民创业热潮,非公经济如雨后春笋草根起家,勤奋致富,以爆发式力量推动世界第一制造大国、第一消费市场的诞生。工业化有力推动了城市化进程,40年来,我国城市化率从19%跃升至60%,近3亿农村人口进城务工,这一"扭转乾坤"之举,将世界最多人口国家的人口压力转化为人口和市场红利,转化为经济比较优势。

(三)民营经济是推进供给侧结构性改革、推动高质量发展、建设现代化经济体系的重要主体

当前,我国经济正在由高速增长阶段转向高质量发展阶段,处在转变发展方式、优化经济结构、转换增长动力的攻关期，民营企业直面新经济发展趋势和市场大潮的洗练，积极转型发展、绿色发展、协调发展，以企业内功的新提升赢得市场发展新机遇。

民营企业表现出对市场环境和政策变化适应能力强、企业家精神强，有恒产恒心等诸多优势，后来居上，成为我国"科技创新的重要主体"，创建创新型国家的生力军。在全国高新技术开发区当中，民营科技企业占到了70%以上，所提供的科技创新成果也占了70%以上。根据全国工商联的统计，民营经济现在为中国经济贡献了65%以上的专利，70%以上的技术创新，85%以上的新产品的开发。

党对非公经济发展方针政策不断与时俱进、深化完善，成为我国经济体制改革和国家治理体系现代化的重要方面，指引非公经济发展的伟大实践走向法治化、制度化，并不断深化完善中国特色社会主义基本经济制度。

就整体而言，民企和国企处于产业链的不同位置，并非相互替代的零和博弈关系，而完全可以成为"高度互补、互相合作、互相支持"的市场共同体。中国特色社会主义新实践和新理论开辟了社会主义道路和政治经济学新境界。

（四）民营经济是我们党长期执政、团结带领全国人民实现"两个一百年"奋斗目标和中华民族伟大复兴中国梦的重要力量

改革开放的中国创造了经济奇迹，从一穷二白跨入经济总量世界第二，成为推动世界经济发展贡献最大的强劲引擎，成为自世界工业文明以来唯一连续40年保持年均百分之八以上高增长的国家，近现代史上，我们从来没有今天这样接近世界中心舞台。我国经济发展能够创造中国奇迹，民营经济功不可没。伟大历史变革表明，民营经济从本质上讲是人民大众的创业经济，是实现国家振兴的社会伟力，是党长期执政实现的重要资源和社会基础。

企业是国家经济实力的基石，国家的经济实力和竞争力源自企业的实力和竞争力，让中华民族屹立于世界民族之林，首先需要出现一批相应的中华牌世界级企业和跨国公司。值得引以为豪的是，中国民企已成为为国争光的生力军，世界品牌企业的先锋队。2019年最新公布的世界500强企业中，中国公司数量达129家（含台湾地区10家），总数首次超过美国（121家），其中中国民企占据半壁江山。在更能衡量企业国际水平的核心竞争力的世界品牌企业中，中国民企更是崭露头角，影响不凡。

国际著名专业机构Interbrand评选世界品牌企业一百强，参评企业必须达到高水平国际化，经营业务范围至少覆盖三大洲，国际收入占营收三成以上，在Interbrand的2017年百强榜上，中国华为、联想两家民企脱颖而出。由世界最大传媒服务集团WPP旗下著名专业机构Brandz发布的2018年世界知名品牌一百强榜单上，中国有14家令人尊敬的企业入选，其中上榜的6家民企均为创新型、科技型企业，表现抢眼（具体是腾讯、阿里巴巴、百度、华为、京东、顺丰速递），腾讯、阿里巴巴更是创纪录地进入前十。回望中国经济加速转型，提质增效历程中的企业表现，可以明显看出中国民企借助中国综合条件和自身优势，正奋力抢占人工智能，数字经济为标志的第四次工业革命先机，成为中国弯道超车和拥抱未来的先行者。

非公经济也是国家经济、民族经济的重要组成部分，事关维护国家经济主权和安全。

当前，以美国为首的国家主义、民粹主义、国际贸易中的单边主义加剧，逆全球化行为不断升级，对世界经济秩序和发展预期的冲击不容小觑。中兴芯片事件、制裁清单事件更警示国人，关键核心技术是企业和国家的命门，必须立足于自主创新研发。把扩大对外开放与坚持自力更生相结合，是中国的坚定方针，积极发展壮大本土企业，核心关键技术领域立足于自主研发是重要的战略举措。2016年，习近平同志在网络安全和信息化工作座谈会上讲话中指出，"非公有制企业搞大了、搞好了、搞到世界上去了，为国家和人民做出更大贡献了，是国家的光荣。党和政府当然要支持，这一点是毫无疑义的"。改革开放在中国大地上形成的一大批具有竞争力、创新性和发展潜力的民营企业，与国企竞合相长、共同形成我国经济发展的中坚力量，在经济全球化进程中必将更加有效地维护国家经济主权，提升国家的核心竞争力。

二、民营企业家是自己人

新的历史时期，党确立了在非公经济领域的工作方针"促进非公有制经济健康发展、引导非公有制经济人士健康成长"。"两个健康"有机统一，相互依存，相互促进。两者的重点和前提是非公经济人士要健康成长，也要作为党和国家的人才。改革开放在创造辉煌经济成就的同时，在社会领域相伴形成了非公经济人士等新的社会阶层，成为社会转型发展的重要支撑。如今人们熟知改革开放之初安徽"傻子瓜子"业主年广久与邓小平的故事。当时，对一个初生工商户的争议竟需要层层反映至最高领导层发声。邓小平提出"不能动年广久，一动就人心不安。"之后又在有关报告上批了六个字"放一放，看一看"。中国私营经济得以在"允许试""刀下留人"中摇晃起步。这从一个侧面反映出非公经济人士面临的巨大阻力，也更显示出来之不易的改革决心和决策智慧。

（一）非公经济人士更新中的"身份证"

在相当长一段时间里，一方面非公经济成分快速发展，另一方面，非公经济人士身份不清晰，其政治和社会性质属性成为有争议质疑的话题，这日益成为党和国家所面临的执政理念和治国方略的重大课题。党对于非公经济人士的指导思想同样经过长时间不断激浊扬清、与时俱进的发展。

1983年胡耀邦亲自接见集体经济和个体

经济代表，发表了《怎样划分光彩和不光彩》的重要讲话，对传统观念作了颠覆性修正，首次为个体劳动正名，指出年轻人自食其力是光彩的，倚靠国家不劳而获才是不光彩的。一些个体工商户闻言激动万分，"放声大哭"。

1987年5月，邓小平在中央书记处讨论工商联工作时指出，要加强私营企业者的工作，使他们做一个合格的经营者，通过多种形式的经营为社会主义经济建设做出贡献。

1991年7月，中央批转中央统战部"关于工商联若干问题的请示"的通知中，明确指出，工商联工作（经济统战工作）的重点是做私营企业主的工作，并且指出现在的私营企业主"不应和过去工商业者简单地类比和等同，更不要像50年代那样对他们进行社会主义改造"。

具有重大的理论和政策突破意义的论断出现在纪念建党80周年大会上，经过长期艰苦的调研论证和酝酿，大会具有时代意义地提出"中国特色社会主义建设者"的著名思想。

2001年江泽民"七一"讲话，提出非公经济人士等"六种人"是"中国特色社会主义建设者"，进而提出他们中的先进分子可以入党。这一著名观点在社会上引起了极大反响，有力提高了人们的认识，极大振奋了广大非公经济人士在党的领导领导下投身社会主义建设的热情。

2002年党的十六大对非公经济人士的定位属性作出纲领般的明确重申，同时阐述大政方针。报告延伸"七一"重要讲话精神，对相关重大理论问题，尤其对财产与政治表现，劳动价值理论，个人合法收入依法保护等作了新的重大论述，形成改革开放的重大理论成果。

党的十八大以来，以习近平为核心的党中央以新时期中国特色社会主义理论为指针，坚持和发展中国特色社会主义建设者理论和实践，取得新的重大成果。在中国特色社会主义建设者问题上提出"民营企业和民营企业家是自己人"经典论点，从根本上回击了所谓的"离场论"，"国进民退"等错误言论，在业界最关切的问题上融合了中国特色社会主义道路与民营企业家的关系，为多年的理论探索和争鸣作了总结性结论，亮靓的自己人"身份"让民营企业家吃了"定心丸"，激发了其自信心、荣誉感。

（二）"自己人"的理论基础

把握"自己人"思想，要始终不忘初心，遵循"解放思想，实事求是"这一根本思想路线，认真学习领会党的改革开放的发展历史和宝贵经验，学习领会新时期中国特色社会主义理论新成果，注重分析把握"自己人"理论的内外因素和逻辑关系。

1. "自己人"地位是由我国基本经济制度规定的，是由法律法规政策保障的

我国《宪法》总纲第十一条规定："在法律规定范围内的个体经济、私营经济等非公有制经济，是社会主义市场经济的重要组成部分。国家保护个体经济、私营经济等非公有制经济的合法的权利和利益。国家鼓励、支持和引导非公有制经济的发展,并对非公有制经济依法实行监督和管理。"中共党章总纲也明确规定:"中国共产党领导人民发展社会主义市场经济。毫不动摇地巩固和发展公有制经济,毫不动摇地鼓励、支持、引导非公有制经济发展。"《宪法》是国家根本大法,《党章》是"党内根本大法",两者从根本上保障了民营经济的"自己人"地位。

2. "自己人"理论是党的指导思想重大发展成果和新的重大实践总结

受传统教条主义和左的路线影响,在计划经济时代,非公经济自然被列为非社会主义成分的改造对象和异己力量。这些年改革开放的实践表明,这一状况成为如何认识和怎样建设社会主义面临的长期纠结的突出问题,是影响从业者担忧"姓资姓社"的关键所在,同时,这一"牛鼻子"也是推动改革开放深入发展的突破口和爆燃点。

党的指导思想适应新的历史条件和伟大实践需要,不断创新发展,永葆活力生机。

应该清晰地看到,当代发展社会主义市场经济,与马克思主义创始人当时所面对和研究的情况有很大不同。应该结合新的实际,深化对社会主义社会劳动和劳动价值理论的研究和认识,出发点是要尊重和保护一切有益于人民和社会的劳动。不论是体力劳动还是脑力劳动,不论是简单劳动还是复杂劳动,一切为我国社会主义现代化建设作出贡献的劳动,都是光荣的,都应该得到承认和尊重。不能简单地把有没有财产、有多少财产当作判断人们政治上先进和落后的标准,而主要应该看他们的思想政治状况和现实表现,看他们的财产是怎么得来的以及对财产怎么支配和使用,看他们以自己的劳动对中国特色社会主义事业所作的贡献。要形成与社会主义初级阶段基本经济制度相适应的思想观念和创业机制,营造鼓励人们干事业、支持人们干成事业的社会氛围,放手让一切劳动、知识、技术、管理和资本的活力竞相迸发。

从党的建设的新发展而言,要适应和引领社会的深刻变革发展,以更广的视野善于引领全社会各个方面忠诚于祖国和社会主义优秀分子先锋队,能聚伟力方创伟业。按照新发展观,要把符合党员条件,作为吸收新党员的主要标准。应该把经过长期考验、符合党员条件的新社会阶层等各方面的优秀分子吸收到党内来,成为党组织的人。

3. "自己人"体现了我国基本经济制度的多种市场主体结合的制度优势,是中国特色社会主义市场经济体制的创新成果

非公经济在我国经济中的比重超过半数、非公经济人士发展成为一个新的社会阶层,一些人担心听任非公经济这么发展下去,公有制的主体地位不保,党执政的经济基础就会"地动山摇"。另一些人,则从非公经济带来的负面影响出发,认为非公经济人士靠不住,主张追究"原罪"。2015年在中央统战工作会议上,习近平指出,"社会主义基本制度和市场经济有机结合、公有制经济和非公

有制经济共同发展,是我们党推动解放和发展社会生产力的伟大创举","只要坚持中国共产党领导,只要坚持公有制为主体、多种所有制经济共同发展,社会主义制度的优越性不但不会削弱、而且会不断增强,我们党执政的基础不但不会动摇、而且会更加稳固。"

(三)新形势下"两个健康"再出发

随着党的新社会阶层理论的创立和突破发展,极大增强了社会主义道路对非公经济人士的引导力、感召力和向心力,鼓舞坚定了业界的持续发展信念、激发了争做优秀建设者的蓬勃活力。

根据党的"培养合格的中国特色社会主义建设者"的要求,统战部门,工商联会同有关方面遵循"团结、服务、引导、教育"的工作方针,加强改进新时期民营企业家队伍思想政治工作,加强队伍建设,开展政治培训、主题教育、综合评价、评选表彰、光彩活动、政治安排等,让非公经济人士从组织的人,更好地成为自己的人。

"两个健康"的方针久久为功。全国非公经济人士数量从1992年30万人到目前已达上亿人左右庞大群体。他们大多数属于先富裕起来的社会群体,经济上有实力,社会上有影响,知识上有造诣,不仅在市场经济上贡献非凡,同时,在党的领导下有序参政议政,参与国家和社会治理,积极承担社会责任,弘扬"义利兼顾、以义为先"的光彩精神,把企业的发展与国家的发展结合起来,成为党执政安邦的重要助手。目前,以非公有制经济人士为主的新的社会阶层自身素质不断提高,参与政治和社会事务的意愿和能力不断增强。在各级人大代表、政协委员、人民团体和各类社会组织中,均有来自非公有制经济领域的代表人士,他们围绕经济社会发展的各个方面认真调查研究、积极建言献策,有力推进了我国的民主政治建设。

与此同时,民营企业家在市场经济大潮洗练中认真总结反思提高,社会责任感不断增强,投身社会公益和慈善事业的热情高涨。一批领军人物更是觉悟在先,从"首富"转求"首善",立志做"受尊敬的企业",积极投身扶贫开发、治理环境、济困助学、见义勇为等各类光彩工程、希望工程,以创业创新的激情经验为营造"美好中国"奉献年华。

2019年上榜胡润百富榜的企业家中,有79位担任全国人大代表,74位成为全国政协委员,最终人数分别占两大会议的2.7%和3.4%。

2019年改革开放40周年,党中央表彰100名杰出代表,其中民营企业家是入选的主力群体之一,至少有17位民营企业家代表入选。

新形势下的"两个健康"再出发,仍任重道远。要认真总结建国以来尤其是改革开放以来的深刻教训和宝贵经验,始终坚持社会主义市场化改革方向,不断迈上高水平的国际化、法治化、市场化新台阶。

坚持"两个毫不动摇"的基本经济制度,坚定"两个健康"的新阶层工作方针,依然是改革开放的重大原则,依然是国家振兴的强大动力。中国既不能走老路,也不能走邪路,而要开辟中国式社会主义市场经济体制的新路,实现马克思希望的人的全面解放,最大程度调动激发和保护人的积极性,尤其要善待和珍惜企业家精神,这同样是理性看待"中国奇迹",科学解读"中国模式"一个方面的重要题解。

(供稿单位:上海市工商业联合会、上海市民营经济研究会,主要完成人:徐惠明、季晓东、张捍、陆畅、金从强、孙天伟)

专题十七

上海市开展司法延伸服务保障民营经济健康发展情况调研报告

《中共中央关于坚持和完善中国特色社会主义制度 推进国家治理体系和治理能力现代化若干重大问题的决定》中强调:"健全支持民营经济、外商投资企业发展的法治环境,完善构建亲清政商关系的政策体系,健全支持中小企业发展制度,促进非公有制经济健康发展和非公有制经济人士健康成长。营造各种所有制主体依法平等使用资源要素、公开公平公正参与竞争、同等受到法律保护的市场环境。"司法服务是营造良好法治环境中的关键环节,因此,探讨承担司法职能的有关国家机关如何通过开展和加强司法延伸服务来更好地保障民营经济健康发展在当前具有重要的现实意义。

近年来,上海社会科学院法学研究所与上海市工商业联合会、上海市法学会等单位联合对我市民营企业营商司法环境进行调研。通过调研发现司法延伸服务实际供给与受访民营企业的需求之间存在一定的差距。在此背景下,市工商联、市法学会、上海社科院法学所再度联合成立课题组,对我市司法延伸服务情况进行更深入的研究,以求结合民营企业实际需求,推动上海有关机关进一步加强和完善司法延伸服务,及时解决困扰和影响民营企业发展的司法环境上的突出问题,服务保障上海非公经济健康发展,推进优化我市营商环境。

需要提出的是,与西方国家"三权分立"理论上的"司法"不同,中华人民共和国自成立以来一直采用具有中国社会主义特色的广义上的"司法"概念,它包括有关国家机关所依法从事的审判、检察、侦查、执行活动等诸多内容。从这个意义上出发,我国的司法活动主要是由我国的审判机关、检察机关、公安机关和司法行政机关共同承担的,因此本报告对司法延伸服务情况的考察以这四个机关为研究对象。此外,本报告对我市司法延伸服务的考察坚持以保障民营经济健康发展为切入点和聚焦点,调研之中问卷的发放以及座谈会的召开也都以民营企业代表为主要对象。

一、司法延伸服务的理论基础

总结近年来各地司法延伸服务的做法、经验并结合具有中国特色的社会主义法治建设的国情可以发现,我国开展司法延伸服务有着其特有的理论基础。

(一)司法延伸服务的概念和内容

关于什么是司法延伸服务,法律上并没有明确的规定,学术界屈指可数的相关研究成果中也没有统一的认识。课题组经研究认为,所谓司法延伸服务,又称司法服务的延伸,是指有关机关在法定的司法职责之外所开展的与法定职责有紧密联系的法律服务工作。

通过对法院、检察院、公安局、司法局等承担了司法职能的我市有关国家机关的调研发现,各机关对于延伸服务的概念和内容都有着较为清楚的认识。例如,法院有关人员认为:"延伸服务一般是指在法律规定的审判活动之外法院主动延伸的司法服务。主要包括判后答疑、普法宣传、与相关组织的司法协作等。"司法局有关人员认为:"延伸服务一般是指在履行服务职能、完成明确的(约定或法定)工作任务过程中提供的其他服务。"检察院有关人员认为:"检察机关服务非公经济发展延伸服务是指检察机关除了履行以审查逮捕、审查起诉为主要表现形式的办案职能,以及以诉讼监督为主要工作内容的监督职能之外,通过开展一些与主责主业密切联系的工作。检察机关延伸服务主要内容有:对接企业发展需求提供精准高效的法律服务、深化综合治理工作努力化解社会矛盾纠纷、强化法治宣传,建设高素质专业化检察队伍等。"

(二)延伸服务与法定职责的关系

延伸服务与法定职责既有紧密的联系,又有明显的区别。一方面,延伸服务不是法定职责。所谓"延伸",指的就是具体工作向"法定职责之外"的延伸。对于法定的司法职责,有关国家机关必须履行,不得以任何理由拖延履行或拒绝履行,正所谓"法定职责必须为";而对于延伸服务,无论是延伸服务的内容,还是延伸服务的方式,有关机关都可以根据社会需要和自身情况而做出选择。另一方面,所谓"延伸",指的就是"法定职责"的延伸,延伸服务和法定职责有着紧密的联系,两者要保持一致,延伸服务的目的就是为了更好地履行法定职责。如果国家机关开展的有些活动完全与其法定的司法职责完全无关,则这样的活动就不符合延伸服务的特性和要求,不能被视为司法延伸服务。

(三)司法延伸服务的意义

司法延伸服务具有必要性,这是由承担司法职能的有关国家机关乃至我们国家的性质所决定的,是"司法为民""执政为民"重要思想在司法实践中的体现。实践证明,只有始终站稳人民立场,努力践行"司法为民"宗旨,积极回应群众关切,司法工作才能符合民情、体现民意、赢得民心,司法事业才会呈现蓬勃生机和无限活力。

司法延伸服务有助于促进司法功能的顺利实现。延伸服务虽然不是承担司法职能的有关国家机关的法定职责,但它与这些国家机关的法定司法职责有着紧密的联系,延伸服务的目的就是为了更好地履行法定职责,延伸服务的开展在促进司法功能顺利实现方面发挥了重要作用。同时,司法延伸服务有助于宣传法治、化解矛盾并增强人民群众在司法活动中的获得感和满意度,有助于法治社会与和谐社会的建设。

当然,司法活动有其特有的属性,如被动性、中立性、独立性等,因此,承担司法职能的有关国家机关开展司法延伸服务时,必须协调好延伸服务与司法属性的关系,一定不能违反法律法规的相关规定,不能影响到司法的公正。

二、我市司法延伸服务的主要做法

我市各机关近年来都相继开展了一些延伸服务来保障非公经济健康发展,并且取得了一定的成效,积累了较为丰富的经验,还涌现出一批比较典型的案例。

(一)审判机关

上海审判机关坚持深化改革,不断延伸审判职能服务民营企业发展:(1)健全完善立审执兼顾机制,积极推进繁简分流,改革审判方式、简化审理程序,加大速裁和当庭裁判力度,做到简案快审、繁案精审。2018年,上海法院简易程序适用率87.6%,缩短民营企业的涉诉时间,节约诉讼成本。(2)深入推进纠纷多元化解机制和在线调解平台建设,努力为民营企业提供更加多元、便捷、高效的纠纷解决服务。2018年,上海法院诉调对接中心调解成功案件8.7万件,占一审民商事案件结案数的16.5%。(3)全面升级12368诉讼服务功能,提升涉诉民营企业的便利性和高效性。当事人通过12368微信公众号即可进行自助立案、材料递交、案件查询等,实现诉讼服务向移动终端的跨越。平台全年提供各类诉讼服务82.1万次。(4)积极延伸拓展司法职能,采取定期召开座谈会、宣讲会、走访民营企业等多种方式,向民营企业提示涉法风险,杜绝不法行为,为民营经济健康发展提供有针对性的法律服务与保障。例如,奉贤区法院与区工商联建立联席工作机制;金山区法院、虹口区法院等定期开展"非公经济法制服务论坛""基层法律服务行——走进乡镇"等活动,积极服务民营企业创新发展;徐汇区法院、普陀区法院等发布服务保障区域法治营商环境典型案例,对民营企业在内的各类市场主体遵守市场规则、养成守信意识具有积极示范意义。(5)重视发挥司法建议书的作用,促进企业完善法治建设。(6)加强判后答疑,以案释法。一是明确窗口设置。明确要求全市各法院在立案信访接待大厅或诉讼服务中心设立专门的判后答疑窗口,窗口统一设置醒目的"判后答疑"指示牌,张贴判后答疑流程等宣传资料。二是明确答疑范围。除已经申请再审审查和申诉复查的外,当事人对法院依法作出的刑事、民(商)事和行政案件的裁判以及执行的处理有疑惑或不理解,均纳入答疑案件范围。三是明确责任要求。答疑工作主要由作出生效裁判的审判庭负责,一般由案件承办法官或审判长负责开展,立案庭予以配合。答疑人员应态度热情,耐心细致,并对当事人进行必要的心理疏导。四是明确答疑流程。立案庭在处理来信和接待来访过程中,对符合判后答疑条件的申请予以登记,并通知相关审判庭予以安排办理,按照规定的时间和要求予以反馈,并将有关材料交立案庭建档保管。五是明确监督管理。立案庭负责将判后答疑的基本信息输入信访流程管理系统,并对各审判庭判后答疑工作情况进行定期通报。

(二) 检察机关

上海检察机关开展的延伸服务主要体现在:(1) 对接企业发展需求提供精准高效的法律服务。以开展大调研活动为抓手,深入企业、园区,了解企业发展中现实需求,有针对性地提供法律服务;依托检察平台,发挥企业家法律服务工作站的作用,实地开展窗口接待、法律咨询、法律宣传等工作,搭建了解企业法治需求的"快通道";健全和完善检企对接、互访机制,如普陀区院落实"一案一建议一回访"制度;深入企业,以案释法,以普法为先导推进工作;通过开展廉政讲座、旁听庭审、廉政海报展示、警示片展播等方式,通过组织参观警示教育基地、"检察开放日"等形式推进非公有制企业廉政文化建设。(2) 深化综合治理工作努力化解社会矛盾纠纷。强化检察建议公开宣告工作,市人民检察院印发《上海市检察机关关于开展检察建议公开宣告工作的规定(试行)》,召开检察建议公开宣告推进会;采用信息化手段深化司法公开,进一步拓展检察机关网上诉讼服务;加大信访接待和稳控工作力度,采取轮值与预约相结合的方式,完善接访工作的人员安排、窗口管理等,有效发挥民行检察专业优势,解决企事业单位上访难题;健全舆情引导机制,严密构建舆情网络,加强对突发事(案)件的应对处置能力。(3) 强化法治宣传,建设高素质专业化检察队伍。一方面,注重法律宣传,营造宣传大格局。拓宽外界监督和信息沟通渠道,积极构建"微时代"多媒体宣传平台,通过制作微宣传、创设微信公众号等第一时间发布相关案件信息、第一时间回应网民关切热点。通过举行法治论坛、发布检察白皮书、召开新闻通气会等形式,让社会公众和媒体便捷获取相关检务信息。例如,普陀区院发布《互联网经济领域检察白皮书》,全面分析区域内侵犯互联网企业合法权益犯罪的发案规律,提出对策建议,保障创新创业主体合法权益。另一方面,突出核心能力和核心团队建设,加强智慧检务建设。加强与院校、企业的合作,通过检察官研修、赴互联网企业跟班学习等方式,深入开展电子商务、知识产权、电子证据审查专项培训,加快培养一支既懂法律又掌握专业知识的复合型人才队伍。推动12309检察服务中心建设,整合现有的控申接待大厅和案管大厅,将智慧检务融入中心建设中,实现服务便民化,效果便利化。

(三) 公安机关

上海公安机关开展的延伸服务主要体现在:推进"一网通办"建设,紧密围绕"足不出户能办事,跑路最多只一次"的工作目标,着力打通关键环节,实现全流程在线办理,推进电子证照征集和应用,全力压缩审批时限,减少办事材料,并建成"市局、分局、派出所"三级网上"阳光警务"大厅,开通案件进展情况网上查询平台;加强派出所"综合窗口"建设;走进企业调研,了解企业需求;加强法治宣传。

(四)司法行政机关

上海司法行政机关开展的延伸服务主要体现在:(1)优化制度供给。推动建立优化营商环境法治保障共同体,采取多项举措为优化营商环境提供法治保障,助力企业发展成长,努力优化包括民营企业在内的市场主体对法治环境的体验;积极开展涉及民营经济发展的地方立法,并将支持民营经济健康发展有关措施一并纳入立法项目统筹考虑。(2)推进严格规范公正文明执法。会同有关机关联合出台《市场轻微违法违规经营行为免罚清单》,推出全国范围内首份省级跨领域市场轻微违法违规经营行为免罚清单,为各类企业特别是中小企业、新业态、创新型企业在发展初期提供更加宽容的制度环境;全面落实市政府《关于上海建立行政处罚裁量基准制度的指导意见》,指导、监督市级主管部门细化、量化行政处罚裁量权,避免执法的随意性。(3)整合服务资源。组织选拔400余名律师组成17个法治体检律师服务团,围绕"政策宣讲解读、法治环境保障、公司治理结构、风险防范化解"等四方面,为民营企业提供免费公益法律服务,累计为500余家重点民营企业进行了公益法治体检并出具体检报告;二是围绕知识产权创造设立、运用流转、权利救济、纠纷解决、域外保护等环节为民营企业提供公证服务,并对相关知识产权事前、事中、事后进行全程保护,维护民营企业的合法权益;积极拓展商事纠纷调解领域,为商事、金融、保险、证券、知识产权等领域经济纠纷提供低成本、高效率、更便捷的解决途径;推动成立上海仲裁委员会建设工程仲裁院并下设调解中心,制定专门调解规则,将调解与仲裁有效衔接、形成互补,有力提升仲裁服务民营经济健康发展的水平和能级;积极配合"一网通办""双减半"工程,为符合条件的民营企业员工开辟法律援助案件受理绿色通道,大幅缩短审批期限,有些案件实现当日申请当日受理;组织法律援助机构深入民营企业,开展形式多样的法律援助宣传和咨询活动,重点宣传与员工切身利益相关的法律援助、安全生产、社会保障等方面的法律法规和依法维权等基本常识,引导员工依法按程序表达诉求,维护自身合法权利。(4)提供精准法治宣传服务。会同市总工会联合开展"遵法守法·携手筑梦"服务农民工公益法律服务行动,全市42支公益法律服务分队126名律师为农民工提供近200场法治宣传,覆盖农民工近10万人次;组织各区司法局结合本区民营经济发展实际,利用各种宣传载体广泛开展专题宣传,徐汇区打造滨江"建设者之家"等法宣阵地开展法治宣传;闵行区在来沪务工人员集中居住点定期开展法律服务和法治宣传活动;奉贤区组织开展"百堂讲座进企业""送法进快递、外卖从业人员"等主题宣传活动;静安、嘉定、金山、松江、青浦、崇明等区结合春运节点,采取有效形式开展来沪务工人员法治宣传教育活动,受到社会广泛好评。

三、民营企业对我市司法延伸服务的评价

课题组借助上海市工商业联合会的帮助,向我市民营企业发放调查问卷,对我市承担司法职能的有关国家机关开展司法延伸服务情况进行调研,共回收到有效问卷54份。虽然问卷数量不太多,但这些问卷发放对象都是经过初步筛选出来的、与司法延伸服务有所接触的民营企业,因此具有较高的代表性和典型性。课题组按照满意度的计算公式,即评价得分为"100%×很满意+80%×比较满意+60%×一般+40%×不太满意+20%×不满意+50%×不清楚",对问卷结果予以了统计和评分。

(一) 总体评价

关于我市承担司法职能的有关国家机关开展司法延伸服务的总体评价,调查问卷统计结果如表17-1所示。受访企业对于上海市民营企业司法保护营商环境的总体评价得分为87.6分,有超过一半的受访企业选择了评价选项中的最好评价。由此可见,民营企业对我市承担司法职能的有关国家机关开展司法延伸服务的总体评价相当高。

表17-1 总体评价统计表

选项	数目	比例	得分
很好	28	51.85%	51.85
较好	19	35.19%	28.15
一般	6	11.11%	6.67
较差	0	0	0
很差	0	0	0
说不清	1	1.85%	0.93
合计	54	100%	87.60

这种评价结果与我们走访民营企业时所得到的反馈是一致的。例如,调研中民营企业对承担司法职能的我市有关国家机关开展司法延伸服务情况普遍比较满意。又如,有企业反映:"上海市司法机关愿意主动来企业调研,这点其实比很多其他地方的司法机关做得要好,通过调研座谈确实能增进公司法务部门对相关类型案件的理解,了解最新的司法裁判动向。"也有企业反映:"法院组织企业参观模拟法庭效果好,公司员工对庭审程序及证据材料的要件形式有了更为直观的感受,在模拟庭审结束后员工还与法官就商事活动中遇到的问题进行沟通与交流。这样的活动不仅对公司合法合规开展各类业务起到了积极的推进作用,还对公司运营时可能产生的法律风险进行了提示。"还有企业反映:"司法机关提供的讲座或解答内容对解决企业的困惑非常有帮助;司法机关开展讲座的主题非常贴合企业的经营实际,案例具有代表性,对提供企业合法合规经营及维权力度

有帮助。"

（二）分机关评价

从民营企业对各机关延伸服务的评价情况来看，我市承担司法职能的有关国家机关开展司法延伸服务的评价得分从低到高分别是：公安机关、检察机关、审判机关、司法行政机关。不过，四机关得分均在82.41～84.44分，差别甚微（如表17-2所示）。

表17-2 分机关评价统计表

单 位	很 好	较 好	一 般	较 差	很 差	说不清	得 分
公安机关	21(38.89%)	20(37.04%)	10(18.52%)	0(0%)	0(0%)	3(5.56%)	82.41
检察机关	23(42.59%)	17(32.27%)	9(16.67%)	1(1.85%)	0(0%)	4(7.40%)	82.85
审判机关	21(38.89%)	23(42.59%)	8(14.81%)	0(0%)	0(0%)	2(3.70%)	83.70
司法行政机关	24(44.44%)	20(37.04%)	7(12.96%)	1(1.85%)	0(0%)	2(3.70%)	84.44

（三）单项评价

1. 评分较高的指标

在我市承担司法职能的有关国家机关开展的主要司法延伸服务的具体项目方面，评分最高的5项指标根据评分从高到低依次如表17-3所示。

表17-3 评分最高的5项指标

延 伸 服 务 项 目	得 分
1. 公安机关建成"市局、分局、派出所"三级网上"阳光警务"大厅，开通案件进展情况网上查询平台	88.70
2. 公安机关推进"一网通办"建设，实现全流程在线办理	87.41
3. 审判机关加强司法公开服务平台建设	86.92
4. 司法行政机关开展形式多样的法治宣传活动	86.60
5. 公安机关加强派出所"综合窗口"建设	85.93

2. 评分较低的指标

在我市承担司法职能的有关国家机关开展的主要司法延伸服务的具体项目方面，评分最低的5项指标根据评分从低到高依次如表17-4所示。

表17-4 评分最低的5项指标

延 伸 服 务 项 目	得 分
1. 检察机关开展大调研了解企业需求	78.33
2. 检察机关健全检企对接、互访机制	78.70

续表

延伸服务项目	得分
3. 公安机关走进企业调研	80.37
4. 检察机关建立企业家法律服务工作站	80.56
5. 检察机关强化检察建议公开宣告工作	83.15

(四) 突出问题

课题组在调查问卷中设置了一项多选题,调查民营企业所认为的我市司法延伸服务存在的突出问题。调查问卷共提供了9个选项,要求填表者从中做出不超过5项的选择。该题的统计结果如表17-5所示。

表17-5 延伸服务的突出问题

选项	数目	比例	排名
① 有关机关对延伸服务不重视	7	12.96%	7
② 延伸服务太少,无法满足需求	24	44.44%	2
③ 对延伸服务宣传不够,企业不知道有哪些服务	29	53.70%	1
④ 延伸服务走形式,效果不好	14	25.93%	5
⑤ 延伸服务不便民	6	11.11%	8
⑥ 延伸服务内容不明确	8	14.81%	6
⑦ 延伸服务缺乏长效机制	21	38.89%	4
⑧ 有关机关与企业沟通不畅,不了解企业的真实需求	24	44.44%	2
⑨ 延伸服务与有关机关职能存在冲突,延伸服务不必要	1	1.85%	9

从表17-5可见,对于我市承担司法职能的有关国家机关开展司法延伸服务存在的突出问题,选择"对延伸服务宣传不够,企业不知道有哪些服务"这一选项的受访者最多,高达53.70%;并列排名第二的选项是"延伸服务太少,无法满足需求"和"有关机关与企业沟通不畅,不了解企业的真实需求",占比均为44.44%;受访者选择较多的选项还有"延伸服务缺乏长效机制",占比为38.89%。选择最少的选项是"延伸服务与有关机关职能存在冲突,延伸服务不必要",占比只有1.85%。

调查问卷关于司法延伸服务突出问题的统计结果与课题组在对民营企业的调研中了解到的情况基本一致。例如,调研中有民营企业反映:"司法延伸服务的频率较低,如果企业有需求,需求定向帮助难度较高。希望有关机关一方面能有定期的讲座或培训安排,另一方面能够多走进辖区,与企业进行面对面访谈或答疑。"也有民营企业反映:"上海市司机机关在延伸服务上还是做了很多工作的,但是宣传力度不够,很多企业也不是特别了解延伸服务的内容,以及怎么获得相关的服务。希望能建立起一个稳定的对接机制,定期或者不定期地就关心的问题进行交流。"

其实,在对法院、检察院、公安局、司法局等承担了司法职能的我市有关国家机关的调研中也发现,各机关在开展延伸服务的过程中,也都遇到了一些相应的困难和问题,由此制约了延伸服务的开展,影响了延伸服务作用的发挥。例如,检察院有关人员反映,一方面,在当前经济形势下,企业遭遇纠纷、违约等问题日益增多,但检察机关开展法律监督的线索来源主要依赖于群众提出申请、来信来访,尚未完全实现检察机关与相关单位大数据的充分归集和共享,无法通过信息化、智能化的手段,有效扩大监督范围,提升监督质效。另一方面,受限于职能范围,检察机关与市场主体接触机会相对较少,很多企业以及企业经营者对检察工作较为陌生,但对检察司法保障和公共服务方面的潜在需求却在日益增长。传统的新闻媒体宣传、检察开放日等形式单一、缺乏互动的法律服务,已难以适应法治化营商环境建设对检察机关提出的新要求。法院有关人员反映,很多民营经济主体对诸多司法政策缺乏足够的了解和正确的认识,甚至存在有不少误解,与法院沟通渠道不够顺畅,从法院所开展的司法服务中未获得充分的满足感。司法局有关人员也反映沟通渠道的问题,由此导致司法行政机关对非公有经济企业具体法律服务需求不掌握、不了解。

此外,课题组在调查问卷中设置了一道问题来对上海市工商业联合会作为纽带在加强有关机关与民营企业联系、促进有关机关完善延伸服务中所起的作用予以调查,结果显示,民营企业的总体评价良好,该项指标的评价得分是87.04分。

四、对我市完善延伸服务的建议和展望

根据调查问卷统计结果,结合课题组通过座谈会所了解的情况以及受访企业在基本问卷开放问题中所回应的对有关机关延伸服务的期待,课题组认为我市承担司法职能的有关国家机关下一步要继续大力开展延伸服务,加强对延伸服务工作的宣传,强化与企业等服务对象的沟通,不断探索新的延伸服务。

(一)继续大力开展延伸服务

对于司法延伸服务的重要意义,各有关机关都给予了充分的肯定,民营企业对有关机关的延伸服务也有着强烈的需求,调研结果显示,对于我市承担司法职能的有关国家机关开展司法延伸服务存在的突出问题,近一半的民营企业认为是"延伸服务太少,无法满足需求",占比高达44.44%;与之形成鲜明对比的是,认为"延伸服务与有关机关职能存在冲突,延伸服务不必要"的民营企业微乎其微,占比仅1.85%,这体现了民营企业对有关

机关延伸服务的充分肯定和强烈需求。因此,在"司法为民"宗旨指导下继续大力开展延伸服务应当是有关机关今后的重要工作之一。事实上,我市各有关机关对下一步如何加强延伸服务也都有所考虑。例如,我市检察机关专门制定了《上海市检察机关2019年度进一步服务保障优化营商环境"检察专项行动"方案》,明确服务金融创新和知识产权保护、涉企刑事执法活动专项监督等六方面工作。再如,我市司法行政机关拟从六个方面继续大力开展延伸服务:一是完善法治保障共同体工作机制;二是加快推动相关地方立法修订工作;三是推进免罚清单制度创新;四是进一步发挥法律服务行业作用;五是推动建立上海多元调解工作联席会议机制;六是继续为民营企业做好相关法治宣传和服务工作。

(二)加强对延伸服务工作的宣传

对于我市有关机关延伸服务存在的突出问题,选择"对延伸服务宣传不够,企业不知道有哪些服务"这一选项的民营企业最多,高达53.70%,这说明有关机关在对延伸服务工作的宣传上存在明显不足。课题组在调查问卷中还设置了一道开放式问题,即"您对上海市有关机关改善延伸服务有何具体的意见和建议?"从民营企业的回复来看,建议也主要集中在加大对延伸服务的宣传方面。可见,近年来有关机关比较重视法治宣传教育,但对自身工作尤其是对延伸服务的宣传尚比较薄弱,由此造成企业和社会公众对延伸服务不知道、不了解,影响了延伸服务作用的发挥。为适应和满足社会上对延伸服务的强烈需求,今后各有关机关在法治宣传的同时,应着重加强对延伸服务工作的宣传。在宣传中要注重吸收和使用新的宣传方式,既要充分利用广播、电视、报纸、杂志、宣传册等传统宣传手段,又要积极开拓官方网站、微博、微信以及微视频、手机App客户端等新媒体新技术的宣传渠道,增强宣传实效。例如,上海法院准备继续加强司法建议、审判白皮书工作,每年发布优化营商环境审判白皮书和典型案例,充分运用"两微一端"等新媒体加大对优化营商环境典型案例的宣传,发挥司法对市场运行的规范引领作用。

(三)强化与企业等服务对象的沟通

调查问卷统计结果显示,在各有关机关开展的主要延伸服务的具体项目方面,评分最低的5项指标中,有4项都和有关机关与企业的沟通有关;对于我市有关机关延伸服务存在的突出问题,也有近一半的民营企业认为是"有关机关与企业沟通不畅,不了解企业的真实需求",选项占比高达44.44%,因此,有关机关今后应注重从各方面加强与企业等服务对象进行有效的沟通:首先,工商业联合会是有关机关与民营企业联系的重要纽带,在促进有关机关完善延伸服务方面起着不可忽视的作用,各有关机关应充分利用工商联这个桥梁和纽带,通过工商联深入了解并及时回应企业司法诉求,立足本机关职能为企业解决实际困难,实现与各类市场主体的良性互动。例如,崇明区人民法院制定《关于进一步推进崇明世界级生态岛法治化营商环境建设的意见》,在第8项"积极延伸司法审判职能"中明确提出,"加强与区工商业联合会、企业家的沟通交流,每年召开企业家座谈会,通报服务营商环境的工作情况,主动听取企业家对于优化营商环境的意见建议和司法需求,进一步增强服务营商环境的主动性、针对性。"除工商联外,各级商会、产业协会以及各产业园区(管委会)等也应发挥积极的桥梁作用。其次,各有关机关在从事司法活动的过程中要与案件当事人直接接触,应借此机会加强与各类法律主体的沟通,为其提供有效的法律服务;再次,2018年我市有关机关展开了各类大调研,直接深入社会了解对司法工作的意见和建议,这对于有关机关改进工作和有针对性地开展法律服务打下了良好的基础,今后可以考虑建立调研工作的长效机制;最后,有关机关可以将与企业等服务对象的沟通交通与有关机关开展的各类延伸服务结合起来,例如,法治宣传是一项重要的延伸服务,有关机关可以在法治宣传活动中,不把自己仅仅视作是法律服务的提供者,更要将法治宣传作为一个加强与企业和民众沟通交流的渠道,增强互动性,以此倾听和了解各群体对有关机关的法律需求。

(四)不断探索新的延伸服务

延伸服务的内容和形式没有法律的明确规定和限制,有关机关在法定职责之外所开展的一切与法定职责有紧密联系的法律服务工作都可以归入延伸服务的范畴。各有关机关完全可以根据其法定职责,结合自身的条件、社会的需求、本地的特色,开展形式多样的延伸服务,并不断探索新的延伸服务,以满足新时代广大人民群众和企业及其他组织日益增长的对有关机关的期望和要求。例如,我市检察机关拟在科技创新集聚区建立企业家法律服务工作站,为企业家提供线索受理办理、法律咨询、法治宣传等"一站式"司法服务,并考虑充分利用检察大数据,对涉企案件检察数据进行全面归集、深入分析和深度应用,发布《企业常见刑事法律风险防控提示》,引导企业依法生产经营,加强自我保护;我市司法行政机关拟进一步加强探索研究"诚信守法企业"创建标准,在全市民营企业中选树一批"诚信守法企业"等,这些探索对于拓展延伸服务的内容、丰富延伸服务的形式都具有重要的意义。

(供稿单位:上海市工商业联合会,主要完成人:杨茜、孟祥沛、王倩、孙大伟、别宗、许广达、李小华)

专题十八

改革完善商会组织建设　推进民营经济发展

党的十九届四中全会以坚持和完善中国特色社会主义制度，推进国家治理体系和治理能力现代化为主题，吹响了中国向现代化制度目标前进的号角。党中央的重要决定对民营企业、中小企业是一个非常利好的信息。本课题组根据市政府研究中心和市工商联对"改革完善商会组织建设推进民营经济发展"的要求，开展了深入的调查研究。

鉴于商会组织活动的复杂性和重要性，本课题组对上海市部分商会进行调查和深度访谈，包括工商联所属商会、异地商会和行业商(协)会。为了更进一步地了解商会组织在推进民营经济发展中的地位与作用以及出现的问题，课题组在上海市工商联的大力支持下，于2019年12月9日，召开了"发挥商会组织在促进民营经济发展和社会治理中的作用"的研讨座谈会，同时进行了问卷调查和深度访谈。具体就如何发挥商会组织在促进民营经济发展当中的作用，存在什么问题，听取与会的商会代表（主要为商会秘书长）的建议和意见，商会代表也分享了他们工作中宝贵的经验。

一、商会组织建设改革与发展

商会组织作为市场经济条件下重要的社会组织形式，是党和政府联系民营经济人士的桥梁纽带，是政府管理和服务民营经济的重要助手。近年来，上海市商会组织在市委市政府的领导下，在市工商联的直接推动下，不断深化改革，加强自身建设，增强商会组织功能，在上海产业结构调整和经济转型发展中发挥了着重要的不可替代的作用。然而，在政府职能转型和群团改革的大背景下，上海市商会组织面临一些新的挑战。

(一) 我国商会发展的历史沿革

我国商会的发展在新中国成立后，由于单一的计划经济体制，商会存在和发展所依赖的市场经济环境已完全不复存在，商会的运行及其相关研究几乎绝迹。改革开放以来随着社会主义市场经济体制的重新建立和发展，我国的各级各类商会几乎面临从无到有的"零"基础体制，革命式地逐渐发展的历程。

(二)新时期商会组织建设改革

1. 推进国家治理体系和治理能力现代化"新要求"

党的十九届四中全会以来,各级政府响应党中央号召,积极推进国家治理体系和治理能力现代化,积极构建职责明确、依法行政的政府治理模式,坚持不懈地推动政府职能转变,营造公平竞争的市场环境,促进经济社会持续健康发展。上海市近年来也加快了推进国家治理体系和治理能力现代化的步伐,不断优化和规范政府职能,进一步激发市场经济活力和创造力。商会组织作为市场经济条件下重要的社会组织形式,在全面深化改革背景下,为了更好地承接政府转移职能,要求商会组织要进一步激发积极性和能动性,进一步推动功能转型和机制创新,进一步增强商会组织功能,优化民营经济职能,以适应政府积极推进国家治理体系和治理能力现代化的新要求。

2. 坚持和完善党的领导制度体系"新阵地"

商会组织是党和政府联系民营经济人士的桥梁纽带,是加强对民营经济人士政治引领的主阵地。商会组织通过对会员企业成员进行深化理想信念教育,特别是对年轻一代民营经济人士的思想教育,有利于培养出更多爱党、爱人民、服务党、服务人民的优秀人才。将党建工作、统战工作贯穿于商会组建、管理、发展、改革的各个环节,把开展会员企业思想政治工作、教育培训、深化服务工作以及做好会员企业和所属商会党建工作等方面作为推动统战工作向商会组织有效覆盖的重要举措,确保商会组织成为党建工作的重要一环,成为坚持和完善党的领导制度体系"新阵地"。

3. 促进社会主义市场经济体制改革"新助手"

商会组织是政府管理服务非公有制经济的助手,是民营企业发展壮大的重要基础,商会组织在推动社会主义市场经济高质量发展,促进社会稳定和谐方面发挥着重要作用。随着社会主义市场经济体制改革的不断深化,一方面要求商会组织发挥强化政企沟通的桥梁作用,主动积极地反映行业、企业诉求,融洽商会会员企业关系,维护会员企业合法权益,沟通协调矛盾,加强行业自律等方式,为企业发展和持续成长提供更多的服务与保障,从而保证区域经济的发展利益;另一方面要求商会组织能够通过政府购买服务的方式,承接政府转移职能,更多地参与构建和谐劳动关系、商会诚信体系建设、推动基层民主协商、民间经济外交、公益事业等,充分发挥其缓和矛盾、统一思想、同向同行的作用。

4. 推进商会组织服务民营经济高质量发展"新平台"

商会组织建设的改革和完善创新顺应了商会自身发展的时代要求,是服务好民营企业和民营经济人士、推动民营经济健康发展的不竭动力。在民营经济治理体系和治理能力现代化的进程中,在供给侧结构性改革、放管服改革等举措的有效推进下,上海的商会组织要更好地发挥"承接政府职能,服务非公经济"的积极作用,商会组织要通过准确定位、夯实基础,强化规范建设,转变原有职能,实现机制创新,打造服务平台,稳步推进商会组织治理体系和治理能力现代化,为商会组织持续健康发展提供制度保障,为积极推进商会组织服务好民营企业,促进民营经济高质量发展搭建"新平台"。

二、商会组织的现状特征

在商会组织推动民营经济发展之前,需要对商会组织的类型和特征进行分析。不同类型的商会组织,目前的发展现状不同以及存在的问题不尽相同,因此,了解和掌握不同类型的商会组织,对课题组展开后续的研究,奠定相应的理论和实践基础。

(一)中国特色商会组织特征

中国特色商会组织除了具备类似其他现代商会合法性、经济性、社会性、互益性、自律性的特征等之外,还有其独有的中国特色、多重的组织特性和鲜明的时代特征,主要体现在以下三个方面。

1. "三性统一"的中国特色

非公领域统战工作是党的统一战线工作和经济工作的重要内容。作为团体会员或联系对象的异地商会和行业协会,工商联在联系服务过程中也积极引导其坚持"三性统一"、服务"两个健康"。

2. "一体多面"的组织特性

一是承接部分公共职能的社会组织。承接转移部分政府职能,其协助政府公共管理并将更多地参与社会治理;二是具有独立法人地位的民间组织,其基本功能是组织自律性、互惠性、保护会员权益;三是参与协商议政的基层组织。商会处于经济建设的第一线,与非公有制企业联系最紧密,为非公有制经济人士服务最直接,能够有效反映企业诉求,参与基层协商。

3. "与时俱进"的时代特征

进入新时代,随着改革的深入和商会自身的发展,商会组织作为国家的社会基础、经济的桥梁纽带、社会的稳定力量等作用日益显现,同时也对中国特色商会的政治引领如何加强、职责功能如何提升、"四化"现象如何改变、社会职能如何承接、公益事业如何组织、行为自律如何建立、队伍建设如何完善等方面提出了与时俱进的要求,需要各级商会组织创新作为,不断探索。

(二)商会组织的分类

为便于课题组具体分析商会职能以及在推进民营经济发展过程中商会行使职能遇到的问题,课题组对目前上海市商会进行了分类。

按商会组织隶属关系进行分类的话,目前上海市商会组织主要分为:(1)市工商联所属商会,商会主管部门为各级工商联;(2)异地商会;(3)非工商联所属,行业自行组建的商会;(4)外国商会。由于调研发现市工商联所属商会及异地商会占总量的绝大部分比例,故本课题主要研究对象聚焦在市工商联所属商会以及异地商会上。

而按商会组织传统类型来分,则分为:(1)行业商会,由同行企业法人、相关的事业法人和其他组织组成的商会,当然,调研中也发现部分行业商会为了优化内部结构,也会招募一些非本行业,但与本行业密切相关的企业成为会员;(2)地域性商会,是由一定辖区范围内的企业公司组成的商会,包括各级区县街镇商会,也包括一些园区商会,比如知名商业街田子坊,就组建了黄浦区田子坊商会。

在分析各类商会共性问题时,课题组将不再进行分类讨论,但分析部分由于商会类型或者行业不同而产生的特性问题时,将分类讨论。

三、商会组织在推进民营经济发展中作用分析

民营经济特征客观上促进了商会组织的形成与发展,而商会在搭建政企桥梁、服务会员企业、热心公益事业、承担社会责任等方面也发挥了重要的作用。在"政府引导、市场运作、合作共赢、协同发展"的基础上,商会充分发挥平台资源的优势,为上海市经济社会发展做出了突出的贡献。从商会与企业运营的关系来看,商会可以从企业运营的多个方面开展指导、帮扶。

(一)商会组织在民营经济发展中的功能定位

站在中国特色社会主义新时代和上海改革开放再出发的新历史方位,上海中国特色商会组织应逐步完善以下四个功能定位。

1. 市场中间体

发挥党和政府联系非公有制经济人士的桥梁纽带作用,推进有关非公有制经济政策措施的贯彻落实,推动形成良好的营商环境,推动构建"亲""清"的新型政商关系。

2. 商业共同体

对所属会员进行服务、指导和管理,促进自我学习、自我提高、自我革新。帮助企业克服短期困难、提供互助平台,协同创新发展。

3. 社会联合体

参与社会治理体制创新,发挥在构建和谐劳动关系、加强和创新社会管理中的协同作用,参与经济纠纷的调解仲裁。

4. 精神承载体

积极开展理想信念教育实践活动,大力弘扬优秀企业家精神,引导广大民营企业强化社会责任,自觉做合格的中国特色社会主义事业建设者。

(二)商会组织对民营经济发展的作用

为了解商会组织对民营经济发展的具体作用以及商会组织的日常职能,课题组通过专家咨询和文献检索等方法,列举了投融资洽谈、企业宣传、市场拓展业务承揽、企业管理培训、产品及服务质量监督、专业人员招

聘、商事调解、维护企业合法权益、考察及经验交流等协助民营企业经营管理的九大职能,并在调研中,将其作为备选职能,就目前商会比较重视的工作中,与商会展开深入探讨。参加研讨会的商会对会员企业经营管理过程中相关工作关注重点具体分布情况如图18-1所示。

可以发现,商会对企业经营管理过程中相关工作关注重点偏重各有不同,但总体分布均匀。深入访谈发现,其关注重点和商会特征关系密切,大型行业商会,如物流、房地产商会,更加关注企业市场拓展、业务承揽、专业人员招聘等问题;街镇等基层商会由于体量问题,会员多为小企业,关注重点往往比较多,涉及方方面面;而异地商会则更加关注企业宣传、企业合法权益维护、考察及经验交流等方面。课题组根据调研的结果结合以往对商会组织研究的结果,总结了商会在推进民营经济过程中主要发挥了以下几点作用。

1. 协助工商联起到政治引领作用,凸显统战性

上文已经提到了我国工商联和商会的"三性统一"的基本特征,而统战性作为"三性"的第一性,其实是根本,与经济性、民间性共同促进,密不可分。对于中国民营经济发展而言,统战性是极具中国特色的性质,同时也是发挥中国特色社会主义市场经济优势非常重要的保障。而统战性在商会日常工作中,主要体现在政治思想引领领域,通过组织开展理想信念教育实践等活动,引导会员增强对中国特色社会主义的信念、对党和政府的信任、对企业发展的信心、对社会的信誉;引导会员企业认真贯彻新发展理念,正确认识把握引领经济发展新常态和产业发展新趋势,主动适应和推进供给侧结构性改革,加快转型升级;加强对产业政策、行业发展规律的研究,主动参与行业标准制定;积极搭建各类公共服务平台,为会员提供融资、信息、法律、技术、人才等服务,助推企业创新发展;组织

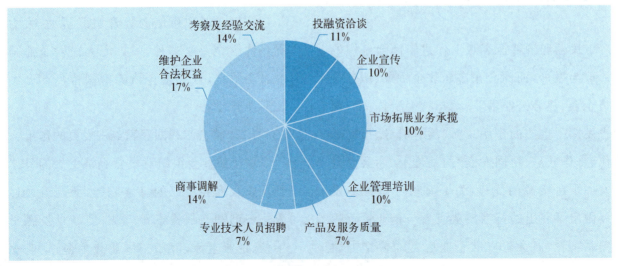

图18-1 商会对会员企业经营管理过程中相关工作关注重点分布

会员参与国家和地方重大工程项目建设，推动形成多产业集群聚合发展；积极承接政府转移职能或参与政府购买服务，加强与境外工商社团交流合作。

2. 商会有助于解决民营企业发展难题

调研发现，这是目前商会为民营企业提供服务最主要的方面。民营企业发展存在着"钱荒"、"人荒"、"订单荒"、企业税负高、融资成本高、企业发展信心缺失的"三荒两高一缺"现象；工商、消防、环保等行政部门对于民营经济发展还有着变相收取顾问费等制约。面对极为复杂的营商环境，商会有助于集中民营经济所愿，集聚群体智慧解决民营经济发展过程中的难题。市工商联国际物流协会就提到，打开市场、承揽业务对物流行业至关重要，而有些快递公司要走出国门，走到境外，需要一连串上下游的细分市场帮它连接连到外面，这就需要有一部分的其他辅助服务包括金融、保险方面等。这时商会组织可以帮助企业进行串联，联系和协调这些辅助服务，甚至根据业务分类形成联盟，专业化地帮助企业处理外围工作。

3. 商会有助于规范民营组织经济行为

民营企业不同于其他类型企业，利益诉求是其主要目标，在利润为主导的生产经营方式下，其生产、经营活动可能不会具有严格的规范性，而商会则可以起到一定的监督指导作用，进而规范民营经济组织的行为。调研中部分商会以圆桌会议的形式，行业专家召开研讨会，就设备职能、行业标准等重大的、前沿的问题进行探讨；同时，商会要求入会企业进行严格审计，以及法人品格审查，同时会员企业在申报、推选优秀民营企业家等时，都要通过商会平台，以此在打造优秀的行业品牌形象的同时，倒逼企业优化自身管理，保证服务及产品的质量，从而推进民营经济健康发展。

4. 商会有助于提升组织活力

商会不仅具有信息传递功能，同时还具有组织功能，通过日常行政性活动的组织，可以进一步推动企业的合作和交流，进一步增强企业间的商务联络，与此同时提升统战性和经济性。调研中，许多商会，尤其是大型的行业商会都提到了，商会通过精心组织，帮助小微会员企业同大型会员企业进行投融资洽谈，同时又帮助大型企业将业务分包给小微企业，将同行竞争转化为同行合作，形成双赢。而部分行业协会则会招募一些非本行业，但又与行业息息相关的企业入会，比如律师行、广告公司等，不仅使会员企业获得优惠服务，也解决了许多民营企业运营中一些保障性的、辅助性的问题。这些作用使商会在提升内部组织活力的同时，也促进了整个行业乃至民营经济的健康有序发展。

5. 商会为政企有效沟通提供了平台和信息通道

商会是由民营企业家为维护和保障自身合法权益而组建的社会组织，因此，作为政府和企业间沟通桥梁的组织，异地商会汇聚和整合企业主利益表达诉求，直接与政府"谈判"，帮助企业解决遇到的一些困难，有利于缓解政府和企业间的"矛盾"。民营企业在运营过程中难免遇到制度上、法律上以及行政上等多方面的困难，部分原因有可能是由于制度设计的不完善导致的，而民营企业受制于力量薄弱等原因可能影响正常生产经营工作，而商会则提供了一个意见传输的通道，这既有助于企业权益的维护，也有助于政府职能的改善，最终实现营商环境的改善。企业有工会为职工代言，市场有消费者协会为消费者代言，那么商会其实就是为民营经济代言的。调研中，宝山区大场镇商会就提到，一家企业在航运货物的时候，遇到自然灾害，船只到港时间延误，期间关税又发生重大变化，导致货物滞留无法过关，在企业无助之时及时联系商会沟通相关政府部门，相关部门在了解实际情况后，及时妥善处理了该问题；也有房地产商会提到，会员物业公司由于与业委会发生矛盾，遭到投诉和解聘危机后，由商会联络相关各方包括政府部门进行调查，最终澄清了事实，依法保护了企业形象及合法权益。

6. 商会发挥凝聚力，参与社会治理扩大民营经济影响力

商会运营一方面遵循商会逻辑，也就是为会员提供会员服务；但同时，商会也是社会团体，具有社会性，和商人单纯的逐利本质是不同的。所以为了扩大民营经济的影响力，在国家发展和经济建设中体现民营经济的价值，商会发挥了自身优势，参与到社会治理中。调研中，房地产商会就提到，商会为了参与社会治理，根据行业特点，特别成立了养老委员会。上海在养老、物业等方面，都是走在全国前列的，根据这一优势特点，商会组织企业开展研讨，发现养老行业中普遍存在金融、法律等相关问题。于是商会号召企业，一方面，为老年人提供理财服务，防止养老钱被不法人员骗走；另一方面，商会在养老机构里协调律师行、公证处等部门帮助老人订立遗嘱，为临终老人提供人性化服务的同时，也有效地降低了老人家庭因财产引发纠纷的可能。

四、商会组织在推进民营经济发展中存在的主要问题

根据课题组对商会在推进民营经济发展中作用及职能的分析，结合对部分商会调研的实际情况发现，目前商会在服务民营企业，推进民营经济发展的过程中存在以下问题。

（一）工商联所属商会服务民营经济能力与水平有待提高

调研发现，无论是工商联所属商会在服务各类民营经济能力和水平上较弱。首先，部分区县工商联相关工作人员、商会组织的工作人员对如何推进商会职能转变以适应民营企业发展的认识不够深入，导致服务能力和水平流于表面，无法切入要害。其次，商会工作人员对目前职能范围和工作重点不清晰，对商会服务民营经济的职能认识仅停留于日常管理与服务。最后，服务与管理的突

破性、创新性缺乏。在民营企业发展面临问题时，无法从更为宏观视角发现问题并提出创造性的解决措施，关注点较为局限，缺乏整体性、长远性和稳定性。

（二）工商联所属商会人员身兼数职，服务效能不强

工商联所属商会组织架构松散，赋能不足。主要体现在两个方面。一方面，专职人员的配备问题还没有很好地解决，导致商会专职人员的工作热情度不高。调研发现，商会秘书长不在民政部门认定的职业序列中，不属于一种职业，缺少专业培训，而秘书处的秘书等工作人员，尤其是街镇商会，大部分由统战社工兼任秘书处工作人员，而统战社工往往身兼多项工作，难以兼顾。另一方面，受经费、场地、人员等限制，生存举步维艰。

（三）工商联所属商会经费使用限制大，政府集中采购服务较弱

通过调研显示，目前工商联所属商会的经费使用有一部分是政府补助为主，但是，商会在组织活动过程中，受到报销要求的限制，政府给予支持的部分活动经费难以发挥应有的作用，因此政府拨款用于商会日常活动运作的活动经费使用难度大；另外，政府购买服务是工商联所属商会收入的重要来源，目前，政府集中采购目录中并没有包括所属商会，这导致了所属商会收入上的相对单一化，而进一步开放政府集中采购目录，将工商联所属商会纳入政府集中采购目录，并优先考虑，对工商联所属商会的稳定、持续发展具有重要价值。

（四）行业商会登记困难，法人和资格问题突出

统战性是中国特色商会组织的重要职能，其保障会员企业经营合法性和政治立场的鲜明性。首先，上海市工商联虽然提供了为各级、各类商会排忧解难，维系其发展的功能，但是由于不同行政登记管理的多口管理，导致了各级、各类商会难以获得合法地位与身份。即便是工商联联系的很多园区、市场、楼宇商会以及区工商联行业商会组织作用发挥明显，但是受制于法人、资格等的限制，这类商会在民政部门登记困难，这直接影响了统战工作的覆盖面，进而影响统战阵地的加强。其次，商会组织覆盖面与提升覆盖面手段上存在一定矛盾。截至2019年5月底，上海市获得法人登记证书的异地商会共计147家（省级商会26家，跨地域商会1家，地市商会120家）。上海现有行业商协会231家，其中36家是市工商联团体会员。工商联对异地商会和行业协会的联系覆盖还相对不足。

（五）异地商会注册登记开放层次低，活动组织活力低

目前上海异地商会注册登记只放开到地市级，县级异地商会在沪活动富有生机活力却大多属于不合规运作，这直接影响到异地商会在沪的组织活力，同时还有可能在合规活动的情况下被裁定为违规或违法。长此以往将导致在沪异地商会的稳定性和凝聚力，进而影响会员企业发展。因此,亟须健全异地商会运营活动的相关认定标准,让异地商会活跃在"亲"而有度,"清"而有为的制度条框下。

（六）商会视野不宽广,服务民营经济职能有待健全

调研发现,许多商会的日常工作因循守旧,职能过于简单。以新兴产业类商会为例,商会在行业中的代表性不强,大多数会员为中小企业且处于同质低价竞争经营状态,商会没有充分地体现其调解商事的作用。调研中课题组在问卷中,列举了9项商会具体职能（帮助企业投融资洽谈、宣传、业务承揽市场拓展、管理培训、产品及服务质量把控、专业人员招聘、商事调解、维护企业合法权益、经验交流等）以供选择参考,值得注意的是很多商会将协助企业投融资洽谈、开展企业管理培训、人才招聘、拓展市场承揽业务,作为商会关注的重点工作,但同时,有一些企业认为协助企业进行投资洽谈、管理培训、专业技术人员招聘并非商会职能。可见,目前各类商会对自身职能的认知非常混乱,缺乏明确统一的商会服务章程和内容。

就上海商会而言,目前行业商（协）会中会员企业依然延续传统上海优势产业布局,而随着上海市不断转变经济发展方式,在可持续发展与区域协调一体化发展的大背景下,上海市明确城市定位,提出上海"五个中心"城市功能定位,并以中央交给上海的"四大"任务为落脚点。目前,上海行业商会还难以顺应上海城市功能定位的需求,因此,及时调整行业商会的结构,在关键领域和民营经济主导产业组建商会,适应新时代商会建设的要求更为紧迫。

（七）商会赋能支撑弱,组织活力有待提升

异地商会通过服务会员企业助力企业改善经营,实现稳定、可持续发展,最终推动民营经济发展。其中,商会与会员企业的交流与互动是深入了解民营企业状况的关键节点。但调研发现,部分异地商会相关能力较为缺乏。

首先,有些商会长期不开展活动,从异地商会的活动频率看,每年仅仅活动一次的比例最高,而每月有活动的比例相当低。同时,会员单位积极性也较弱,长期导致异地行会在会员单位中以及异地商会间的吸引力、影响力、竞争力不够。

其次,开展活动的商会,其活动类型也相对单一,大多是以接待考察、招商活动为主,党员活动、学习交流活动等较少,更专业的有企业经营管理的活动,如宣传企业品牌、业务洽谈会、企业管理培训等就少之又少。

最后,有些异地商会虽然积极组织企业家回乡投资兴业,促进了一批项目落地,推动了当地经济的发展,但大多数"交流"仅仅停留在项目投资的经济层面,涉及文化、旅游、人才等方面的交流较少,没有起到全面交流的桥梁作用。

五、商会组织在推进民营经济发展中存在问题原因分析

上述商会在推进民营经济发展中出现的问题,只是表象上的问题,为了深入分析出现这些问题的原因,课题组在问卷基础上对部分商会进行了深入访谈。总结出造成这些问题的深层原因主要有以下几个方面。

(一)受传统体制束缚,缺乏积极性与创新动力

调研发现,主管部门对商会的管理较为严格,大部分商会都是由各级工商联作为主管部门。因此,与政府部门有着非常紧密的关系,这一方面加强了管控,另一方面也能和政府及时沟通,获取重要的方针精神,同时反馈企业遇到的问题。这是独具中国特色的,本来是好事,但由于目前政府承担了过多的职能,民营企业在经营过程中的许多问题都是通过企业自身或者和政府部门直接交涉来进行处理的,企业在经营过程中发生问题首先想到的不是和商会反映或通过商会去协调。同时,目前商会组织参政议政能力不足问题也十分突出,多数只是对于自己所属行业细节问题的"发牢骚",能根据场合清楚、深刻表达政治诉求的问题不多见。在这些多重因素的影响下,政府部门不会放心把部分职能转移给商会,而商会也不会想到要在会员企业经营管理过程中发挥多大的作用,更不要说发挥主观能动性,去主动承担起推进民营经济发展的重任。

(二)职能作用单一,没有对如何推进民营经济发展形成系统性认知

调研中发现,商会虽然存在职能单一、不全的问题,但对课题组列举的一些"服务民营企业,推进民营经济发展"的职能较为认可,认为目前商会践行的一些工作职能还可以进行加强和充实。这就反映出造成目前商会职能窘境的另一个原因,就是缺乏引导,导致视野狭隘,没有对如何推进民营经济发展的具体工作形成系统性认知,商会的日常工作职能设计也是按主管部门的"规定"或者以往的经验来管理,因循守旧,很少与企业协商来充实和加强商会的工作职能。最终导致商会组织即使有过一些创新工作、夯实业务基础的想法,在付诸实践时,却不知道具体要做什么、怎么做。

(三)缺乏激励支持,难以发挥推进民营经济发展良性能动性

从外部环境来说,我国的商会组织主要是在社会主义市场经济改革后逐步形成和发展起来的。在国际上,没有十分恰当的可鉴对象,社会和企业都对我国商会组织的认识不足,更不要说认识到商会组织对整个民营经济的重要影响。在一定程度上,也影响了政府部门对商会组织的看法,在支持商会承接政府职能转移、支持完善商会会员利益诉求机制、支持相关法制健全、支持商会扩大其规制范围等方面,政府部门都有所保留,对商会的运行既没有太多的支持也没有太多的要

求。尤其是部分商会反映，商会作为社会团体全部进行独立法人登记以后，虽然政府部门撤出了商会的具体管理，充分发挥了商会自主管理的优势，但同时也撤走了许多支持，使商会运营更加捉襟见肘、摸不着头脑。

对商会内部来说，目前商会组织管理仍然较为松散，调研中发现商会很少设立专门的部门、专业化的人员来为民营企业经营提供各类常态化的专业服务。得不到优质的会员服务，企业加入商会的意愿自然低迷，而商会也会因此没有足够的经费来拓展业务，整体士气也不会高涨，更不要说工作创新和责任担当了。

六、商会组织助推民营经济高质量发展的对策建议

商会组织是会员企业共同意志的集中体现，在公共决策中发挥表达企业利益诉求的价值和功能，也正是通过这种方式来为企业发展保驾护航，从而推进民营经济的发展。作为连接政府和市场的民间组织，商会具有独特的重要地位。党的十八大以来，随着政府"放管服"改革的不断深化，商会组织将在促进民营经济高质量发展方面发挥出更大的作用。基于此，为贯彻落实党的十九届四中全会精神，积极推动商会组织治理体系和治理能力现代化，促进民营经济高质量发展，在总结分析上海商会组织促进民营经济高质量发展过程中存在诸多问题的基础上，课题组提出以下几点意见建议。

（一）树立信念、勇于担当，民营企业在经济活动中建立良好新形象

1. 积极推动统战工作向商会组织有效覆盖

商会要突出统战性，加强思想政治引导，发挥非公有制经济领域的基层统战组织作用，继续扩大会员覆盖面。按照全联《关于加强和改进会员工作的意见》，夯实基础，完善会员数据库，加强会员管理，进一步扩大会员覆盖面。结合上海市优秀民营企业发现机制、上规模民营企业调研，上海市民营企业总部建设等发现、吸收优秀会员，不断提高会员质量。要学习贯彻意见精神，坚持党对民营经济统战工作的领导地位不动摇，完善领导体制机制，定期研究部署、统筹推进统战工作向商会组织有效覆盖，发挥好统战部门在民营经济统战工作中的牵头协调作用；要贯彻落实《中国共产党统一战线工作条例（试行）》，把统战工作贯穿于商会组建和管理的各个环节，把开展会员企业思想政治工作、教育培训工作和服务工作，以及做好会员企业、商会党建工作等方面内容，作为推动统战工作向商会组织有效覆盖的重要举措。对于担任党代表、人大代表、政协委员的商会负责人，要注意加强联系、重视引导，发挥其积极作用。积极推动统战工作向商会组织有效覆盖，使商会影响力和作用范围得到进一步扩大，从而放大了商会组织促进民营经济高质量发展的成效。

2. 积极探索"党建引领商建"的治理模式

推动民营经济高质量发展，离不开商会组织价值与功能的彰显，而商会组织的建设与发展，又离不开党的建设与指导。因此，在广泛调研、不断实践的基础上，商会组织可以积极探索"党建引领商建"的治理模式，即按照规范化标准，把基层商会党组织建设纳入各级党组织党建工作的重要组成部分，并纳入各级党组织的党建考核中，做到党建和商建工作同步研究、同步实施、同步考核、同步保障。对已建立党组织的基层商会，要严格按照党章开展活动，学习宣传党的路线方针政策，教育党员发挥先锋模范作用，协助会员企业加强党建工作，发挥党组织的政治核心作用和战斗堡垒作用；尚未建立党组织的基层商会，要积极创造条件组建基层党组织，也可以成立联合党组织并采用多种方式开展党的工作。通过"党建引领商建"的治理模式，商会组织包括会员企业树立勇于担起推进民营经济发展重任的信念。

3. 充分发挥商会组织主阵地作用

商会组织要紧紧围绕新时代的上海"五个中心"城市功能定位、中央交给上海的"四大"任务等，及时调整行业商会的结构，在关键领域和民营经济主导产业组建商会，适应新时代商会建设的要求。要持续深入开展理想信念主题教育实践活动，创新教育形式和话语体系，不断扩大会员企业参与面，注重会员企业的教育培训，引导会员企业自我学习、自我教育、自我提升；充分发挥党员民营企业家、民营经济代表人士在理想信念主题教育中的主体作用，充分调动广大民营经济人士的主观能动性；依托改革开放前沿地区等主题教育示范基地，加强世情国情党情教育，积极引导民营经济人士不断增强对中国共产党和中国特色社会主义的政治认同、实现认同、情感认同；积极践行"亲""清"要求，搭建政府与市场的沟通平台，在推动民营经济高质量发展过程中充分发挥"粘合剂"和"隔离带"作用。因此，充分发挥商会组织主阵地作用，促进了政府和企业的有效沟通，为民营经济高质量发展"保驾护航"。

4. 注重年轻一代民营企业家的教育和培养

要加强民营经济人士思想政治建设，尤其是把握年轻一代民营企业家的特点和成长规律，以年轻一代民营企业家理想信念教育实践活动作为商会思想政治引导的重要载体，帮助他们解决在创业创新中遇到的困难和问题，加强政治引领，建立教育培养工作载体和平台，切实扩大企业参与度。积极引导他们弘扬老一代民营企业家艰苦奋斗的创业精神，巩固扩大政治共识，克服享乐主义和奢靡之风，坚定不移听党话、跟党走。在日常教育引领工作实践中努力做到"三结合"，即思想教育与人文关怀相结合，参政议政与政治安排相结合，社会公益与典型表彰相结合。同时，还要坚持加大对上海青年创业者思想素质的引领培养，不断增强其政治意识、大局意识、核心意识和看齐意识，自觉主动地把自身发展和民营经济整体发展结合起来,努力提高参政议政能力,为推动民营经济高质量发展建言献策。年轻一代的民营企业家代表民营经济的未来,通过商会对年轻一代民营企业家的政治引领作用,对推进民营经济发展起到长期性的作用。

(二)解放思想、开拓创新,整合商会助力民营企业经营活动的职能

1. 丰富服务内容,从单一向多元转变

促进民营经济高质量发展,商会组织需要改变工作思路和工作方法,充分发挥协商与服务并重的作用,坚持以统战性为主的特点,不断加强体现为民营经济服务载体的功能和价值,充分发挥商会民间性这一优势,围绕服务民营企业家思想进步和民营企业高质量发展做文章,做到经济发展与企业服务并重,生产经营与企业文化建设同步兼顾,企业成长与个人发展同步关注。重点落实"九项服务",即宣传服务、信息服务、人才服务、维权服务、商务服务、融资服务、行业服务、公益服务、协调服务。同时,要建立走访联系会员企业制度,倾听企业呼声,传递企业诉求。积极搭建各类公共服务平台,帮助解决企业发展中痛点、难点、堵点问题,为会员提供融资、信息、法律、技术、培训、人才等服务。促进商会组织的服务内容由单一向多元转变,扩大商会组织的作用范围,进而有效地激发民营经济的生产经营活力。

2. 拓展服务渠道,从平面向立体转变

商会组织服务方式从单项向多项转变,从平面向立体推进,根据时代发展和企业需求,积极探索创新经济服务和服务好民营企业的新方法、新渠道、新路径,做好会员企业的"大管家"。丰富活动形式,提高活动频次,增进会员之间的感情,提升商会凝聚力,形成"相亲相爱、互补互助"的良好氛围。线上线下双向开展工作,既要加强实体活动频次,丰富活动内容,提升活动品质,保证线下活动开展常态化、多样化、灵活化。搭建沟通互动平台,增多企业家们交流的机会,开展形式多样的行业沙龙、经验分享、资源互通的推介会,更要组队去先进单位学习取经,共同学习、共同进步。促进商会服务形式由传统的"线下服务"向"线上线下服务并举"的跨越,不仅是简单地形式上的创新和突破,更是商会促进民营企业高质量发展的现实落脚点和着力点。

3. 完善服务平台,从重量向质、量并重转变

以习近平总书记重要讲话中指出的"毫不动摇鼓励支持引导非公有制经济发展,支持民营企业发展并走向更加广阔舞台"为工作目标,结合上海发展的实际,发挥职能优势。梳理汇总当前民营企业创新转型、绿色发展过程中的瓶颈和困难,充分履行商会服务职责,发挥组织协调、督查落实等方面的作用,通过商会组织切实帮助民营企业解决创新转型过程中部分突出问题。坚持法制服务和金融服务下基层,为小微民营企业转型发展、做大做强提供有力的法制支撑和金融支

持。搭建政企交流桥梁，以行业协会为依托，有效整合相关职能部门资源，围绕转型升级、科技创新等主题，分规模、分行业、分地区举办各类形式灵活、内容丰富的企业家沙龙活动。通过加强沟通交流，帮助民营经济人士提高政策解读和形势把握能力。通过完善商会组织服务平台，加强商会与企业间的沟通交流，帮助民营企业家提高政策解读和形势把握能力。

（三）治理创新、激发活力，调动商会组织服务民营企业的能动性

1. "政商捆绑治理"向"法人治理"的积极转变

目前，工商联所属商会已经实现由"政商捆绑治理"向"法人治理"的成功转变，接下来需要健全法人治理体系，而异地商会作为商会组织的重要组成部分，作为党领导的统一战线性质的社会组织，也有要改变"政商捆绑治理"的混合模式，充分发挥工作统战性、经济性和民间性的特点，承接政府转移职能，发挥经济社会效能，实现向独立法人治理转变。上海要积极创造条件，推动异地商会设置法人治理结构，已经是独立法人的工商联所属商会、异地商会要进一步完善法人治理体系。商会组织在财政预算上，有条件的要设立独立法人账户，摆脱财政依赖，实现账目独立，充分实现效能，暂时不具备条件的基层商会要进一步规范财务管理制度；在功能履行上，主动承接政府购买服务，推动政府职能转型，既要在党的领导下做好统战工作，又要服务好企业发展，兼顾经济协助、政策传递、发展帮扶功能，实现商会责、权、利的平衡发展。异地商会由"政商捆绑治理"向"法人治理"的积极转变，不仅有利于党领导下统战工作的顺利开展，还能够体现商会组织经济协助、政策传递、发展帮扶功能，实现商会责、权、利的均衡发展。

2. 拓展发展空间，推动商会自治

目前，上海的商会组织正处于对政府部分职能的渐进替代和对下属会员企业需求的部分满足的过程中，各级政府与基层商会组织需要建立一种平等的合作关系，相互充分沟通、互助互利、合作共赢。一方面，各级政府要为商会组织行政上的约束"松绑"，切实推动实现商会组织的自管自治，为商会组织的发展提供条件和扩展空间，充分保证商会组织工作的自治性，要从人员自聘、领导自选、活动自主、经费自理四方面推动商会组织实现自治；另一方面，商会组织工作又要在党和政府的政治领导下开展，此外，商会组织要积极承接政府转移职能或参与政府购买服务，主动服务"一带一路"建设、长江经济带发展、长三角地区高质量一体化发展、深化自由贸易试验区改革等国家重大战略，参与建设"五个中心"、卓越的全球城市和具有世界影响力的社会主义现代化国际大都市。让商会组织自治管理常态化，促进会员企业和民营经济高质量发展。

3. 开展"四好"商会建设，对接"放管服"改革

根据全国工商联有关"四好"商会建设的

文件精神，制定《上海市2019—2020"四好"商会建设的实施方案》，在上海市工商联所属商会中开展新一轮"四好"商会建设工作。切实发挥市区两级工商联指导、引导、服务职能，在政治引领、会员服务、建言献策、"一会一品牌"等各方面加强"四好"商会建设。同时，稳步推进商会组织"去行政化"改革，增强自身"造血"功能，通过组织会展、抱团招商、企业培训、咨询服务、创办刊物等盈利性活动拓展收入来源，创新收入渠道，实现"以商养会"。商会组织也要对照政府的管理流程，制定相应的承接流程和办法，与政府职能转移管理办法进行无缝对接。此外，要完善事后考评制度，对于职能承接的效果，不仅要由转出职能的政府部门来评价，更要接受组织会员的评价，客观准确反映承接效果。因此，促进民营经济高质量发展，有效推进商会组织"放管服"改革，要求商会组织实现自我治理、自我革新，而增强商会组织服务能力便是其中一项极为重要的推进工作。

4. 鼓励潜力企业入会，加强组织有效覆盖

贯彻落实全国工商联印发的《关于加强和改进会员工作的意见》，夯实基础，完善会员数据库，加强会员管理，进一步扩大会员覆盖面。促进民营经济高质量发展，商会组织要坚持代表性与广泛性相统一，制定会员企业发展规划措施。既注重吸纳龙头企业、骨干企业，也注重吸收新兴产业、新型业态、新模式、新技术企业，以及其他成长性好、潜力大、符合产业发展方向的中小微民营企业到工商联组织中来，把小微民营企业作为重点服务对象，把握企业需求，了解企业意愿，做好服务，反映诉求，帮助解决实际问题，维护合法权益，引导守法诚信，坚定发展信心，团结更多的民营企业家和民营经济人士。结合上海市优秀民营企业发现机制、到规模民营企业调研，不断扩大会员企业的队伍覆盖面，发现、吸收优秀会员，不断提高会员质量，坚决防止以企业资产规模、纳税贡献等因素设置会员门槛。因此，促进民营经济高质量发展，既要注重会员数量，也要注重会员素质，不断扩大会员企业的队伍覆盖面，优化会员组织结构。

（四）专业管理、开发潜力，提升商会服务效能和优化营商环境

1. 推动商会组织领导班子的职业化和专业化建设

按照摸清情况、主动联系、依法监管、积极引导的工作方针，着力加强商会组织领导班子的职业化和专业化建设，健全选人机制，选好、配强商会领导班子。首先，商会要严格执行民间非营利组织会计制度和国家规定的财务管理制度，实行财务独立核算。在条件成熟的商会，要建立健全由会员大会、理事会、监事会组成的法人治理结构，完善以章程为核心的内部管理制度。会长应由思想政治强、行业代表性强、参政议政能力强、社会信誉好并热爱商会工作的民营经济人士担任。工商联所属商会秘书长为专职，应采用聘用

制,秘书长应熟悉统战工作和经济工作;异地商会可依据章程,结合实际,选聘熟悉统战工作和经济工作的党员担任秘书长。监事会要切实履行对重大决策、财务工作、会员守法诚信等方面的监督职责,监事长可探索从会员企业党组织负责人中产生。监事长和秘书长均不得与会长来自同一单位。按照党中央关于商会组织改革的要求,定期参加各种类型的商会组织领导班子职业化和专业化培训,推进商会规范化建设,逐步形成稳定的专业化职员队伍,将商会人才培养纳入国家人才队伍建设规划,提高商会工作人员专业化水平。推动商会组织领导班子的职业化和专业化建设,让商会组织为民营企业排忧解难时更具专业性和话语权,进而为民营经济高质量发展发挥巨大推动力。

2. 建立商会组织定期联系会员企业的制度

坚持和完善商会组织领导班子成员、管理人员联系服务会员企业的制度,切实执行商会领导班子成员下企业的工作制度,以行业类、专业类商会和乡镇、街道商会组织为重点,畅通商会领导班子成员和管理人员到会员企业联系服务、反映诉求、帮助解决实际问题,形成上下联动、各负其责、功能互补、运转流畅的工作机制。规范商会领导班子与民营经济人士联系交往,制定正面和负面清单,激励干部主动作为、靠前服务,做到"亲"而有度、"清"而有为。同时,市统战部和市工商联要合理界定组织工作定位,推动人力、物力、财力及资源下沉基层商会,切实辅助会员企业提升经营管理的效能。商会组织定期联系会员企业,不仅有利于激发会员企业的发展潜力,更能发挥商会组织促进民营企业健康发展的功能和价值。

3. 建立会员企业需求反馈制度

商会要加强普法宣传,深入开展法律"进非公有制企业、进工商联所属商会、进工商联机关"活动,引导会员依法经营、依法治企、依法维权。积极引导民营经济人士依法理性反映企业诉求,就像工会为员工代言、消协为消费者代言一样,商会要为民营经济发声,要和其他相关政府部门,包括工商、检察等部门,一起依法维护企业正常经营秩序,尊重和保护民营企业家合法人身和财产权益。此外,应探索建立商会干部定期联系民营经济人士制度,以及民营经济人士兼职副主席(副会长)行业分管制度,推动构建"亲、清"新型政商关系,建立党委和政府及行业主管部门与商会、民营企业沟通联系机制,发挥商会桥梁纽带作用。了解掌握、分析研究、及时反映民营经济、民营企业发展中遇到的新情况、新问题。畅通中小微民营企业反映诉求渠道,将开展需求调查作为商会组织领导班子履职尽职的必要条件,在确定开展重点工作、举办重大活动、制定重要文件等工作前,广泛听取所属会员、民营企业家的意见和建议,不断增强工作决策、项目实施的针对性和有效性。商会组织定期了解会员企业的实际需求,靶向对接,按需服务,尤其通过反馈机制,保持对企业合法权利的维护高度重视,充分发挥工商联和商会的优势作用,参与营商环境评价,从而促进民营经济高质量发展。

(五) 深化改革、扩大影响,树立民营经济良好品牌效应

1. 加强商会组织工作的品牌化和民主化建设

商会组织要创建功能性工作机制与活动平台,拓展服务渠道,创造发展机遇,开展"一会一品"建设,提升商会吸引力、影响力、竞争力。坚持以大带小、以会助小、以专扶小的"三以工作法",加强政企、商企的联系和沟通,完善民营经济发展联席会议制度,充分发挥已搭建的政策、融资、技术、信息、人才、法律等服务平台作用,积极创建基层商会活动品牌,发挥法律顾问团的法律支撑作用,增强商会组织民商事调解功能。同时,还可以通过召开主席(会长)办公会议、民营经济人士座谈会等,充分听取民营企业家的意见和建议,搭建让民营企业家一起设计、参与、评议的工作渠道,强化商会组织工作的民主化建设,将商会组织促进民营经济高质量发展落到实处。建设商会组织工作品牌化,以吸引更多民营企业加入其中,推动商会组织工作民主化,让商会组织自我治理落到实处。

2. 促进商会服务监管由单方服务向多元监督转变

建立一套商会组织服务的绩效评估体系,完善商会组织评估管理办法,客观评价商会组织工作开展绩效,及时找出工作中的疏漏加以改正,经验加以借鉴。充分发挥评估工作对商会组织的导向、激励和约束作用,评估结果作为表彰商会组织、会员企业和民营经济人士政治安排的重要依据。政府通过监督评估机制,对商会工作状况的精准把控,来保证商会工作的正确方向和积极作用。民政部门要依照相关管理法规,加强对商会的登记审查、监督管理和执法检查,支持符合条件的商会依法登记,积极支持在新兴产业、新兴业态领域依法组建商会;财政、税务、人力资源社会保障、价格、金融管理等部门要加强对商会组织使用财政资金情况、执行财务管理制度及会计制度情况、资产管理情况、纳税情况和非营利性业务开展、评比表彰和工作人员权益保障、收费及价格行为、金融账户和资金往来等行为和情况的监督、监测、指导;行业管理部门要加强对商会组织的行业指导,履行好相关监管责任。同时制定明晰的奖惩机制,适当地激励各基层商会的工作积极性,并树立典范商会供大家学习借鉴。因此,建立一套完整的商会组织服务绩效评估体系,让商会组织服务民营企业有数量,更有质量。

3. 加大商会组织的网络化建设

加强和充实网上专业工作队伍力量,利用互联网平台将商会工作拓展到网上和移动终端,积极运用网站、微信、杂志等宣传平台及载体,推进有形的组织覆盖与无形的工作覆盖相结合,推动商会组织积极拓展网上工作功能,大力宣传党的路线方针政策、商会工作开展情况和典型企业事迹,积极开展线上创业服务、管理咨询、工作评价等,注重网上网下、线上线下的工作联动。此外,商会组织还可以建立青年创业者联谊会,进一步加强对于民营企业年轻一代创业者的教育培养。在现有的基础上,加快推进有条件的商会组织建立青年创业者联谊会分会,延伸和拓展工作网络体系,逐步建立和完善上下联动、左右互动的组织构架,不断提升联谊会的组织化程度。加大商会组织的网络化建设,极大地提高商会组织的服务效率,让有效的商会组织资源辐射更多的会员企业,更重要的是便于将好的做法推广开来,从而扩大民营经济的影响力。

(供稿单位:上海市工商业联合会,主要完成人:徐惠明、张捍、高向东、彭飞)

专题十九

从民营企业视角看"充满激情、富于创造、勇于担当"的上海干部队伍建设

党的十八大以来,习近平总书记就干部队伍建设提出了一系列新要求,明确了"信念坚定、为民服务、勤政务实、敢于担当、清正廉洁"的好干部标准,作出了建设高素质专业化干部队伍的部署,对上海干部提出"干事创业要充满激情、面对困难要富于创造、迎接挑战要勇于担当"的明确要求,为上海干部队伍建设提供了根本遵循和行动指南。2018年8月20日,李强同志在上海市组织工作会议上提出"充满激情、富于创造、勇于担当"的新时代上海干部的特质。2019年6月27日,市委七次全会审议通过《中共上海市委关于进一步加强干部队伍建设奋力担当新时代新使命的若干意见》,就打造一支"充满激情、富于创造、勇于担当"的干部队伍进行了全面部署。为了促进上海干部队伍建设与新时代要求相适应、与新形势任务相匹配、与上海城市发展节奏相合拍,市工商联开展了本课题研究。课题组从民营经济发展和民营企业的视角,综合运用问卷调查、座谈和访谈等形式,结合上海"三项重大任务"开展的有关"推进自贸区新片区建设,加快建设开放型经济新体制""上海民营企业科创板上市痛点分析""万家企业评营商环境(上海地区)"以及"民营经济27条相关政策第三方评估"等课题调研及有关成果,广泛收集民营企业对上海干部队伍建设的意见建议,对当前上海干部队伍的"激情、创造、担当"情况进行了专题调研。总体来说,上海各级干部精神振奋、勇于任事、素质全面,在上海推进两个面向、三大任务、四大品牌、五个中心战略目标的实践中发挥了重要作用,当然也有少数干部与"充满激情、富于创造、勇于担当"的新时代要求相比仍有较大差距。本调研报告从主客观因素、体制机制障碍与历史现实等方面进行了分析研究,并提出对策建议。

一、主要问题

新时代上海干部特质的培育,必须密切结合加快落实中央交给上海的三项新的重大任务和提出的五个方面工作要求,围绕加快建设"五个中心"、全力打响"四大品牌"展开。李强同志指出:所谓"充满激情",就是干事创业必须精神抖擞、斗志旺盛,充满那么一股子气和劲;"富于创造",就是不能故步自封、因

循守旧,要敢闯敢试、敢为人先;"勇于担当",就是愿意做事、敢于扛事、能够成事。对照上述标准,上海干部队伍在"激情、创造、担当"方面还存在不少短板。

(一) 部分干部在激情上存在松懈疲软现象

访谈对象普遍认同:"上海是吃改革饭、走开放路、打创新牌发展起来的。"20世纪80年代艰辛探索的岁月,上海负重前行、奋力发展;20世纪90年代激情澎湃的岁月,上海敢为人先、快速发展;21世纪头十年克难奋进的岁月,上海勇攀高峰、转型发展;新时代的新征程上,上海勇挑重担、创新发展。重温那段激情燃烧、激情澎湃的岁月,奋力担当新时代、新使命,始终保持锐意创新的勇气、敢为人先的锐气、蓬勃向上的朝气,构成了新时代上海发展须臾不可或缺的精神力量。"充满激情"干部特质的新要求,正是对这一精神力量的召唤。然而在座谈中,参会者结合企业发展的实际问题和遭遇到的典型个案,对少数上海干部"充满激情"特质的不足、褪色乃至匮乏,表示了高度担忧。

一是价值偏差影响工作激情。上海干部的总体素质、能力和作风是好的,但毋庸讳言,工作中少数干部激情不足、精气神不够等问题在一定程度上也客观存在。受职业发展利益最大化的影响,一些干部对事业价值追求存在认识偏差,有的存在某种不合时宜的"精明"与"淡定","宁愿不做、不愿出错"的心态并非个别现象;有的"裹足不前""小富即安",只守着自己的一亩三分地、沉醉于过去的"舒适区",看得太"开",守得太"牢",职能之外的事不肯做,规定没有的事不愿做,缺乏跨前一步的精神;有的只把工作当职业甚至当"饭碗",有沦为"佛系"干部的危险;不求有功、但求无过,将个人职业安全放在第一位的"孙连城"式干部仍然存在;相当一部分干部虽然没有把"工作当副业",但也没完全做到把"工作当事业"。

二是自我满足迟滞工作激情。与浙江的干部特质相比,新时代上海干部的首要特质——"充满激情"的底色与优势并不突出。浙江早在2013年,就强调在发扬"老黄牛"精神的同时,大力选拔和重用想改革、敢改革、会改革的"狮子型"干部。所谓"狮子型"干部,指那些能够解放思想、与时俱进,工作有魄力、有热情、有干劲,善于敢闯敢试、勇于创新创业的干部。近年来,浙江还提出打造个顶个、呱呱叫的"浙江牌"年轻干部队伍。相形之下,我们有部分干部总觉得上海的发展样样都好、处处领先,应该是人家来学我们;有的干部认为现在依法依规、照章办事,各部门各司其职、运转有序,一切都是井井有条,根本无需改革;有的干部习惯于小富即安,热衷于过小日子,觉得劳心费力搞改革是自己跟自己较劲,很不值得。部分企业家认为,"上海的发展速度比深圳慢"。一位企业家谈到,2013年把一个生产分中心设在苏州,感觉那边干部的激情状态与上海相比,有过之而无不及。在实践中,一些干部重监管、轻服务,责任意识不够,履职能力不强。调查结果显示:60.28%的企业认为上海缺乏与新产业、新业态、新模式相适应的监管模式;39.52%的企业认为政府招投标公开性、公平性不足;51.50%的企业认为企业参与PPP项目、国家及上海市重大战略项目的门槛太高;16.84%的上海企业表示受到过所有制歧视,较长三角"三省一市"的平均值高出2.23个百分点。还有企业反映,上海的政商关系"清有余,而亲不足",有的干部不愿意深入企业,接触企业家;有些年轻干部对企业情况不了解,工作态度生硬;即使到企业大调研走访,只是蜻蜓点水,"你急他不急",不解决实际问题。

三是风险防范削弱工作激情。从企业发展、转型中面临的重大问题的解决方式和速度来看,存在"上热中温下冷"现象,党委领导大多充满激情,但到了中层,往往出现风险防范削弱工作激情的现象。一位企业家反映:"与年轻干部打交道的时候,还是颇受鼓舞的,但有些在特定岗位工作五年、十年的老干部,思想比较陈旧,办事魄力不够,顾虑太多,导致在做一些具体的决断的时候,谨小慎微。"由于缺乏激情,一些干部工作方式过于中规中矩,只满足于照章办事,对于各个部门在改革进程中如何互相协作和实现系统集成,缺乏深度思考。面对新业态、新技术、新模式的不断涌现,营商环境的营造还显得较为被动,缺乏前瞻性思考和应对。针对上海"民营经济27条"效果评估的问卷调查结果显示:相当比例的企业认为自身符合条件,但并没有享受到相关税收优惠政策(其中,股权激励递延纳税未享受的为53.3%);诸如降低企业用地成本政策、降低要素成本政策、功能性产业政策、普惠性服务、企业融资担保业务等,企业符合条件但未享受到的项目比例近一半。营商环境相关政策的落地依然任重道远,从一个侧面折射出干部激情的疲软与提振空间的巨大。

(二)部分干部在创造上存在动力匮乏弱项

李强同志指出:创造,就是要立于在不可能中寻找可能。前面没有路,就是要杀出一条血路、蹚出一条新路;没有资源或资源不足,就是要借势发力、借鸡生蛋、借船出海,甚至无中生有。对照这一要求,上海一些干部还存在着较大的差距。

一是在规则意识的影响下,"事务主义"有所滋生。一些干部善于按照既定的规则从事具体事务,陷入事务繁忙的泥沼,缺乏政策执行的灵活性和创造活力,沦为阻碍企业发展转型的机械性执行工具。一些干部只能完成表面的、眼前的、事务性的工作,对自身工作缺乏长远谋划和预见。座谈中,一位企业家反复谈到,所在企业上市的关键阶段,因为面临环评新规则与土地性质难以变更的历史遗留问题难以协调解决,不得不考虑将企业部分迁移到苏州。原因在于,从具体执行者的角度而言,坚持规则无疑是一种理性的选择,因为这不仅确保了自身的职业安全,也避免了类似企业做大以后,可能变得强势而不愿意跟张江解决土地使用性质和国资回购的问题。正是这种缺乏创造性的个人精明与"坚持原则",造成了上海一家重要企业发展关键节点中的重大危机,以至于它不得不考虑"用脚投票"。

二是在创新推进的实践中,"形式主义"有所滋生。据一些企业反映,有些部门出台相关政策时明显是跟风和应景,政策出台和修订频次极快,科学性和前瞻性极为不够。虽然上海在这方面相对较好,但造成了政策不能落地的重要原因;还有企业家认为,相关政策制定的精准性亟待提升,最典型的是人才政策,各地的竞争性很强,看似很新的政策,过不了多久就变成鸡肋;政府对人才评价的标准和企业的标准并不统一,两者存在一个对接和实施的精准化问题;商事登记改革提速没有覆盖办事的全过程,一些服务窗口为了完成时限的要求,会把某些程序环节放到受理计时开始之前,结果企业办事跑腿的麻烦并没有实质性减少。这种形式主义的"升级换代",违背了实事求是的原则,本质上是"富于创造"干部特质的一种异化的表现。还有企业认为,目前出台的支持民营经济发展的政策措施很多,但不少落实不好、效果不彰。有些部门对党和国家鼓励、支持民营企业发展的政策认识不到位,工作中存在政策偏差,在平等保护产权、平等参与市场竞争、平等使用生产要素等方面还有较大差距。有些政策制定过程中前期调研不够,没有充分听取企业意见,对政策实际影响考虑不周,没有给企业留出必要的适应调整期。有些政策相互不协调,政策效应同向叠加,或者是工作方式简单,导致一些初衷是好的政策产生了相反的作用。

三是在贯彻落实的过程中,"官僚主义"有所滋生。由于系统不协同、数据难共享,相关部门仍然只能"线上一套、线下一套",影响行政效能提高。在服务机制上,某些政府部门的服务模式、服务手段与市场主体快速发展和实际需求不相适应,部分政策未能从企业实际出发,政策的便捷性、精准度有待增强。此外,市场化、社会化的服务机制运转不够顺畅和灵活,政府、企业和社会之间缺乏良性互动,有些政策出台前,未能充分征求各方意见;有些承接政府职能的第三方机构异化为"二政府"。来自1 002家民营企业的问卷调查数据显示:51.5%的企业认为,政策的申请程序、资料过于复杂和烦琐;有的政策干货不多、实效有限,导致市场主体的获得感不强;有51.5%的企业认为,参与PPP项目、国家及上海市重大战略项目的门槛太高。

(三)部分干部在担当上存在顾虑畏惧心理

根据第十二次上海民营企业抽样调查的数据,上海企业家对营商环境给出了较为积极的评价,绝大多数指标选择"非常满意"和"满意"的合计都超过了70%。相对来说,贷款难、融资难和招工难这三大难的满意度较低(均在61%以下)。有超过六成的被访者表示,当地政府领导曾经到本企业考察或现场办公,但与政府官员熟悉的民营企业家并不多,有41.6%的认为自己"很少接触政府官员"。由此可见,就新型政商关系的打造和优良营商环境的营造而言,上海干部在"勇于担当"方面还可以做出更多的工作。

一是营商环境营造中的"勇于担当"不足。据一些企业反映,在经营过程中或者企业转型发展的重大节点,会出现竞争对手的恶意举报甚至"碰瓷"的情况。一些区工商联联合检察院开展进楼宇法律服务活动,企业希望这样的活动能够推广到整个上海。部分座谈对象坦言,上海民营企业家有时相当弱势,政商关系与营商环境的优化,着力点应该聚焦于法人之间关系的联结。很多干部对这方面存在顾虑,希望组织层面多搭建类似的制度换平台,确保政商关系与营商环境在阳光下茁壮成长。

二是涉及公共服务体系建设中的"勇于担当"不够。一些企业家谈到,目前亟须加强各涉企数据平台和信息整合,探索依托"互联网+",实现网上服务集中提供、政务信息集中公开、数据资源集中共享,提高政务服务效率。民营企业希望进一步完善涉企政策和信息公开机制,利用实体政务大厅、网上政务平台、移动客户端、自助终端、服务热线等线上线下载体,建立涉企政策信息集中公开制度和推送制度,加大政府信息数据开放力度;能够搭建综合服务平台,在信息、投融资、人才与培训、技术创新、管理咨询、法律等方面给予民营企业全方位服务和支持;能够强化涉企政策落实责任考核,充分吸收行业协会商会等第三方机构参与政策后评估。

三是"勇于担当"亟待从个人层面迈向组织层面。有企业家表示,部分营商环境和政策落地的"中梗阻"顽疾,不能简单归咎于干部的不作为、不担当,更要看到这些干部的苦衷与不得已之处。很多省市都出台了支持和保障干部敢担当能创造善作为的制度机制,尤其是针对干部普遍关注的容错纠错、澄清保护等制度机制落地难问题,强化一级为一级担当,防止"责任甩锅",纠正"问责走样",旗帜鲜明地为敢于担当、踏实做事、不谋私利的干部撑腰鼓劲,确保担当作为的干部在担当中、在作为中不受到其他干扰,能够心无旁骛干事创业。

二、原因分析

在改革开放再出发的新征程上,上海亟须各级干部充满激情、富于创造、勇于担当,在奋力推动岗位工作再上新台阶的过程中,不断开创新时代上海改革发展的新局面。但应该清醒认识到,"热火朝天、只争朝夕的创业氛围,灯火通明、挑灯夜战的创业之光,披荆斩棘、筚路蓝缕的创业足迹",目前还仅仅是一种"应然"层面的修辞和愿景,而非"实然"层面的现实与实践。诸多因素制约着上海干部队伍"激情、创造与担当"状态的进一步提升。

(一)主观因素

在访谈中,有企业家认为,激情、创造与

担当能否体现出来,与干部自身的素质、专业水准存在着密切关系。譬如,从事金融审批的干部,需要具备一定的国际贸易知识。在办事的时候,有可能一个事情跑两次就解决了,但有的干部就是讲不清楚。应当看到,现在某些干部不作为,除了因为动力不强"不想为",很多属于能力不足"不会为"。解决这些问题,需要聚焦建设高素质专业化干部队伍要求,从强化能力培训和实践锻炼着手,突出专业知识、专业能力、专业作风、专业精神的培养。在培养内容上,突出培训的精准化和实效性,有针对性地帮助干部进行知识更新和能力拓展。此外,还要注重领导班子专业匹配度,加强干部跨条块、跨领域、跨部门交流,畅通社会优秀人才进党政机关、国有企业、高等院校渠道,提升服务企业的专业化水平。

(二)客观因素

激情、创造与担当的欠缺,与部分干部背了不该背和背不动的"锅"有关。据报道,目前干部普遍反映事务繁杂,一档接着一档,高度紧绷、疲于应付;整治形式主义、官僚主义的同时,很多人无奈于自己"被形式主义""被官僚主义";"刚开花就要结果""刚播种就要有收获","痕迹主义"管理盛行,督查检查问责名目繁多、频率过高成为一大痛点。以前是"上面千根线,下面一根针",现在是"上面千把锤,下面一根钉"。从前是"打铁还需自身硬",现在是"打铁要成为铁打的人"。市委市政府已经意识到这一问题,提出"痕迹主义"必须叫停、"责任甩锅"必须防止、"问责走样"必须纠正。如何将这些决策落到实处,还需要更为精细化的制度安排。

(三)历史因素

每当党的事业进入新的历史转型时期,有部分干部存在诸如精神懈怠、因循守旧、不作为不担当等问题。激情缺乏、不作为、不担当问题等新提法的背后,其实很大程度上是某些老问题的"重演",只是在不同的历史时期,具有不同的表现形式,轻重程度也不一样。面对新时代新要求,一些干部不适应、不作为、不担当问题再次凸显。这些问题产生的历史因素是多方面的:从干部管理来看,随着十八大以来全面从严治党的纵深推进和党内监督制约的加强,一些干部不习惯在有监督和约束的环境下工作生活,各方面的从严规范使一些干部不敢"乱为",却又不知如何"善为"。从干部履职环境看,随着经济发展"新常态"和转型创新升级,干部政绩考核"不唯GDP",干部的压力更大、要求更高、任务更重,"能力短板"和工作上的高标准严要求,致使一些干部秉持"不求有功,但求无过""宁可不干,也别错干"的思想,出现懒政怠政现象。

(四)体制因素

根据课题组的调查数据显示,在问及"您在从政过程中会遇到的主要风险是什么?"时,排在前三位的选择分别是:"权力风险""职务犯罪风险""决策失误风险";占比分别为46.5%、21.3%和14.3%。排在其后的依次是"问责风险""媒体舆论风险""粉色风险

（从政过程中所面对的美色诱惑风险）""交友风险""从政道德风险"等。面对如此高的从政风险和被查处的众多大案要案，很多干部产生了所谓的"寒蝉效应"。此外，发展中的层层传导压力、逐级压实责任，能够有效促进干部担当作为，但同时也产生"层层加码""责任甩锅"，甚至是"政治脏手"。"寒蝉效应"的存在，不仅挫伤了干部干事创业的积极性，也容易导致压力传导机制出现"梗阻"现象。一些单位上级部门把压力传导机制异化为了责任推卸机制，只对下级部门及工作人员提要求、讲责任，自己则高高在上、不沾尘埃。还有一些干部，不能正确处理"痕"与"绩"的轻重关系。结果导致干部陷入一些无谓的事务而不能自拔。从严治党和反腐产生了一些意向之外的后果，导致很多干部难以正确处理问责与激励的关系。督察、问责等机制，尚未与容错、纠错等机制形成有效衔接，很多愿意干事的干部，担心出现失误被问责，宁愿选择不干事。改革进入深水区，很多工作需要广大干部敢于突破常规进行先行先试。除了"干部为事业担当"，"上级为下级担当，组织为干部担当"同样重要。遗憾的是，这方面的制度安排，还需要下功夫研究探索。

三、对策建议

（一）以坚持"两个毫不动摇"为重点，强化各级干部服务民企的自觉性

近年来，上海民营经济发展贡献大、活力足、成长快，2019年前三季度民营经济税收收入占全市比重为35.98.%。特别是三项重大任务深入实施、市场化改革深入推进、发展动能加快转换带来的新的重大机遇，民营经济将逐步成为上海发展更加倚重的战略力量和支撑。为此，要进一步引导各级干部从政治和全局高度认识和对待民营企业，主动做好服务工作。一是要坚持一视同仁。把民营企业和民营企业家当作自己人，消除所有制歧视，打破各种各样的"卷帘门""玻璃门""旋转门"，在市场准入、审批许可、经营运行、招投标、军民融合等方面，为民营企业打造公平竞争环境。二是要畅通沟通渠道。在贯彻落实《市、区领导联系重点民营企业工作机制》、充分发挥民营经济联席会议作用的同时，畅通人大、政府、政协和基层各类平台，让民营企业多与党委政府及有关部门对接联系，为建言献策创造条件；让各级干部多与民营企业接触联系，及时上传下达。三是要坚守交往底线。引导各级干部与民营企业交往有分寸、服务更主动，做到有交往不能有交易，有交集不能有交换，主动听取民营企业的呼声、建议和诉求，全力解决民营企业面临的难点、痛点、堵点问题，用干部的"服务指数"换取企业的"满意指数"。

（二）以打造一流营商环境为目标，激发各级干部干事创业的主动性

优化营商环境的竞争说到底是干部队伍的竞争。营商环境建设永远在路上，干部队伍的自我革新、自我超越也永远在路上。

1. 建立责任清单

在推进改善营商环境的过程中,厘清责任边界,明确责任内容,构建权责一致、分工合理、清晰无缝、运转高效的便于监察、便于考核、便于追责的职责体系,让优化营商环境成为各级干部的思想共识和责任担当。

2. 明确负面清单

实行"负面清单"管理机制,划清优化营商环境实践中的红线和禁区。鼓励各级干部轻装上阵,主动作为,充分发挥聪明才智,制定政府服务清单,推动数据对接共享,参加跨部门、一体化协同作战,全力推进"一网通办",切实在优化营环境的实践中学习锤炼、积累经验、增长才干。

3. 落实考核清单

对"民营经济27条"等各项涉企政策的贯彻落实情况,严格落实考核制度,逐条考核,逐项问责,以考促责,以评促改。同时,充分吸收行业协会商会等第三方机构参与政策后评估,确保考核更加全面、更加客观。

(三)以贯彻落实"三个区分开来"要求为导向,保护各级干部实干担当的积极性

调研中很多企业反映,不是干部不想作为,而是主观的风险防范削弱工作创新。因此,要按照"三个区分开来"要求,坚持实事求是、与时俱进、坚守底线原则,科学建立上海的干部容错保障机制,努力实现全面从严治党和激励干事创业的协同共赢。在此过程中,重点处理好以下六对关系。

1. 正确处理容错与教育的关系

在容错机制中突出教育为先,对各级干部要加强法治教育,强化守法合规意识,要求每名干部结合岗位职责,熟练掌握相关的法律法规和行政规定,防止出现有法不知或明知故犯的现象。

2. 正确处理依规与改革的关系

在依法依规的同时,对部分需要改革创新、先行先试的重大项目留出可以适当突破的空间,对主观上出于公心、担当尽责,客观上应急突发、不可抗力、难以预见等因素造成,且没有造成重大损失或谋取个人私利的工作失误,应当合理界定,给予空间。

3. 正确处理严管与审慎的关系

严管是必要的,审慎是必须的。特别是对当前一些民营企业家比较关注的"疑罪从无"问题,希望纪检督察部门对一些事实不清、证据不足的嫌疑人要审慎对待、审慎处理,对有过违规违纪行为或介入过相关调查的民营企业家不能一票否决、甚至一棍子打死。

4. 正确处理处置与预防的关系

将处置与预防结合起来,既讲处置更重预防。从民营企业角度来说,最好的预防就是构建"亲""清"新型政商关系。上海制度建设方面领先全国,民营企业家整体素质也比较高,希望在构建容错机制的过程中,走出一条构建新型政商关系的新路。

5. 正确处理本地与区域的关系

随着长三角一体化的日益推进,各项政

策规定面临一体化,"三个区别"的要求和相关容错机制也要实现一体化。由于"三省一市"情况不一、差别较大,上海在相关法治建设上如何起到引领和辐射作用,还需要认真探索研究。

6. 正确处理党政与社会的关系

希望党政部门的规定能够成为社会的法理,其法理高度、立法原则、处理原则给社会以示范和引领,向社会各界包括民营企业家传递信心和决心。

(四)以弘扬"店小二"精神为抓手,提升各级干部服务民企的能力素质

李强书记强调,要把"店小二"服务品牌落到实际行动中,全市各级党政公务人员要强化服务意识,做到有求必应、无事不扰。

1. 提高加强学习的能力

全国工商联关于工商联(商会)"班子成员成为专家权威,部门负责人成为行家里手,一般干部应知应会"的干部队伍建设要求,同样对上海干部队伍也适用。要引导各级干部对标国际最高标准、最好水平,加快知识更新,加强实践锻炼,使专业素养和工作能力跟上时代节拍,适应形势要求。

2. 要提高服务企业的能力

调查显示,60.28%的企业认为上海缺乏与新产业、新业态、新模式相适应的监管模式;30%左右的干部对新产业、新业态、新模式存在本领恐慌。建议建立常态化涉企干部上派下挂机制,推动相关干部到先进产业、重点企业、高校院所,瞄准企业的转型需求和发展难题,升级扩容精准服务企业的本领。

3. 要提高落实政策的能力

鼓励各级干部积极发挥主观能动性,主动想企业所想、急企业所急,对现有涉企政策贯彻落实情况定期开展"回头看",建立政策执行网上公示制度;设立企业对政策落实评价反馈机制,持续关注政策落实效果;分类分行业施策,提升政策措施的精准度、一致性;主动做好政策解读工作,提升企业政策获得感。

打造一支"充满激情、富于创造、勇于担当"的干部队伍,还有很多工作要做。市工商联将继续从民营企业的视角持续关注和重视,助推这项工作取得新的提高,促进上海干部队伍建设与新时代要求相适应、与新形势任务相匹配、与上海城市发展节奏相合拍。

(供稿单位:上海市工商业联合会,主要完成人:徐惠明、张捍、刘建洲、彭飞)

专题二十

推动上海市青年民营企业家积极参与"三大任务和一个平台"建设研究

一、引言

民营青年企业家是社会主义市场经济中比较活跃的群体,是重要的统战对象。本课题以民营青年企业家群体作为对象,研究如何通过有效服务,引导广大青年企业家积极参加"三大任务"完成和"一个平台"建设活动,有效推动上海民营经济健康发展和民营青年企业家自身的茁壮成长。

本次课题研究采取调阅相关文献资料、学习最新文件、借鉴市工商联最新工作和调研成果等形式,开展集中调研座谈、个别访谈、实地考察和访谈。带着问题对"三大任务"完成和"一个平台"的主管和承办单位,以及徐汇、黄浦、静安和崇明等机关团体和非公企业进行调查研究。

课题根据决策咨询的要求和课题的研究思路,遵循特征判断、动力机制和契合点、引导路径和对策建议的技术路线,即在分析上海青年民营企业家群体特征基础上,根据青年民营企业家参与上海市重大战略任务建设的动力机制和耦合点,研究推进民营青年企业家参与的关键路径,提出可操作的相关对策建议。试图为推进民营青年企业家有效参与"三大任务"完成和"一个平台"建设提供决策参考。

二、上海民营青年企业家的群体特征

(一)上海民营企业现状

1. "民营经济27条"的成效显著

民营企业一直是推动上海经济不可缺和亟须强化的重要力量。上海市委市政府非常重视民营企业,积极响应习近平总书记号召、深入贯彻习近平总书记关于民营经济发展重要指示精神和党中央决策部署的实际行动。2018年11月发布了《关于全面提升民营经济活力 大力促进民营经济健康发展的若干意见》(简称"民营经济27条"),从进一步降低民营企业经营成本、营造公平的市场环境、提升民营企业核心竞争力、缓解融资难融资贵、构建亲清新型政商关系、依法保护民营企业合法权益、加强政策执行等7个方面共27条对进一步助推民营经济发展作了部署。其中,"一网通办"改善营商环境、降低"四项成本"减轻企业负担打破"卷帘门""玻璃门""旋转门","3个100亿"缓解融资难融资贵、在构建亲清新型政商关系方面要依法保护民营企业合法权益等措施成效显著。

根据上海市工商联调研数据,2019年上半年民营企业进出口进一步引领全市,进出口总额3 429.35亿元,同比增长8.9%;消费稳定器作用进一步增强,民营经济实现限额以上社会消费品零售额1 598.23亿元,同比增长7.9%;税收贡献进一步提高,完成税收收入3 005.34亿元,同比增长5.4%。

数据特别显示,2019年上半年,全市新增的1 870家高新技术企业中,约8成为民营企业;10家科创板上市的企业中,民营企业占80%,200家后备企业中,民营企业达到90%。同时,一批"专精特新"民营企业已成为集成电路、生物医药、软件和信息服务等行业高成长性科技型企业的标杆群体。

2. 需求不振影响企业的投资行为

民营企业的发展现在仍然面临着一系列制约企业持续发展的瓶颈性问题。特别由于国内外环境变化和需求回暖尚需时日,现阶段民营企业发展前景不够乐观。根据市工商联调查报告,2018年,43%的企业营业收入增长低于10%,23.6%的企业营业收入同比下降。对2019年的市场状况,51.5%企业预期增长低于10%,29.3%的企业预期同比下降。预期增长低于10%的企业和预期同比下降的企业,分别增加了8.5个百分点和5.7个百分点,市场需求不振对企业的影响仍在持续和加剧。从另外一个角度看,52.7%的企业资产负债率低于20%,企业投资行为比较慎重,经营较为保守。

3. 数量和活力占优但龙头实力弱

上海的民营企业有数量和活力的优势,但多数具有较强的市场依附性和伴生性,缺少像阿里和腾讯一样的规模大、实力强、业态新、具有极强带动作用的龙头企业。相比深圳和杭州,上海民营企业无论在规模上还是在实力上都偏弱。全国工商联2019年中国民营企业500强报告显示,前40强民营企业上海无一入围。上海最好的排名是列42位的东方希望公司,2019年营业收入为1 137.61亿元。而500强排名第一的深圳华为公司营收为7 212亿元,东方希望公司营收仅为华为的15.8%,差距较大。从上海和深杭民企百强排名上看,深圳排名第一的民企是平安保险公司,其营业收入达9 768亿元,比上海民企100强中前20位的总和还多。排名浙江100强首位的是属于杭州企业的吉利公司,其营收达3 200亿元,也是上海民企排名第一和第二的总和。

从规模上看不同所有制企业的地位和作用,上海的民营企业弱于国企和外企。深圳、上海两地2019年企业100强排名显示,深圳百强是民营企业唱主角。上海民企实力仍偏弱,上海百强排前三名的企业均为国有企业,民营企业排名最靠前的是上海万科,名列第七位;而深圳前三名均为民营企业;并且在同等名次上，营业收入规模都明显高于上海，如排名第一的企业营业收入比上海多746.36亿元，排名第二的多2 825.82亿元，第三的多710.72亿元。

上海这几年鼓励民营企业发展，百强格局也发生了很大变化。民营企业在百强中的占比已上升到46％。目前，正在努力通过对民企总部的认定和扶持，培育民企龙头企业，逐步改变局面。

4. 转型升级借势国家战略是关键

消费需求变化和新科技发展促使一些传统产品更新换代，传统企业不得不面临一个企业转型的现实性问题。对于有些企业家而言，最大的困难在于思维转变。思维方式和行动模式不能从根本上转变，制度创新上仍十分缺乏，技术应用上不能很好地衔接，无法对接当下市场的需求，从而给企业发展带来了巨大的威胁。当前，上海民营经济发展处于转型升级的关键时期，外有贸易保护主义挑战，外部环境更加复杂，不确定因素明显增多。内有经济下行压力，民营企业的发展遭遇很多困难，需要攻坚克难。

上海民营企业发展的转型发展的途径，在产业生态上，由一般的没有市场竞争优势的产业向先进制造业、现代服务业、战略性新兴产业等为特征的现代产业体系转型，服务业在传统服务业基础上叠加互联网和电子商务；在企业制度和管理上，由家族管理向现代企业制度转型，积极发展股份有限公司和上市公司。由传统的经验管理向现代的科学管理转型；在企业发展动力上，由主要依赖资源推动型向科技创新推动型转变，走"专精特新"之路。

上海的民营企业转型升级取决于是否主动获得政府的政策扶持。企业转型既要顺应世界产业结构演变的大势，也要充分考虑上海的经济高质量发展的趋势。因此，民营企业如何借势上海市重大战略任务，利用战略任务提供的重大机遇实现企业转型和升级是关键。

5. 90后民营企业家后发优势初显

上海大力培育龙头和骨干企业，2019年上海市"专精特新"企业已达到2 103家，新增科技小巨人（培育）177家。一大批创新能力强、发展潜力大的高成长创新型民营企业不断涌现，部分民营企业入选全国制造业单项冠军，有17家民营企业成为全国首批"专精特新"小巨人，市场占有率居国内第一的企业达到200多家，占国际细分市场前三位的企业达到30多家。

关于年龄结构，上海交大中国城市治理研究院的《2018上海城市区域创业生态指数》的有关数据显示，"就创业人才的年龄和文化水平来说，上海的结构很合理"。调查样本中79％的创业者拥有本科或硕士学历，平均年龄为34.2岁，已拥有5至8年的工作经验，且超六成的启动资金来自个人积蓄，这是一个比较稳定的创业结构。这说明上海民营企业家中的90后们已经悄然登场，为上海民营企业带来活力和年龄结构优势。相比深杭，有数量多有创新活力的成长型企业，有快速成长的 90 后青年企业家群体，上海民营企业发展的后发优势明显。

（二）上海青年民营企业家的群体特征

民营青年企业家是国家建设与社会发展的生力军与突击队，是最具活力的群体，也代表民营经济的未来。上海的青年民营企业家有特色、有优势但也有弱点和差距。上海的青年民营企业家具有以下群体特征：

1. 受过良好的教育，个性独立并思维活跃

根据上海交大中国城市治理研究院的调查，上海创业者多数受过良好的教育，具有本科以上学历创业者已经超过 9 成。此外，上海创业者中具有海外留学经历的稳定在 20% 左右。

青年企业家大多数在优越的生活条件下成长起来，受过高等教育，普遍有着"海归"背景，并且所学专业大多数为工商管理类。他们思想开放程度高，崇尚自我价值的实现。继任者与上一辈企业家之间往往存在着激烈的思想文化冲突和观念冲突，继任者中的一部分人乐于表现自己、追求时尚、追求财富。由于年纪轻，民营青年企业家们对新鲜事物的接受程度高，视野开阔，个性鲜明，在认可传统价值的同时，更容易接受现代价值观，他们崇尚个人主义，开放意识大大增强，从小就生活在不断变化和更新的环境中，接触事物广泛，因而思维更加活跃。

2. 创二代柔性接班，从子承父业到创业传承

上海的民营企业与全国民营企业一样存在创一代交棒创二代的民营企业传承问题。目前有三种交班方式：一种是青年企业家直接从上一辈企业家手中接班，掌管整个家族企业，而创一代或担任董事长或担任顾问或完全退出；一种是创二代在企业内采取内部创业的方式，成立新兴业务部门或事业部；一种是创二代利用父辈的资金和资源，自己创业，创业的领域多数与互联网和金融行业相关。调研发现，目前这种自己创业的方式比较流行，这也倒逼了创一代对企业实行现代企业制度改革，启用职业经理人继任。

后两种传承方式为创业传承，说明上海创二代已经解决了愿不愿意接、如何接、能否接住、如何做强等问题，大部分通过"创业传承"实现了柔性接班。

3. 创业创新意识强，认同上海的创业环境

青年企业家创新意识强。在接受上一代企业家的家业同时，特别希望在传承基础上有所创新。他们对互联网、高科技、现代金融、国际化等领域的理解比前辈企业家更深更透，有更强的实践意愿。

民营青年企业家们知识面广，眼界更开阔，接受新观念、新思路更快，更加注重企业文化建设和企业长足发展，更侧重进入新兴产业，以创新驱动力实现企业转型升级，并积极开拓国外市场。其中 90 后年轻企业家是一群敏锐、睿智、充满激情的人,最懂得年轻人的需求,在各自的领域快速成长,成为行业颠覆者。

胡润发布的《2019胡润Under30s创业领袖》显示,今年共有来自十大行业343家企业的380位青年才俊荣登榜单,他们平均年龄28岁,男女占比为82%和18%。从地区分布来看,上榜创业者的公司总部前六位与2018年保持一致,北京依旧是排名首位的创业领袖之城,合计有141位上榜创业领袖公司总部在北京,占总数的37%;上海仅次于北京排名第二,企业数量分别为61家,超过深圳(59家)和杭州(35)。

4. 社会参与渠道多,乐于通过圈子表达意见

民营青年企业家是新时代社会变迁下追求群体身份与社会认同的独立性社会群体,因主体意识和公共精神的不断提升,他们比上一代企业家具有更为强烈的社会参与意愿和行为。目前上海青年企业家可以参加的正式组织除了工商联领导下的各类商会和上海市工商联青年创业者联谊会以外,还有团市委领导下的各类青年组织和青年企业家协会,还有各民主党派等,民营青年企业家参与有多种渠道选择。

目前,上海青年民营企业家群体还存在非正式组织化现象。青年民营企业家通过各种"非正式组织"组织起来。在他们看来,企业家利益不仅需要通过正式组织提出诉求,还需要通过校友会、同乡会、共同爱好群、微信群等私人网络构成紧密的"圈子"来表达。如何利用非正式组织来引导青年民营企业家的社会参与是一个重要课题。

(三)上海青年民营企业家群体对比深圳和杭州的差异

1. 互联网企业数量有优势,实力有弱势

从标志青年企业家活力和创新的互联网企业状况来看,上海青年民营企业家与深圳和杭州对比,存在基本面强但龙头企业实力弱的状况。根据中国互联网协会和工信部信息中心发布的"2019年中国互联网企业100"榜单,前十名分别是阿里巴巴、腾讯、百度、京东、蚂蚁金服、网易、美团、字节跳动、360、新浪。前十名有杭州和深圳的公司,但上海公司缺席,只有拼多多位列第11位。按市值计算,腾讯集团和阿里巴巴市值均在3万亿元人民币左右,稳居全球互联网公司市值前十强。不过上海的互联网企业存在数量优势,100强中上海的企业数量达19家。上海互联网百强企业数量不仅远超杭州,还是深圳的2.4倍。互联网虽然没有领军龙头企业,但是在基本面上比深圳和杭州有优势。

所以上海的青年民营企业家存在数量优势和实力劣势,缺乏像马云和马化腾这样的头雁型和标志性的人物。

2. 独角兽数量多,企业家有年龄优势

独角兽企业是成立时间不超过10年,估值超过10亿美元,获得过私募投资且未上市的创业公司。独角兽企业主要在高科技领域,互联网领域尤为活跃,被视为新经济发展

是否有活力和前景的一个重要风向标。根据胡润研究院发布的《2019胡润全球独角兽榜》显示，上海虽然没有杭州的蚂蚁金服和深圳大疆等排名全球独角兽榜前十名的大独角兽，但在独角兽企业数量上，除北京外，上海以47家排名第三，排名超过杭州和深圳，杭州以19家排名第五，深圳以18家排名第六。

根据福布斯发布2019年度中国富豪榜，中国排名第一的杭州马云和第二的深圳马化腾均为70后，可喜的是，上海的企业家拼多多黄峥是大陆排名前十的唯一的一位80后。上海的青年民营企业家80后开始成为主流人群，为上海民营企业带来新鲜血液和相比于深杭的潜在年龄优势。

3. 创业生态系统优，人才配套仍为短板

Startup Genome 每年发布全球创业生态系统报告。该报告基于对全球1万多位创始人的调查和150座城市100多万家公司的数据，根据"创业绩效""融资效率""市场覆盖""人才供给""创业经验"和"成长指数"等指标的数据进行评估排名。《2019年全球创业生态系统报告》显示，上海排名第8，和北京一起进入了全球前20名城市创业生态系统榜单，而杭州和深圳在30名之外。说明上海已经构建一个完善的国际化的初创企业（Startup）的创业生态环境。

上海交通大学城市治理研究院的一项调研通过对超过800家沪上初创企业的持续调研，发现上海城市区域创业生态环境持续稳定地处于较高水平。初创企业集中反映，创业人才需求得不到满足是初创企业成长的最大痛点。"创业需要的是团队，一个团队中既需要顶尖的研发人才，也需要符合企业需求的销售、研发、运营管理等人才。但目前上海的人才和户口政策仅对顶尖研发人才有利，而忽视了与创业相关配套人才的需求，因此导致创业人才供给的结构性矛盾非常突出"。

（四）上海青年民营企业家"茁壮成长"的三个生长点

所谓生长点，既有自身群体相对的优势和短板，也包含社会对青年民营企业家的期望。综合对上海民营青年企业家群体特征及比较分析，站在自身发展的角度上说，上海青年民营企业家"茁壮成长"有三个生长点，即创新驱动、规模突破和国际化。

1. 创新驱动

创新是实现企业转型升级高质量发展的引擎，上海正在努力建设科创中心。无论从基础设施、研发实力、市场规模、创新政策和创新氛围等方面均有相对优势，有利于上海的青年民营企业家开展创新活动，尤其体现在科技创新、应用创新、模式创新三大领域。

2. 规模突破

上海民营企业有数量优势但无规模优势，因此，实现企业规模突破，扶持龙头企业，是上海民营企业和青年民营企业家的共同诉求。需要通过财税、金融、人才等扶持政策，形成民营企业规模型的硬核产业集群和民营企业总部。进一步培养在全国有影响的领先型上海民营青年企业家。

3. 国际化

上海青年民营企业家多数有海外学习和工作的经历，而上海提供给青年民营企业家国际化成长的"肥料"也很充足。首先是上海国际一流的营商环境。世界银行发布的《2020年营商环境报告》中，中国的总体排名比2019年上升15位，名列第31名，作为中国两大样本城市之一的上海，贡献了全球评比中中国55%的权重。其次，上海"三大任务和一个平台"建设，尤其是进博会平台和自贸新片区建设，为民营企业国际化提供了难得的机遇。

三、青年民营企业家参与"三大任务和一个平台"建设的动力

民营企业家是三大任务和一个平台建设战略任务的重要力量。同时，三大任务和一个平台也为民营企业转型提供了战略新机遇。这种关联性和互利性，是推动上海民营青年企业家参与上海重大战略任务的主要动力。

（一）势力："三大任务和一个平台"是新时代上海的新使命

理解三大任务和一个平台的战略任务必要站在新时代、新起点、新格局的高度上。目前，上海正在深入贯彻落实习近平总书记新时代中国特色社会主义思想和总书记考察上海重要讲话精神，坚定不移推进改革开放再出发，全面提升城市能级和核心竞争力。上海市委市政府提出全面提升城市能级和核心竞争力，必须把总书记要求的"四个放在"作为做好一切工作的基点。要把上海未来发展放在中央对上海发展的战略定位上，放在经济全球化的大趋势下，放在全国发展的大格局中，放在国家对长江三角洲区域发展的总体部署中来思考和谋划，努力当好新时代全国改革开放排头兵、创新发展先行者。核心是加快构建更高层次的开放型经济新体制，全面提升城市能级和核心竞争力。重点就是实施中央交给上海的"三大任务一大平台"重大战略任务，增设自贸试验区新片区，在上交所设立科创板并试点注册制，推动长三角更高质量一体化发展，持续办好中国国际进口博览会。

（二）动力：参与"三大任务和一个平台"建设的外在拉力与内在推力

1. 现实需求："三大任务和一个平台"的拉力

民营经济是稳定就业、贡献税收、推进技术创新和经济持续发展的重要力量，因而党和政府越来越重视民营企业的发展，直接表现为政府对民营企业依赖性的增强。更因为民营企业具有决策迅速、创新机制灵活、数量多和年轻活力等特点，"三大任务、一大平台"重大战略任务的完成离不开民营经济的参与。以第二届进博会为例，市工商联系统共发动709家民营企业，共计3 596人注册专业观众。其中，市工商联所属商会及团体会员行业协会共注册企业186家，涵盖国际物流、

汽车销售、高新技术、纺织服装、餐饮烹饪等行业；市工商联团体会员异地商会共注册企业370家，涵盖上海浙江商会、上海贵州商会、上海四川商会、上海河南商会等，有力地支持了进博会。

2. 内在诉求：青年民营企业家的推力

民营企业要壮大发展就必须转型升级，而转型升级的关键是要把握机遇，顺应形势发展，主动参与国家战略建设。民营企业本来就是顺应市场经济，顺应消费而兴起的。根据工商联第五调研组调研报告，2019年上半年民营企业运行较为平稳，大部分企业已经度过了转型升级的艰难期，经营内容向科技智能、金融信托、精细化服务、教育培训、新能源开发、新材料研发等方向转变。但仍然没有解决规模小和国际化的短板和发展瓶颈。这种情形下，民营企业参与上海市重大战略任务是有自身转型升级的内在动力的，具体体现在科技创新、规模突破和国际化三大诉求上。

综上所述，在国家对上海战略定位的大背景和国家战略的有利形势下，一方面，"三大任务和一个平台"对民营企业有参与需求，另一方面，民营企业参与"三大任务和一个平台"有主动性，源自自身转型升级的内在动力。势力、拉力和推力，构成青年民营企业家参与"三大任务和一个平台"建设的动力机制。

(三) 机遇：参与"三大任务和一个平台"建设的有利时机

"三大任务和一个平台"重大战略任务建设为民营企业和青年民营企业家创造了难得机遇。

1. 中国国际进口博览会

中国国际进口博览会围绕规模扩大、质量更高、服务更好和交流更深的目标，推出相关举措以重视买家和卖家（Suppliers and Buyers）的数量和质量，扩大成交额和延展效应，提供优质的会展服务，以及提高配套论坛的影响力和效力等。民营企业是进博会不可或缺的参与方，作为重要的推动力量，民营企业有发挥作用做出贡献的空间。

根据市工商联第五调研组于2019年8月召开的年轻一代民营企业家参与进博会专题座谈会上的反馈，年轻一代民营企业家一致认为，进博会带来全球最前沿的行业信息流、最具创意的商品、最权威的政策信息以及最强大的市场积聚效应等，为民营企业充分利用进博会的溢出效应实现企业创新转型，提振发展信心，进一步投身国家战略提供了契机。

综合进博会各方信息，对进博会为民营企业创造的机遇和契合点做了详细梳理，如表20-1所示。归纳起来，民营企业参与进博会建设的契合点体现在三个方面。第一是信息交流。进博会这一平台提供了技术信息交流的机会，作为采购方能直接接触到世界领先材料、先进的技术，加快产品升级，实现突破。第二是企业国际化。企业家通过参与进博会，采集国际上的研发信息和研发方向，开拓国际合作渠道，获得技术和产能提升。可以直接拓展贸易进出口业务,尤其是跨境电商。第三是参与展会服务。通过参与进博会的展会服务工作如餐饮、酒店、交通、展台搭建、仓储物流、论坛服务等,提升上海民营企业服务水平,提高上海民营企业服务品牌的影响力。

表 20-1 "中国国际进口博览会"战略任务的机遇与契合点

战略目标	核心任务	主要举措	民营企业的机遇	契合点
规模扩大	专业买家(采购商)数量增加	更多民营企业和中小企业到会洽谈采购	对民营和中小企业足够重视	中小企业专场
质量更高	全球首发产品和服务的数量和质量增加	更多机会关注前沿科技产品和服务,实现交流、合作和交易	接触了解更高技术含量的优质产品来促进企业自身产业升级。通过国际合作增强企业科技创新能力	信息交流与国际合作
质量更高	扩大成交额	民营企业和中小企业在外贸等多个领域已成为主力军,鼓励其采购国外优质商品或服务。进博会成交量从依赖大型国企采购向市场化中小企业采购过渡	在进博会期间,给中小企业提供更多供需双方面对面交流的机会	中小企业专场
质量更高	延展效应	跨境电商保税进口模式常态化运营	展出结束后发挥进博会的延展效应,在跨境电商方面,对线下保税延展,以及延展后实行保税自提的政策最好也能给予放宽	跨境电商保税进口模式
服务更好	优质展会服务,提高进博会满意度	在餐饮、酒店、交通、仓储物流、展台搭建等领域提供优质展会服务	民营相关服务类企业提供更多的渠道了解并参与招投标,借此提高服务水平和品牌影响力	代表"上海服务"的民营企业品牌
交流更深	优化论坛交流	更多企业参与论坛	论坛是民营企业深入了解全球优秀产品和服务前沿动态,交流世界先进管理经验的难得平台	民营企业参与主办部分中小企业论坛

2. 长三角一体化

在长三角一体化背景下,上海将增强城市服务辐射能级,共推城乡区域协调发展。增强科技创新的策源能力,共建协同创新的产业体系。完善交通基础设施网络布局,共同提升互联互通的水平。加强生态环境的共保联治,共筑绿色美丽长三角。强化政策协同的制度衔接,共享公共服务的普惠和便利。深化对内对外的开放联动,共促全方位开放新格局。建设统一开放的市场体系,共创国际一流的营商环境。根据中央的要求,紧扣"一体化"和"高质量"两个关键,带动整个长江经济带和华东地区发展,形成高质量发展的区域集群。

综合长三角一体化各方信息,对长三角一体化为民营企业创造的机遇和契合点做了详细梳理,如表20-2所示。归纳起来,第一个关键词是"一体化",一体化为民营企业创造了长三角要素资源、市场、空间、产业配套等更大的发展空间,协同发展为民营企业营造了良好的一体化环境和政策空间;第二个关键词是"高质量",高质量发展的要求为民营企业科技化、规模化和国际化拓展了茁壮生长的发展动力。在科技化方面,为民营企业建立高水平研发机构长三角联动机制,推动科技成果转化的商业化,推动长三角优质民营企业在科创板上市,强化对科创企业的金融服务,提供了良好的"催化剂";在规模方面,支持民营企业总部依托长三角腹地开拓市场,在国际化方面发展"互联网＋"和"智能＋"等新业态,参与国际竞争。

表20-2 "长三角一体化"战略任务的机遇与契合点

战略目标	核心任务	主要举措	民营企业的机遇	契合点
上海"五个中心"核心功能和服务辐射能级增强,共推城乡区域协调发展	深化"五个中心"核心功能建设	1. 培育本土跨国公司 2. 加快构建高水平科技创新平台,深度参与全球科技合作	支持民营企业规模化、国际化	民营企业科技化、规模化、国际化
	打响上海"四大品牌"	3. 重视四大品牌的国际知名度 4. 将加大"上海品牌"认证力度,形成一批品牌标杆	自己企业的品牌走向世界	打造民营企业产品和服务的品牌
	推进上海大都市圈协同发展	5. 上海和苏州、无锡、常州、南通、宁波、嘉兴、舟山、湖州的"1＋8"同城化 6. 上海和浙江、江苏省际毗邻乡镇将成为潜在发展空间	寻找新的地理发展空间	民营经济发展可以利用"1＋8"和省际毗邻地区
	推进城郊融合型乡村振兴	7. 实施"美丽家园"工程、"幸福乐园"工程、"绿色田园"工程,都市现代农业、养老、休闲农业、乡村双创等优先发展 8. 区域上,长三角"田园五镇"乡村振兴先行区等省际毗邻地区是重点地区	民营企业进入的城郊都市现代农业、养老、休闲农业、乡村双创等领域有政策扶持	省际毗邻地区潜在地理空间
增强科技创新策源能力,共建协同创新产业体系	集中突破一批关键核心技术	9. 聚焦集成电路、人工智能、生物医药等重点领域,加快建设上海国家人工智能创新发展试验区和创新应用先导区,马桥人工智能创新试验区,办好世界人工智能大会	上海民营企业科技创新突破关键技术	民营企业转型升级

续表

战略目标	核心任务	主要举措	民营企业的机遇	契合点
增强科技创新策源能力，共建协同创新产业体系	加快科技成果转移转化	10. 为民营企业创造了良好的科技成果转化条件。通过建设一批高水平功能平台和新型研发组织，培育科技服务中介机构，建设高校技术转移服务平台、线上技术转移服务平台和全球技术交易市场，依托科技创新承载区、张江国家自主创新示范区、闵行国家科技成果转移转化示范区等推动创新产品的示范应用 11. 提供了浦江创新论坛、中国（上海）国际技术进出口交易会、长三角国际创新挑战赛等交流和展示机会	突破科技成果转化中的障碍	在民营企业建立高水平研发机构，推动科技成果转化的商业化
	加快推进全面创新改革试验	12. 上海新一轮科技创新中心改革试验将出台包括优质科创企业在科创板上市、知识产权保护、国家重大科技基础设施开放共享、科技资源共建共享、产业创新平台共建、创新政策协同等一批新举措	民营企业强化科技创新	推动长三角优质民营科创企业在科创板上市 建立科技创新机制
	持续推进长三角G60科创走廊建设	13. 通过建立特色产业基金等方式，不断提高金融服务实体经济特别是科创型企业的成效	科创型企业获得金融支持	强化科创企业的金融服务
	着力提升制造业产业链水平	14. 围绕长三角共同打造电子信息、生物医药、航空航天、高端装备、新能源和智能网联汽车、新材料等世界级制造业集群，培育一批具有国际竞争力的龙头企业和"隐形冠军"企业 15. 加快推动船舶、汽车、化工、钢铁等传统优势产业改造提升，加快生产方式向数字化、网络化、智能化、柔性化转变，培育发展新优势	民营制造企业转型升级，规模提升	培育一批具有国际竞争力的龙头企业和"隐形冠军"企业
	促进现代服务业提质增效	为民营服务企业转型升级和规模化提供具体方向： 16. 研发设计、文化创意、信息技术、总集成总承包、检验检测认证、供应链管理、人力资源等生产性服务业向专业化和高端化拓展 17. 实体零售、文化服务、家庭服务、体育服务、旅游服务、健康服务等生活性服务业向精细化和高品质提升，加快在科技金融、现代物流、教育、医疗、养老等领域布局建设专业化平台	民营服务企业转型升级和规模提升	支持民营企业总部依托长三角腹地开拓市场

续表

战略目标	核心任务	主要举措	民营企业的机遇	契合点
增强科技创新策源能力，共建协同创新产业体系	促进现代服务业提质增效	18. 通过专业服务标准化和服务业集聚区培育高端服务品牌 19. 民营企业总部依托长三角腹地开拓市场 20. 推进互联网新技术与服务业融合，共同培育新技术新业态新模式	民营服务企业转型升级和规模提升	支持民营企业总部依托长三角腹地开拓市场
完善基础设施网络布局，共同提升互联互通水平	加快建设区域交通网络	21. 改善长三角航空、航运、铁路、城际轨道、公路等交通状况 22. 提供互联网技术在交通行业应用的商机	利用长三角交通、通信和能源等基础设施优势	发展"互联网+""智能+"等新业态，参与国际竞争
	建设世界级的信息基础设施标杆城市，推动重点领域智慧应用	23. 推动5G网络规模部署，打造"双千兆宽带城市"。到2025年，实现5G网络市域全覆盖 24. 支持行业龙头企业开展综合应用示范，打造若干5G网络建设和应用先行区 25. 构筑"城市神经元系统"，赋能"城市大脑" 26. 完善上海互联网数据中心布局规划，试点毗邻地区网络互联 27. 推动广电、网络、有线电视等基础设施全面升级，加大5G、工业互联网、物联网等新兴领域推广力度，提升网络和应用基础设施的IPv6承载能力，到2025年，上海网络、应用、终端全面支持IPv6 28. 聚焦社会治理、民生服务、产业融合等重点领域开展示范应用，发展"互联网+""智能+"等新业态 29. 深化工业互联网标识解析国家顶级节点（上海）建设，做强工业互联网国家级新型工业化产业示范基地，建设长三角工业互联网平台国家先行区，建立长三角工业互联网创新应用体验中心 30. 深化国家智能网联汽车（上海）试点示范区建设，在G2京沪高速、G60沪昆高速上海段等开展车联网和交通设施智能化技术创新试点		
	推进能源设施规划建设	提升能源服务保障水平。探索运用物联网、大数据、云计算等技术提高能源综合效率和服务水平，推进上海石油天然气交易中心、上海国际能源交易中心原油期货市场建设		

续表

战略目标	核心任务	主要举措	民营企业的机遇	契合点
加强生态环境共保联治，共筑绿色美丽长三角	构建多元共生的生态系统	31. 计划开展长江口国家公园的规划研究工作 32. 高水平推进崇明世界级生态岛建设	民营资本介入生态环保领域。减低企业环保成本	减低企业环保成本
	生态环境共保联治	33. 加大跨界水环境污染综合治理力度 34. 深入推进大气污染联防联控 35. 统筹固废处置设施布局和危废协同监管		
强化政策协同制度衔接，共享公共服务普惠便利	全面实施基本公共服务标准化管理	36. 创造了更便捷的医保、社保等长三角异地公共服务环境	改善人才流动环境，支持科创企业的人才配套	吸引人才
	共同营造良好就业创业环境	37. 制定相对统一的人才流动、吸引、创业等政策 38. 加强紧缺急需技能人才培养，推进技能人才培养评价和培训实训资源共享，协同开展大规模职业技能培训		
	扩大优质教育资源供给，推动医疗卫生资源优化配置	39. 加强与国际知名高校合作办学，强化长三角国际化人才服务 40. 坚持推进优势医疗资源品牌和管理向外输出，探索高层次医疗卫生人才柔性流动		
	促进养老、体育、文化旅游产业联动发展	养老、体育、文化旅游产业新机遇： 41. 支持产业资本和品牌机构进入当地养老市场，支持养老服务机构规模化、连锁化发展 42. 建立跨区域养老服务补贴等异地结算制度，研究规划和建设异地康养基地 43. 推动建立长三角体育产业联盟，促进长三角"体育＋"发展 44. 协同共建一批资本化、数字化、平台化重大创意产业和文化项目，培育一批文化龙头企业，办好长三角国际文化产业博览会 45. 建立长三角非遗保护联盟，推进江南水乡古镇联合申报世界文化遗产工作 46. 打造世界级高品质旅游目的地，鼓励扶持优势旅游企业组建战略联盟。打造一批高品质休闲度假旅游区和世界闻名东方度假胜地	抓住社会事业和产业发展的战略机遇	发展养老、体育、文化旅游产业
	提升社会治理共建共治共享水平	加强法规规章立法协同	长三角法规规章统一	法规协同

续表

战略目标	核心任务	主要举措	民营企业的机遇	契合点
深化对内对外开放联动，共促全方位开放新格局	加快跨境贸易平台建设	跨境电商和数字贸易新机遇： 47. 深化跨境电商综合试验区建设，出台市级跨境电商示范园区管理办法 48. 建设跨境电商零售出口海关监管作业场所，吸引跨境电商出口企业集聚 49. 推进业务流程改造 50. 建设数字贸易交易促进平台，拓展与国际标准相接轨的数字版权确权、估价和交易流程服务功能，打造数字内容和产品资源库	支持民营企业发展跨境电商和数字贸易	发展跨境电商和数字贸易
	推动重点领域扩大开放	51. 完善自贸试验区跨境服务贸易负面清单管理模式，缩减限制措施 52. 强化国家知识产权运营公共服务平台国际运营（上海）试点平台功能，探索扩大知识产权跨境交易 53. 探索实现长三角外国人工作许可异地办理，吸引高层次创新人才以柔性流动方式开展工作，支持持永久居留身份证外籍高层次人才创办科技型企业		
	进一步优化对外投资促进服务	54. 做大做强长三角一体化对外投资合作发展联盟，依托上海市企业"走出去"综合服务中心，为企业"走出去"提供一站式综合服务 55. 引导金融机构服务企业"走出去" 56. 打造服务长三角的产业国际竞争力合作联盟，加强重点产业国际经贸风险防范 57. 依托上海国际争议解决中心，推动多元化商事争议解决服务机制联动，提升区域商事争议解决国际化水平	企业在国际化过程中得到支持和服务	企业国际化
	共同推进长三角口岸通关一体化建设	58. 完善长三角国际贸易"单一窗口"数据互联互通合作机制，协同推进亚太示范电子口岸网络（APMEN）互联互通 59. 健全进出口商品质量安全追溯平台，推广应用溯源标签，建立基于大数据风险评估的进出口商品差异化检验与监管机制 60. 加强联动协作，逐步在长三角推广144小时过境免签电子申请系统		

续表

战略目标	核心任务	主要举措	民营企业的机遇	契合点
建设统一开放市场体系，共创国际一流营商环境	加快建立城乡统一的土地市场	61. 推进产业用地高质量标准化出让和先租后让试点，深化城镇国有土地有偿使用制度改革，扩大土地有偿使用范围 62. 探索建立"同权同价、流转顺畅、收益共享"的农村集体经营性建设用地入市制度体系 63. 探索建立区域土地指标跨省调剂机制，优先保障跨区域重点项目落地	发挥民营企业活力优势，在长三角市场一体化上发挥作用	发挥商会组织联盟的作用
	进一步完善多层次资本市场体系	64. 完善区域性股权市场 65. 推动建立统一的抵押质押制度，推进异地存储、信用担保等业务同城化 66. 推动上海证券交易所加强服务基地建设，支持优质新型企业在科创板上市 67. 支持依法合规发起设立主要投资于长三角的各类产业投资基金、股权投资基金 68. 推动区域内公共资源交易平台互联共享，建立统一信息发布和披露制度，逐步完善统一交易规则和操作流程，推动建设长三角产权交易共同市场 69. 培育完善各类产权交易平台，探索水权、排污权、知识产权等初始分配和跨省交易制度，逐步拓展权属交易领域与区域范围		
	加快建设信用长三角，推动实行统一的市场准入制度，推动政务服务一体化	70. 建设完善信用长三角平台，加大对行业协会商会、信用服务机构、金融机构、大数据企业的市场信用信息采集力度，推动信用信息按需共享、深度加工、动态更新和广泛应用，与全国信用信息共享平台实现信息交换共享 71. 鼓励信用行业服务创新，培育一批具有国际影响力的信用服务企业，加快研究设立市场化个人征信机构 72. 建立长三角标准化联合组织 73. 建设区域检验检测认证信息服务平台，推进信息共享、结果互认 74. 推动政务服务"一网通办" 75. 建设长三角数据中心和政务数据交换共享平台，推进电子证照共享互认，促进区域数据资源互通共享、统筹调动和创新应用，实现区域数据广泛共享和应用		

资料来源：《长江三角洲区域一体化发展规划纲要的实施方案》。

3. 上交所设立科创板并试点注册制

综合上交所设立科创板并试点注册制的各方信息,对其为民营企业创造的机遇和契合点做了详细梳理,如表20-3所示。归纳起来,民营企业参与科创板上市建设的契合点体现在三个方面。一是直接提供了融资渠道。设立科创板并试点注册制明确了进一步放开民营企业市场准入,鼓励民企科创板上市。为具有科技含量、自主创新能力、处在初创期的、轻资产的民营企业,提供了重要的融资渠道。同时,也为股权投资机构提供了变现退出通道,引导更多的风投资本投资民营科创企业。二是明确了产业方向,重点推荐以下五个方面的企业:新一代信息技术、高端装备制造和新材料、新能源及节能环保、生物医药、技术服务领域。三是营造了金融、科创、人才等各类要素良性互动的优质科技金融生态。

表20-3 "上交所设立科创板并试点注册制"战略任务的机遇与契合点

战略目标	核心任务	主要举措	民营企业的机遇	契合点
加快上海科创企业的成长壮大	支持优质的科技创新企业上市	进一步放开民营企业市场准入,鼓励民企科创板上市。为具有科技含量、自主创新能力、处在初创期的、轻资产的民营企业,提供了重要的融资渠道	科创板相对进入条件比主板简单,对于科创型的小企业有利,开辟了一个新的融资通道。科创企业就可通过上市融资,抢抓商机	民企科创板上市
	聚焦关键的产业领域	科技实力会是科创板遴选过程中的主要标准之一。重点推荐以下五个方面的企业:新一代信息技术、高端装备制造和新材料、新能源及节能环保、生物医药、技术服务领域	成为核心技术能力优、集成创新能力强的创新型领军企业	产业升级
	解决科技创新企业股权融资,拓宽科技创新企业直接融资渠道	股权投资机构有了一个将投资变现的好的退出通道,对"同股不同权"公司打开科创板上市大门,引导更多的风投资本进入科创企业	解决尚未盈利的具有轻资产、缺少抵押等特点的优质成长企业的融资难问题	科技创新企业股权融资
优化服务科创企业的科技金融生态	形成了以创投基金为引导的科技金融服务体系,构建科技金融生态圈	以科创板为牵引,促进风险投资、创业投资、科技信贷、科技保险等多种科技金融的工具、产品、业态,实现广泛的协同联动	营造了金融、科创、人才等各类要素良性互动的优质科技金融生态	科技金融生态

续表

战略目标	核心任务	主 要 举 措	民营企业的机遇	契 合 点
优化服务科创企业的科技金融生态	挖掘、培育和服务一批科创板上市的储备企业	扶持一批优秀的民营人工智能企业。参考综合营收、市值、盈利、研发投入占比、核心技术认定、市场地位、复合增长率等指标，加强企业自身实力	成长型的科技创新企业做强做大，向成熟型上市企业方向发展	科创板"蓄水池"

资料来源：《在上海证券交易所设立科创板并试点注册制总体实施方案》《关于在上海证券交易所设立科创板并试点注册制的实施意见》及相关报道。

4. 自贸区新片区

增设上海自由贸易试验区临港新片区，是以习近平同志为核心的党中央作出的重大战略部署。综合各方信息，对其为民营企业创造的机遇和契合点做了详细梳理，如表20-4所示。归纳起来，民营企业参与上海自由贸易试验区临港新片区建设的契合点体现在三个方面。一是政策红利。自贸新片区按照特区经济管理，有先行先试的政策创新优势，可以进行全方位、深层次、根本性的制度创新变革。市政府还在不断出台实施细则和配套措施，为民营企业提供了很大的政策空间。二是国际化。新片区为企业国际化提供一个更为有利的条件，尤其在跨境电商、数字贸易、跨境金融、国际人才引进等方面。三是金融开放。从五部委《关于进一步加快上海国际金融中心建设和金融支持长三角一体化发展的意见》措施来看，上海临港新片区将成为国家金融支持的核心区域，助推上海国际金融中心建设和长三角一体化的创新试验田。

表20-4 "自贸区新片区"战略任务的机遇与契合点

战略目标	核心任务	主 要 举 措	民营企业的机遇	契 合 点
建立比较成熟的投资贸易自由化便利化制度体系	实施公平竞争的投资经营便利	1. 在电信、保险、证券、科研和技术服务、教育、卫生等重点领域加大对外开放力度，放宽限制，促进各类市场主体公平竞争	民营企业进入电信、保险、证券、科研和技术服务、教育、卫生等重点领域	放宽民营企业市场准入
	实施高标准的贸易自由化	2. 加快文化服务、技术产品、信息通信、医疗健康等资本技术密集型服务贸易发展，创新跨境电商服务模式，鼓励跨境电商企业在新片区内建立国际配送平台	为民营企业创新跨境电商服务模式提供条件	商业模式创新

续表

战略目标	核心任务	主要举措	民营企业的机遇	契合点
建立比较成熟的投资贸易自由化便利化制度体系	实施资金便利收付的跨境金融管理制度	3. 简化优质企业跨境人民币业务办理流程 4. 研究开展自由贸易账户本外币一体化功能试点,探索新片区内资本自由流入流出和自由兑换 5. 支持金融机构跨境发债、跨境投资并购和跨境资金集中运营等跨境金融服务,开展跨境证券投资、跨境保险资产管理等业务 6. 新片区内企业从境外募集的资金可自主用于新片区内及境外的经营投资活动	推动跨境金融服务便利化。支持新片区内企业依法合规开展跨境金融活动	国际化
	推进临港新片区金融先行先试	7. 积极稳妥探索人工智能、大数据、云计算、区块链等新技术在金融领域应用,重视金融科技人才培养 8. 在临港新片区内试点开展境内贸易融资资产跨境转让业务	支持金融机构和大型科技企业在区内依法设立金融科技公司	金融科技
	实施自由便利的人员管理	9. 在人员出入境、外籍人才永久居留等方面实施更加开放便利的政策措施 10. 为到新片区内从事商务、交流、访问等经贸活动的外国人提供更加便利的签证和停居留政策措施 11. 制定和完善海外人才引进政策和管理办法,给予科研创新领军人才及团队等海外高层次人才办理工作许可、永久或长期居留手续"绿色通道" 12. 探索实施外籍人员配额管理制度,为新片区内注册企业急需的外国人才提供更加便利的服务	吸引外籍高端人才从业,外国人商务活动签证居留	人才引进
	实施国际互联网数据跨境安全有序流动	13. 建设完备的国际通信设施,加快 5G、IPv6、云计算、物联网、车联网等新一代信息基础设施建设,提升新片区内宽带接入能力、网络服务质量和应用水平,构建安全便利的国际互联网数据专用通道 14. 支持新片区聚焦集成电路、人工智能、生物医药、总部经济等关键领域,试点开展数据跨境流动的安全评估,建立数据保护能力认证、数据流通备份审查、跨境数据流通和交易风险评估等数据安全管理机制。开展国际合作规则试点,加大对专利、版权、企业商业秘密等权利及数据的保护力度,主动参与引领全球数字经济交流合作	为科技创新企业进行数字贸易业务提供数据跨境流动保障	数字贸易

续表

战略目标	核心任务	主要举措	民营企业的机遇	契合点
建立比较成熟的投资贸易自由化便利化制度体系	实施具有国际竞争力的税收制度和政策	15. 对货物交易和服务实行特殊的税收政策 16. 研究适应境外投资和离岸业务发展的新片区税收政策 17. 对新片区内符合条件的从事集成电路、人工智能、生物医药、民用航空等关键领域核心环节生产研发的企业，自设立之日起5年内减按15%的税率征收企业所得税 18. 研究实施境外人才个人所得税税负差额补贴政策	新的税收政策安排	税费降低
建设具有国际市场竞争力的开放型产业体系	建立以关键核心技术为突破口的前沿产业集群	19. 建设集成电路综合性产业基地，推动核心芯片、特色工艺、关键装备和基础材料等重点领域发展 20. 建设人工智能创新及应用示范区，推动智能汽车、智能制造、智能机器人等新产业新业态发展 21. 建设民用航空产业集聚区，推动总装交付、生产配套、运营维护、文旅服务等航空全产业链发展 22. 建设维修和绿色再制造中心，提升高端智能再制造产业国际竞争力	以集成电路、人工智能、民用航空、维修和绿色再制造为突破口，提升产业国际竞争力	产业导向
	发展新型国际贸易	23. 建设亚太供应链管理中心，吸引总部型机构集聚 24. 发展跨境数字贸易，支持建立跨境电商海外仓。建设国际医疗服务集聚区，支持与境外机构合作开发跨境医疗保险产品、开展国际医疗保险结算试点 25. 允许符合条件的外商独资企业开展面向全球的文化艺术品展示、拍卖、交易	完善新型国际贸易与国际市场投融资服务的系统性制度支撑体系	产业导向
	建设高能级全球航运枢纽	26. 支持浦东国际机场建设世界级航空枢纽，建设具有物流、分拣和监管集成功能的航空货站，打造区域性航空总部基地和航空快件国际枢纽中心。推进全面实施国际旅客及其行李通程联运 27. 建设国际航运补给服务体系，提升船舶和航空用品供应、维修、备件、燃料油等综合服务能力 28. 支持航运融资、航运保险、航运结算、航材租赁、船舶交易和航运仲裁等服务	提升物流和高端航运服务功能	产业导向

续表

战略目标	核心任务	主要举措	民营企业的机遇	契合点
建设具有国际市场竞争力的开放型产业体系	拓展跨境金融服务功能	29. 支持开展人民币跨境贸易融资和再融资业务 30. 鼓励跨国公司设立全球或区域资金管理中心 31. 加快发展飞机、船舶等融资租赁业务,鼓励发展环境污染责任保险等绿色金融业务	大力提升人民币跨境金融服务能力,拓展人民币跨境金融服务深度和广度	国际化
	促进产城融合发展	32. 进一步拓宽国际优质资本和经验进入教育、医疗、文化、体育、园区建设、城市管理等公共服务领域的渠道,加强新片区各类基础设施建设管理,提升高品质国际化的城市服务功能	民营资本进入新片区城市建设和社会服务领域	市场准入
	加强与长三角协同创新发展	33. 支持境内外投资者在新片区设立联合创新专项资金,就重大科研项目开展合作,允许相关资金在长三角地区自由使用 34. 支持境内投资者在境外发起的私募基金参与新片区创新型科技企业融资,凡符合条件的可在长三角地区投资	支持优势产业向长三角地区拓展。有利于企业进行生产布局、产品体系、产学研合作、销售等商业模式创新	模式创新

资料来源:《中国(上海)自由贸易试验区临港新片区总体方案》《关于进一步加快推进上海国际金融中心建设和金融支持长三角一体化发展的意见》《关于促进中国(上海)自由贸易试验区临港新片区高质量发展实施特殊支持政策的若干意见》。

5. 小结

"三大任务和一个平台"建设将为上海民营企业和青年企业家发展带来新机遇,民营青年企业家应发挥敢于创新的优势,强化科技创新、模式创新和国际竞争力,深度融入国家和上海市的发展大局,利用战略任务建设的平台,不断强化自身发展。归纳起来,"三大任务和一个平台"建设给民营企业和青年民营企业家创造了三大类机遇,分别是方向引导、要素扶持和政策保障。

(1) 方向引导。"三大任务和一个平台"建设为民营企业中的初创企业和成长型企业提供了创业和转型升级的机会和方向。一是确立新技术、新业态、新模式,以及数字化、网络化、智能化、柔性化和国际化的战略发展方向。二是"三大任务和一个平台"建设正在加快构建上海城市能级和国际竞争力,构建以现代服务业为主体、战略性新兴产业为引领、先进制造业为支撑的现代产业体系。三是确立产业发展具体导向。现代服务业聚焦科技金融、物流航运、跨境电商、数字贸易、教育科技、医疗服务等领域,先进制造业、高端制造业和战略性新兴产业聚焦新一代信息技术、智能制造装备、生物医药与高端医疗器械、高端能源装备、节能环保等领域。

(2) 要素扶持。支持民营企业在全国乃

至全球配置要素资源,融入全球产业链。在资金方面突出体现在"三大任务和一个平台"建设为民营企业提供了融资便利。其中科创板上市,解决了科创型企业直接融资和股权融资的困难,自贸区新片区为民营企业跨境融资提供了便利;在土地和空间利用上,长三角一体化打破行政区划障碍,为上海的民营企业提供了区域联动便利和更大的发展空间;在人才方面,"三大任务和一个平台"进一步改善人才流动环境,支持科创型企业的人才配套,创新人才流动、引进、创业等机制和相应政策,包括外籍人才引进的特色政策,助力民营企业国际化;结合"三大任务和一个平台"建设,上海科创中心改革试验为民营企业提供了重大基础科研设施开放,搭建产学研合作平台,构建知识产权保护以及科技成果转化机制,为民营企业提供全生命周期扶持,创造了良好的科技创新生态。

(3)政策保障。民营企业具有创新活力,但创新也意味着风险和不确定性。新业态和新模式需要相对宽容柔性的监管模式,上海在推进"三大任务和一个平台"建设过程中密集出台针对"四新"的新政策,其中自贸区新片区先行先试的优势为民营企业创新发展带来机遇。针对具体产业,自贸区新片区陆续出台了财税、市场准入、总部经济、产业生态、科技金融、保税区监管、跨境金融、知识产权管理、人才居留以及政务一网通服务等方面的政策和服务为民营企业创新提供了涉及营商环境、产业政策、监管改革等方面的产业政策保障。同时,"三大任务和一个平台"建设也为民营企业发展提供了交通、通信、能源电力等基础设施保障。

(四)耦合:民营青年企业家参与"三大任务和一个平台"建设的任务

将三类机遇和青年民营企业家三个生长点进行耦合,表20-5显示的是民营青年企业家参与"三大任务和一个平台"建设的动力耦合情况,其中的主要内容可以作为民营青年企业家参与"三大任务和一个平台"建设的任务清单,是推动民营青年企业家参与"三大任务和一个平台"建设的主要抓手。

表20-5 民营青年企业家参与"三大任务和一个平台"建设的动力耦合

耦合		青年民营企业家"茁壮成长"的三个生长点		
		创新驱动	规模突破	国际化
"三大任务和一个平台"的机遇	方向引导	更多关注新技术、新业态、新模式、新产品 现代服务业聚焦科技金融、物流航运、跨境电商、数字贸易、教育科技、医疗服务等领域 先进制造业、高端制造业和战略性新兴产业聚焦新一代信息技术、智能制造装备、生物医药与高端医疗器械、高端能源装备、节能环保等领域	强化特色产业集聚和产业生态培育 鼓励科技型中小企业对接科创板,实现在科创板上市直接融资,增强企业创新能力和市场竞争能力,有利于形成综合效益提升	引进国际上的新技术、新业态、新模式、新产品 国际市场本土化和本土市场国际化

续表

耦合		青年民营企业家"茁壮成长"的三个生长点		
		创新驱动	规模突破	国际化
"三大任务和一个平台"的机遇	要素扶持	科技创新中心推动民营企业创新资源和要素的集聚和配置 交通、通信和大科学实验室等基础设施建设为民营企业提供便利	通过科技金融助推民营企业规模扩大 为民营企业扩大规模解决人才引进问题 扶持新一代信息技术和人工智能的应用	发展跨境电商、跨境融资和跨境数据流动 有利于民营企业国际化过程中对外籍人才的引进
	政策保障	政策鼓励创新成果转化为产品或者服务,拥有科技创新成果的个人和团队创新创业 财税、市场准入以及产学研协同等方面的政策创新和先行先试 负面清单基础上容错性的监管创新	政策鼓励民营企业发展总部经济 产业布局、产业集群相关规划和产业生态政策	各种金融开放政策 放宽市场准入为民营企业国际合作提供政策保障 外籍人才流动和外籍人员商务活动便利

四、工商联推动参与的总体思路与路径

(一) 总体思路

作为统一战线组织和对内对外的民间商会,新时期工商联在推进青年民营企业家参与上海市重大战略任务建设的工作中,发挥工商联的政府与企业之间的桥梁作用,做好青年民营企业家的引导和服务工作。基本思路是根据青年民营企业家参与上海市重大战略任务建设的动力机制和耦合点,从组织、渠道、激励、共识和创新入手研究推进民营青年企业家参与的关键路径。一是有针对性,遵循青年民营企业家的群体特征,发挥青年群体的优势,克服短板;二是重点突出,根据任务清单选择重点产业、重点人才和重点业态,集中力量形成有显示度的突破和推进效果;

三是营造创业和创新协同发展的生态系统,从扶优扶点式的"雨露浇灌"到全生命周期的"流域修复"式的生态培育。

(二) 路径

1. 引导非正式组织进入"自己人"圈子

工商联可以利用的组织模式有正式组织和非正式组织。针对上海青年民营企业家群体存在非正式组织化现象。利用青年民营企业家的各种"非正式组织"如校友、同乡、爱好以及微信群等,引导各类非正式组织进入"自己人"圈子,以此路径宣传和引导,推动青年民营企业家参与上海市重大战略任务。

当然,正式组织起着重要的指导作用,不可忽视。工商联可以利用的正式组织为工商联各类各级商会组织以及以上海市工商联青年创业者联谊会为首的上海市各级工商联青创组织等。

2. 创新新媒体和活动等舆论宣传方式

信息产品极大丰富的新媒体环境下，一个信息产品要让青年爱看并自觉去传播，是做好青年企业家引导的一个难题和考验。对青年企业家的思想引导必须适应新媒体传播格局，通过加强创意策划、创新呈现方式，加强内容建设、整合传播载体，抓住青年"眼球"。同时，在新媒体传播格局下，做好优质内容，创新呈现形式，开拓渠道，丰富传播载体，强化阵地建设。

青年人的行为受群体规范影响很大，青年群体正处于人生观、价值观、世界观的可塑时期，对于事物的评判标准、思维方式或直接或间接地受到社会的影响。知识精英是影响民营青年企业家文化认同的主要因素。利用精英人士的标杆和示范作用，带动民营青年企业家积极参与国家和城市的重大战略任务，完成企业家应有的使命。利用新媒体、展览展会、培训、论坛峰会、沙龙等多样方式，鼓励具有正能量的KOL（意见领袖）和社会精英参与到引导工作中。为所有民营青年企业家提供一个高质量的社交平台。

3. 优化民营企业创新创业的生态系统

（1）促进民营企业搭建创新平台和创新机制，引导民营经济服务创新驱动发展战略。依托行业龙头民营企业布局设立一批国家技术创新中心、企业国家重点实验室等研发和创新平台，支持民营企业发展产业技术研究院、先进技术研究院、工业研究院等新型研发组织。建立产业技术创新战略联盟，完善产学研协同创新机制，培育民营企业产业技术创新示范联盟。落实支持民营企业创新发展的各项政策，深入推动普惠性创新政策落地实施，完善科技金融促进民营企业发展，推动民营企业开展国际科技合作。

（2）促进创业和创新协同发展。创新是创业的手段和基础，而创业是创新的载体。创新和创业协同发展体现在"上海三大任务和一个平台"建设上，就是空间协同、产学研协同、产业链协同。

（3）空间协同。长三角规划纲要提出的目标是：科创产业融合发展体系基本建立。区域协同创新体系基本形成，成为全国重要创新策源地。优势产业领域竞争力进一步增强，形成若干世界级产业集群。创新链与产业链深度融合，产业迈向中高端。在长三角一体化背景下，上海将增强城市服务辐射能级，增强科技创新的策源能力，共建协同创新的产业体系。完善科技公共服务平台，打造全球领先的科技创新高地，完善上海知识产权交易中心，联合三省一市制订与实施区域知识产权保护和交易战略。

（4）促进产学研合作。提高科技成果转化率，共享、共用科技创新资源，破除各种科技创新的区域壁垒，共同利用创新资源和成果培育发展新兴产业，促进产业转型升级。

4. 促进重点产业、人才和新模式发展

参与"上海三大任务和一个平台"建设的内容面广量大。需要突出重点，有序推进，根

据任务清单选择重点产业、重点人才和重点业态,集中力量形成点上的突破再以点带面,带动全局。根据青年民营企业家与"上海三大任务和一个平台"建设的耦合分析,选择电子商务、科技金融、科技教育、文化创意与游戏、人工智能的场景应用、健康医药、工业互联网以及新技术为重点推进的产业,在人才方面,重点落在 startup 创始人和独角兽企业的配套人才,新模式重点聚焦跨境电商和数字贸易。

五、推动参与的具体建议

(一)把进博会当作中小企业和国际联系的渠道

民营企业和中小企业是进博会展会招商的重点。从第二届进口博览会开始,展会的招商工作开始探索市场化转型,为上海的民营企业和中小企业主动参与进博会,并为民营企业和中小企业通过进博会平台了解国际行情、联系国际合作、引进国际资源等企业国际化提供了难得的契机。

为此,建议在新国际博览中心设立进博会中小企业分场,由民营经济组织承办。集中给中小企业提供供需见面交流交易的机会,更多更有针对性地接触了解来自海外的优质资源和产品,了解国际先进技术和管理经验,推动民营企业开展国际合作。进一步研究如何促进中心企业开展跨境电商业务。

(二)以科创板为核心建立科技创新生态系统

相比较杭州市以大企业为核心和深圳市以国家科学中心为核心的科技创新系统,上海建设以科创板为核心的科创生态系统。(1)建立全市统一公开的科创企业选拔培育机制,建好已经列入上海市重点任务的科创板蓄水池制度。但现状是科创中心和上交所创建蓄水池的联动协调仍不到位,借鉴选拔和认定民营企业总部的方法,建立公开透明统一协同的科创企业筛选培育机制。(2)以科创板为核心,带动上海科技金融发展。探讨建立科技银行和风险投资银行的可行性。(3)建立紧密的产学研机制。在上海科创中心建设中,国家实验室向民营企业开放,吸纳民营企业参与国家实验室建设。上海策划的大科学计划吸引民营企业参加。建立更适合民营企业参与的产学研联动性。

(三)以专业商会为纽带形成自贸新片区产业联盟

将自贸区建成上海青年民营企业家创新创业的特区。建议以专业商会为核心组织模式,形成自贸区的民营企业产业生态。(1)设立重点产业清单,围绕新一代信息技术、民用航空、新能源、集成电路、新能源与智能网联汽车等重点产业开展从研发、生产到销售的全过程。(2)在自贸区内建设专业商会。发挥专业商会招商、稳商、服务、信息沟通等作用。以专业商会为基础形成产业联盟,同时也将自发形成的各类产业联盟上升为专业商会,形成通过专业商会为纽带的围绕重点产业的产业生态。(3)平台建设。建设创业创新的产业园区平台载体,包括在自贸区内形成孵化成长产业相衔接的产业园区体系。建设配套的自贸区会展中心,使之成为项目交流、保税商品展示、人才流动服务管理等平台。(4)加快"五个自由"落地,研究鼓励民营企业充分利用海外资源、海外金融和海外人才,开展包括数字贸易在内的跨境贸易业务。

（四）建立长三角青年企业家创业创新联动机制

建议确定一批"长三角创新与创业联动示范项目"。目前长三角正在打造长三角一体化发展示范区,加强区域产业协同发展和产能协作,以改革创新推动长三角地区实现更高质量一体化发展。在此基础上,专门针对民营青年企业家,针对在长三角范围内研发、生产、销售、应用、交易、投资等会给产业链协同的企业或企业群进行扶持引导,形成一批可复制可推广的民营青年企业家参与长三角一体化国家战略的创新经验。还要通过示范区,加大对科技初创企业和创业者扶持力度。扶持中小企业科技创新活动是进行技术创新的重要组成部分,也是一个地区保持持续发展活力的根本所在。发挥区域创造力和竞争力,形成一个良好的创新创业氛围,引导小型科创企业补齐行业下游各环节的短板,让整个体系进入良性循环。

建立长三角专业商会联盟,优化长三角商会组织联盟,形成专业分会,重点突破标准建设、商事协调和产业联动。

（五）优化青年民营企业家的人才成长环境

目前国家层面有全国工商联联合人力资源社会保障部等实施的"关于实施三年百万青年见习计划",全国其他省市也纷纷出台年轻一代民营企业家的培育计划,如济南市青年民营企业家"卓越计划"、杭州市工商联"苗壮计划"、无锡市青年企业家"基业长青"计划。

建议各职能部门联合研究推出上海版的青年民营企业家"苗壮计划",进一步优化青年民营企业家的成长环境。协调适度增加杰青和千人计划中的青年民营企业家名额;研究设立民营青年企业家参与"三大任务和一个平台"建设的专项资金扶持;鼓励民营青年企业家参与"三大任务和一个平台"建设的产学研合作项目;有序参与并引导青年社交空间参与"三大任务和一个平台"建设,扶持若干青年企业家空间（包括咖啡沙龙、节事活动、创业园区青年创业空间、城市公共空间如图书馆和各类文化场所、商业社交空间如明天广场的机遇空间等）。在此基础上,重点研究如何培育青年民营企业家成长的生态系统,包括环境和氛围营造、产业链和业态多样性、人才组合配套、创业领袖培养等。

建议各职能部门联合制定商业人才保护机制,对确实有功绩的青年企业家设立相应的"容错补偿制度"。允许企业发展中的非主观意志的错误,加强对企业家人身和财产的保护。妥善处理民营企业以往活动中的不规范行为,按照罪刑法定、疑罪从无的原则处理,依法慎用查封、扣押、冻结等措施,最大限度减少对产权主体合法权益和正常经营活动的损害影响。

(六)加强宣传引导,营造参与的良好氛围

加大宣传引导力度,确保"三大任务和一个平台"重大战略的政策宣传工作深入人心,提高青年企业家知晓度。进一步加强宣传和舆论引导工作,形成浓厚氛围,引导广大民营青年企业家广泛参与。

(1)构建宣传引导机制,将青年舆论引导纳入常态化管理。引导机制包括组织领导、舆情监测、分析处理、响应方案、效果评估等环节。

(2)引导意见领袖(KOL)和网络大V运用各类新媒体,积极宣传民营青年企业家参与"三大任务和一个平台"建设的机遇。支持民营青年企业家举办有关"三大任务和一个平台"的重大节会赛事、展览、培训、交流会等活动。鼓励特色交流活动,如静安区的"四季咖啡"沙龙活动,支持打造特色产业载体,支持企业参与甚至主办大型展会,鼓励制作和宣传优秀的新媒体文化作品,支持引进和扶持青年文化领军人才和正能量KOL。

(3)探索举办"上海青年民营企业家参与三大任务和一个平台建设专题论坛",邀请权威专家解读上海"三大任务和一个平台"建设重大战略任务和相关政策,成功企业家分享创新经验。

(4)强化对青年企业家的教育引导,要坚持对青年企业家进行理想信念教育。能够让青年企业家增强"四个意识"、坚定"四个自信"、做到"两个维护"。

(供稿单位:上海市工商业联合会,主要完成人:汪剑明、陈琦、殷小跃、符全胜、袁娟、姜广旺、顾旻翀、徐建军、程靖舒)

专题二十一

创新宝山优秀民营企业发现培育机制，形成宝山区名品、名企、名家区域产业特色

宝山区一直是上海经济的重要组成部分，2019年以来，宝山区积极响应上海"四大品牌"建设和上海制造三年行动方案，努力培育打造宝山"名品、名企、名家"，以期形成区域产业特色。作为宝山区经济发展重要组成部分的民营企业，在区域特色产业发展中扮演着重要角色。如何创新宝山区优秀民营企业发现和培育机制，打造具有宝山特色的"名品、名企、名家"，是宝山经济发展中一个亟待解决的重要课题。

宝山区委区政府一向重视区内优秀民营企业的发现和培育，为此出台了许多政策，采取了多重举措。如宝山区的"创业资金/基金五重红利"等一系列创业扶持政策、宝山区"满意100"人才聚集工程、宝山区"调结构、促转型"支持产业发展专项资金（包含"9+1"政策）、宝山区关于进一步优化营商环境行动方案等，这些政策和举措深受企业的欢迎，在激励企业创新创业、追求卓越、可持续发展等方面发挥了重要作用，有力地促进了区域经济发展。然而，宝山区在优秀民营企业发现与培育相关机制的建立、政策的落实方面，仍然存在一些问题，如企业培育对象的发现和选择尚缺乏科学依据；出台的培育政策与企业发展需求的对应还不够精准；政策的实施未形成监督、评估和反馈闭环等。

鉴于此，区工商联联合相关政府部门和专业机构成立联合课题组，对"创新宝山优秀民营企业发现培育机制，形成宝山名品、名企、名家区域产业特色"进行专题研究，以期获得的课题成果能为政府相关部门制定相关的政策、措施提供参考。

一、宝山区优秀民营企业发现机制探索

（一）宝山区优秀民营企业的评价标准

基于宝山区经济社会发展目标、产业特色和产业升级需求，结合宝山区优秀民营企业的特点，我们综合企业家访谈、资料研究、实地调研、内部研讨等方法，得出评价宝山区优秀民营企业的三大标准：高质量发展性、可持续创新性和发展方向先进性。指标详见表21-1。

表21-1　宝山区优秀民营企业评价标准体系

一级指标	二级指标	具体评价标准	分值
高质量发展性	增长动力	从规模速度型粗放增长转向质量效率型集约增长	10
		从增量扩能为主转向调整存量、做优增量	
		从生产要素投入驱动转为创新驱动	
	发展方式	从主要依靠增加物质资源消耗实现粗放型高速增长转变为主要依靠技术进步、改善管理和提高劳动者素质实现集约型增长	10
		由高排放、高污染向循环经济和环境友好型经济转变	
	经济结构	由资源密集型、劳动密集型产业为主向技术密集型、知识密集型产业为主转变	10
		由低技术含量、低附加值产品为主向高技术含量、高附加值产品为主转变	
		由高成本、低效益向低成本、高效益的方向转变	
可持续创新性	前沿科技产业	在未来前沿领域填补国内空白,抢占产业发展先机	10
	战略性新兴产业	处于产业价值链高端环节的关键控制点企业	10
	传统优势产业	生产方式向数字化、网络化、智能化、柔性化转变	10
发展方向先进性	社会价值追求导向	环境责任:保护环境、节能减排、资源综合利用等	5
		诚信责任:企业自主诚信经营、树立商业信誉、维护社会经营秩序、公平竞争、反腐败反贿赂	5
		和谐责任:企业外部合作共赢的上下游伙伴关系和企业内部关爱员工、关爱弱势群体、体现抚恤慈善、共建企业与所在社区之间的和谐关系等	5
	产业发展导向	顺应产业发展趋势,明确产业布局	10
	消费者与员工的利益导向	顾客满意度(产品与服务质量)	8
		员工满意度(工作环境、劳资关系、福利水平、晋升机制等)	7

(二)宝山区优秀民营企业的发现机制

为更好地发现有潜质的优秀民营企业,宝山区需要打造纵横一体化的优秀民营企业全方位发现路径。横向上,构建区政府、社会组织、专业评估机构、工业园区、企业自身为合力的发现主体;纵向上,对区域内民营企业进行动态、持续性跟踪、监察、评估和反馈。横纵结合,完善区优秀民营企业发现机制。

1. 依托政府数据

依托政府职能部门,全方位利用区经信委、区商务委、区科委、区发改委、区税务局、区质监局等相关部门所掌握的民企数据,对区域内的民营企业进行摸排调查,构建并完善宝山区优秀民营企业清单。

2. 借力社会组织

充分联合区工商联、基层商会、行业协会、知联会各类社会组织等多方力量,共同参与发现优秀民营企业。

3. 引入专业机构

引入专业第三方机构如会计师事务所、律师事务所、咨询公司、资产评估机构等,对宝山区民营企业经营管理情况、发展状况、发展潜力等进行跟踪评价和全面评估。

4. 加强园区合作

利用园区是民营企业的重要集聚地的优势,管理单位对企业的经营情况、发展前景有较好认知的特点,通过园区统计分析企业数据、定期推荐出园区内的好企业,发现更多的优秀民营企业。

5. 鼓励企业自荐

鼓励众多民营企业不断挖掘自身优势,形成品牌特色,通过自荐形式向社会展示创新成果,弘扬行业风范。区政府相关部门可以拓展企业自荐途径,如在"三名"创建活动中,开设优秀民营自荐通道。

6. 持续动态监测

构建全方位、多元主体协同监测平台,保证选取优秀民营企业的科学性、客观性、动态性。第一,搭建协同监测平台;第二,借助技术动态监测;第三,依托机构专业评估;第四,发挥组织协同作用。

二、宝山区优秀民营企业培育机制探索

(一)优化营商环境

第一,营造公平市场环境。要强化企业家公平竞争权益保障。落实公平竞争审查制度,确立竞争政策基础性地位;第二,搭建政策扶持链。根据宝山区民营企业不同成长阶段的发展需要,建立并完善"创业团队→小微企业→优秀民营企业→'三名'培育企业→'三名'企业"政策扶持链;第三,建立高效的政务服务体系。

(二)完善金融服务

第一,增强服务有效性。根据企业个性化的服务需求,努力创新融资模式,拓宽融资渠道,为宝山的企业提供更多综合化、便利化、一站式金融服务。第二,提升服务能力和水平。强化金融服务实体功能,继续发挥金融服务财政专项资金扶持作用,继续强化投资类企业准入协调机制,并加强普惠金融服务体系建设。第三,加大资金支持力度。宝山区政府可以根据实际发展情况设立"三名"扶持专项资金。

(三)健全人才机制

第一,发挥企业主体作用。激发企业引才聚才动力,完善支持企业引进人才的政策措施,鼓励企业设立人才发展专项资金。第二,强化人才教育培养。充分发挥市、区高校教育培训资源作用,及时将企业高层次人才

纳入全区教育培训工作范畴。支持企业在职人员参加继续教育。大力促进校、企、研合作教育基地建设。

（四）强化技术服务

第一，创新科技体制机制。构建市场导向的科技成果转移转化机制，做好高新技术企业、小巨人企业等培育与挖潜，加强知识产权行政保护。第二，建设产业创新转换平台。支持制造业龙头企业建设研发中心、技术创新中心、研发与转化功能型平台等。加强企业研发载体建设，支持龙头企业建设中央研究院，鼓励企业内部研发机构开放协同，充分发挥国家级、市级企业技术中心的辐射带动作用。

（五）弘扬企业家精神

1. 激发企业家精神

强化顶层设计，为激发宝山区企业家精神创造良好环境和条件；加强对企业家的社会荣誉激励，在宝山区形成弘扬企业家精神的良好氛围，充分肯定和尊重企业家为社会所做出的卓越贡献，强化全社会尊重企业家的文化自觉。

2. 保护企业家精神

构建清、亲的新型政商关系，为民营企业发展创造出更公正、透明的生态环境，更好地保护企业家的"产权"和其他合法权益，在全区中营造依法保护企业家合法权益的法治环境。

同时，在施政实践中逐渐培养以"包容性改革"思维对待企业家的能力，完善对企业家的容错帮扶机制。对不涉及违规决策、没有不当利益输送，按照有关规定可以容错的，应予以宽容。

三、创新宝山区优秀民营企业发现培育机制的工作建议

研究宝山区优秀民营企业的发现和培育机制，目的是通过相关机制的作用，精准助力优秀民营企业做大做强，通过优秀民营企业对产业的集聚、带动和辐射作用，做大宝山区的"名品""名企""名家"集群，从而形成宝山区域的产业特色，实现宝山经济的更高质量、更可持续的发展。而机制重在有效落实、落细、落地，所以在确立发现优秀民营企业培育流程的同时，还应当明确发现培育机制有效实施的前提与保障。在建立企业信息库、初步筛选、择优重点培育、监督与评估、循环调整等基础上仍需不断加强优秀民营企业发现与培育的组织建设、制度建设和体系建设。

（一）加强优秀民营企业发现和培育的组织建设

1. 成立"三名"培育工程领导小组

区政府在落实发现培育机制过程中起着引领、把控全局的中心作用。因此，我们建议区政府成立"三名"培育工程领导小组，由主管经济的区领导任组长，区工商联、经信委、商务委、科委、发改委、税务局、质监局等职能部门分管企业的领导任组员，在区工商联设立办公室，负责领导小组的制度建设和协调

工作。领导小组将紧紧围绕着发现和培育优秀企业，打造具有宝山区特色的"三名"展开工作，负责制定优秀企业培育战略，设定"三名"创建目标，发现和挖掘宝山区的优秀民营企业，建立宝山优秀民营企业动态清单，并整合各方资源对这些优秀民营企业进行精准扶持，支持其做大做强，进而做强宝山区"名品、名企、名家"的集群，加速形成宝山区产业特色。

2. 发挥工商联的桥梁纽带作用

建议区委区政府重视发挥区工商联的作用，指导区工商联重点做好以下工作：一是主动向企业宣传党和政府的政策方针，落实区委区政府发现和培育优秀民营企业、打造宝山"三名"的重要举措，同时将企业的现实所需和发展所难向政府反映；二是当好民营企业发展参谋，特别是在国内经济正处于动能转换、转型升级期、中美贸易冲突升级、各国保护主义抬头、国际经济复苏缓慢的复杂经济环境下，积极整合各方专业力量，为民营企业高质量发展寻良方、出良策；三是为民营企业搭建好交流平台，工商联可以通过组织"宝山名品、名企、名家嘉年华""名品、名企、名家交流会"，办好"长江口论坛"等品牌活动，为企业搭建相互交流和经验分享的平台；协同区发改委办好"金融助力实体经济——宝山区上市路上的中信好伙伴促进投资洽谈会"；根据宝山区产业发展规划以及民营企业特色，支持相关基层商（协）会办好"宝山区金融服务实体经济洽谈会""宝山区非遗代表性产品与技术展销会"等活动，助力宝山区优秀民营企业的发展。

（二）加强优秀民营企业发现和培育的制度建设

1. 建立区"三名"联席会议制度

建议宝山区在已经建立的"宝山区招商服务中心联席会议制度""宝山区服务企业联席会议制度""宝山区标准化工作联席会议制度""宝山品牌推进工作联席会议制度"基础上，建立"三名"联席会议制度，针对"三名"创建活动中的区级政策、措施拟定和落实问题，就企业发展过程中可能遇到的用能、引人、土地、融资、环境容量等问题进行商议、协调。

第一，在"宝山区服务企业联席会议制度"的基础上，进一步深化、细化形成区"三名"工程建设联席会议制度。区"三名"工程建设联席会议的成员构成可以完全借鉴区服务企业联席会议，由副区长为召集人，区经信委、区发改委、区科委、区商务委、区财政局、区人才办、区国资委、区地税、区统计局、区教育局、区卫计委、区工商联等相关部门人员组成，重点是跨部门协调解决好发现、培育优秀民营企业和创建"三名"过程中所遇到的重点和难点问题。

第二，建立决议事项督查和追责制度。联席会议的决议监督事项可包括：(1)决议任务分解立项；(2)文件的印制下发；(3)立项任务督查催办；(4)决议落实调查反馈。对于无故不参与会议、决议事项不执行的，要视情节轻重追究当事人的直接责任或分管领导的责任。

第三，推进"三名"工程机制建设。联席会议办公室可设在区经信委，办公室可下设"名品培育、名企培育和名家培育"三个工作组，分别由相关区级部门牵头负责，建立有分有合、相互合作、协同推进的"三名"工程建设工作机制。

2. 领导干部联系企业制度

建议区政府进一步完善领导干部联系企业制度。在贯彻落实现有领导干部联系企业制度的基础上，要进一步健全领导干部联系企业的监督和奖惩制度。每年年初区政府班子成员共同商议制定领导干部联系重点培育优秀民营企业、创建"三名"事项的具体目标、明确每项目标任务的责任人，每季度不定期对领导干部联系企业的情况进行调查与监督，每年度末根据年初制定的目标和任务要求对区政府班子成员进行考核，并将考核结果作为年度绩效奖全额发放的重要依据之一。

领导干部联系企业的内容可以包括：(1) 区政府班子成员交叉分组联系重点民营企业，加强与区优秀民营企业的联系与沟通，倾听企业呼声、实行全程跟踪和服务；(2) 定期到企业调研、走访，帮助企业解决实际困难，协调企业与政府有关部门间以及与群众间的关系；(3) 监督企业依法办事，及时处理和消除各类经营管理和安全隐患，加强过程管理，提供全方位服务；(4) 整合资源着力培育优秀民营企业的产品、企业、企业家成为宝山区"名品""名企"和"名家"。

3. 重点企业一事一议制度

借鉴目前"一事一议"的成熟操作办法和思路，建议区政府进一步完善"重点企业一事一议制度"。在之前"一事一议"政策贯彻落实的基础上，扩大实施"一事一议"制度的企业范围，将区优秀民营企业清单纳入其中，将更多具有发展潜力的优秀民营企业、"三名"培育企业纳入"一事一议，一企一策"范畴。力争对列入重点发展的区优秀民营企业发展中遇到的问题实现"一事一议、靶向施策"，以便结合企业实际出台强针对性政策措施。

（三）加强优秀民营企业发现和培育的体系建设

1. 完善体系化配套支撑政策

政府政策对于宝山区民营企业健康发展具有至关重要的作用，无论是打响宝山区"四大品牌"、加快高质量发展，还是打造"两区一体化升级版"都需要政府政策的扶持和促进。目前，宝山区出台了一系列扶持政策和管理办法，为宝山区发现培育优秀民营企业提供了重要支持，在激励企业创新管理、追求卓越、实现可持续发展等方面发挥了重要作用。在现有相关政策和措施的基础上，我们建议区政府针对列入清单的优秀民营企业，进一步完善体系化配套支撑政策。

第一，在金融支持和服务方面。建议区政府根据优秀民营企业的实际情况出台更系统的《"优秀企业点对点服务"管理办法》，条件成熟时可设立宝山区"三名"创建专项引导资金,整合社会资本设立宝山"三名"发展基金。并在企业进行产品创新、规模扩张、收购兼并等发展关键阶段,给予更多的金融支持和服务,如加大"贷款贴息补贴"扶持力度、协调金融机构给予投资、借贷或担保支持、支持和指导企业到资本市场融资等。

第二,在支持优秀人才引进方面。建议区政府加大力度支持企业引进优秀人才,对符合条件的企业优秀人才,除了提供现有《宝山区新引进优秀人才安居资助办法》中提及的安家补贴和租房(人才公寓配租)补贴外,还会更好地解决随迁子女入学教育问题以及择优安排随迁家属工作问题;对于在宝山企事业单位和社会组织中作用发挥突出、工作业绩显著的高层次人才设置"上海户口申请便利窗口",为企业优秀人才创造更好的落户条件。

第三,在支持企业人才培养方面。建议区政府针对优秀民营企业和"三名"培育企业,制订和组织开展企业家培养方案,可建立"宝山区精英人才打造计划",塑造企业家精神,培育一批知名企业家,并建立"新一代"企业家培养机制,对于企业家学习、考察、出国参展等进行一定的经费支持。另外,支持企业培养多层次经营管理和技术人才,加强企业人才的学习培训和沟通交流,培育一批具有现代化管理知识和实践经验的企业经营管理人才队伍。对于积极组织企业人才参加培训学习、与高校合作办学的企业,政府可给予一定的资金支持和奖励。

第四,在做好企业人才服务方面。建议区政府设立高层次人才服务中心,整合全区各个职能部门的人才服务项目,为高层次人才提供人才认定、待遇落实等服务,通过网上办事大厅、服务中心服务窗口和人才专属服务团队,打造线上线下结合的服务平台。服务内容包括宝山樱花卡、海外高层次人才居住证、专业技术资格、国际职业资格、留学回国人员身份证明、异地入选国家"千人计划"人才管理关系转移备案等资格认定类项目;外国人来华工作许可、居留和出入境、人才落户、人事代理、子女入学、医疗保健、贡献奖励、人才乐居、住房公积金等待遇落实类项目;工商、税务、金融、海关等创业服务类项目;各类人才计划、科技项目申报等咨询服务类项目。

第五,在授予企业相关荣誉方面。建议区政府设立"宝山区优秀民营企业""宝山区名品、名企、名家"奖项,并提升上海市"五一劳动奖、工人先锋号",宝山区"年度突出贡献奖",宝山区"区长质量奖"等获奖名额中优秀民营企业的比重,优先推荐富有企业家精神的优秀民营企业家成为政协委员、人大代表,以激励优秀民营企业和优秀企业家为宝山经济发展做出更为卓越的贡献。

第六,在支持企业创新创业方面。建议区政府出台更有鼓励性的政策,弘扬企业家精神,支持宝山区的优秀民营企业申报各类知识产权、申请国家创新专项资金项目、高新技术企业和小巨人企业等,对于获得重大科技成果的企业,授予荣誉、给予奖励。支持企业对产业项目的引入和培育,支持企业建设研发中心、技术创新中心、研发与转化功能型平台,利用区级的产业引导资金、"三名"培育专项资金等,给予一定的资金支持。另外,发挥宝山区区位优势,除了积极组织企业与宝山区内重要高校和科研院所建立产学研合作平台外,还可以由政府出面,与宝山区外的复旦大学、上海财经大学、同济大学等著名高校加强区、校战略合作,利用著名高校的学科优势和技术优势助力宝山区优秀民营企业的技术研发、产品创新。

第七,在支持企业做大做强方面。在优秀民营企业和"三名"培育企业扩大产能、扩建场地、关键项目攻关、促进区域产业集群发展、并购重组上下游企业、谋求上市上板等做大做强企业的行动中,建议区政府针对该类企业给予更大的支持,切实解决企业用能、用地、用人、融资、项目审批等问题。如对企业的建设项目给予重点关注,在合法合规的前提下,提供便捷的"绿色"通道;对企业发展中遇到的难题召开联席会议,实施"一事一议",并对决议安排专人协调和督办;对企业并购重组、上市上板提供政策咨询、金融指导与支持等。

2. 建立体系化发现培育流程

"三名"培育工程应建立体系化的优秀民营企业发现培育流程,具体如图21-1。

第一,建立企业动态监测信息库。通过政府部门、社会组织、专业机构、工业园区和企业自荐等渠道,结合动态监测平台数据,形成宝山区优秀民营企业名录,建立宝山区优秀民营企业动态监测信息库。

第二,初步筛选。由"三名"培育工程领导小组按照优秀民营企业的评价标准进行实时动态筛选。对于不符合标准的企业,重新进入信息库并动态监测。

第三,择优重点培育。对于符合标准的企业,按照培育优秀民营企业,打造"三名"的原则和政策规章等,制定符合企业实际情况的强针对性培育策略和措施,并在政策优惠、金融服务以及引人育人机制上给予最大限度的支持。

第四,动态监测与评估。被重点扶持和培育的民营企业需根据自身当前实际发展情况和未来发展战略制定翔实的发展目标责任书。"三名"工程建设工作组连同区经信委、区商务委等相关部门要结合其目标责任书进行动态持续性监测与考核。

第五,动态循环调整。对于考核不合格的被培育企业,将重新退出企业信息库;对于考核合格的被培育企业,可以结合企业发展实际和未来发展潜力重新调整发展目标及相应的培育策略和政策扶持措施,不断循环,直至培育成宝山区"三名"。

3. 完善体系化动态反馈机制

为深入推进"三名"培育工作,培育一批行业的标杆和龙头企业,确保培育成效,需建立以考核评价为基础、以目标责任为导向的扶优劣汰动态反馈机制。可由区"三名"办组织区级有关职能部门组成若干个考核组,到

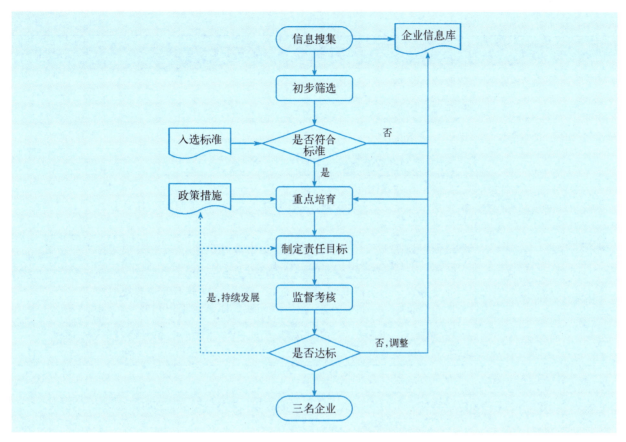

图 21-1 宝山区优秀民营企业发现培育流程

培育试点企业进行现场考核。对照试点企业目标责任书、实施方案及相关工作安排,评估试点企业的培育工作,实地核查工作目标完成情况。根据各组考核情况,召开成员单位会议进行综合评定,初步审定结果在相关网站上公示,之后由区"三名"办发文公布试点企业年度综合评定结果。优秀民营企业培育试点企业年度考核评价指标体系见表 21-2。

表 21-2 优秀民营企业培育试点企业年度考核评价指标体系

一级指标	二级指标及考核评价标准	分 值
1. 年度培育试点任务推进情况(40分)	1) 管理创新 2) 技术创新 3) 商业模式创新 4) 制造方式创新	0～20
	1) 行业领军企业 2) 隐形冠军企业 3) 独角兽企业	0～10
	企业综合创新水平提升情况	0～10
	企业综合创新水平提升情况	0～10

续表

一级指标	二级指标及考核评价标准	分值
2. 企业发展效益水平（25分）	营业收入增长	0~5
	利润总额增长	0~5
	税收总额增长	0~5
	商标、专利等获得情况	0~10
3. 保障措施（25分）	"三名"培育试点组织运行机制（5分）。企业成立专门的工作机构，组织架构完备，人员配置到位，职责分工明确，每年制定工作计划和开展检查总结	0~5
	资金使用规范要求（7分）。企业收到财政补助资金是否按规定使用，符合财政资金使用相关规范要求	0~7
	企业自筹资金落实情况（8分）。企业自筹投入资金不低于各级财政补助资金总额，及时到位，规范使用，切实保障试点工作开展	0~8
	数据信息报送（5分）。及时报送月度、年度统计数据和相关信息，认真梳理总结经验典型	0~5
4. 日常培育工作（10分）	企业培育试点日常工作推进情况（10分）	0~10
5. 加分项（10分）	除试点任务中明确以外，获得省部级以上政府部门颁发的荣誉，每项加0.5分，不超过3分	0~2
	获得省部级领导批示，每条加1分；获得国家级领导批示，每条加1.5分；在行政部门召开的全省性、全国性会议上介绍经验，每次加1分。不超过3分	0~3
	在省级主流媒体上报道，每条加0.5分；在国家级主流媒体上报道，每条加1分。不超过4分	0~3
	企业家获得市级荣誉称号，加1分；获得省级以上荣誉称号，加2分	0~2

注：考核分值及等次。考核总分值设定为110分，其中基本分100分，加分项10分。考核等次分为优秀、良好、合格、不合格四等。其中得分90分及以上为优秀、90~75分（不含90分）为良好、75~60分（不含75分）为合格、60分以下为不合格。

（供稿单位：宝山区工商业联合会，主要完成人：张明祥、陆健）

专题二十二

非公企业人才量稳质增 行业结构优化
——2018年上海非公有制企业人才发展报告

为深入了解上海非公有制企业人才状况,上海市委组织部、市人力资源和社会保障局、国家统计局上海调查总队联合开展非公有制企业(以下简称非公企业)人才状况抽样调查。调查结果显示,上海非公企业人才总量趋于平稳,结构有所优化,综合质量不断提升,在行业和空间布局上呈现出明显的特点,在人才评价机制、国际化水平、稳定发展等方面仍存问题,值得关注。

一、总体发展平稳,质量有所提升

2018年末,上海非公有制经济增加值16 782.90亿元,增长6.5%,占上海市生产总值的比重为51.4%,非公经济在上海经济社会发展中承担着非常重要的角色。伴随着非公经济的稳健发展,非公企业人才队伍量稳质增,结构优化。

(一) 人才总量稳中略升

上海非公企业人才队伍在经历了前期的快速发展后,逐步趋于平稳,近5年人才总量均在350万人上下波动。2018年上海非公企业人才总量为350.4万人,比2017年略增0.2万人,呈现平稳发展的态势(见图22-1)。其中,女性人才140.7万人,占非公企业人才总量的40.1%;少数民族人才6.6万人,占1.9%。

(二) 人才学历优化提升

调查显示,2018年上海非公企业人才平均受教育年限①为14.48年,与2017年持平。从学历结构看,大专及以上学历255.5万人,占人才总量的72.9%,较2017年提高1个百分点;高中(中专)及以下学历94.9万人,占27.1%(见图22-2)。数据表明,上海非公企业人才学历结构延续了近两年持续优化的趋势,高学历人才占比逐年上升。

(三) 人才队伍趋于年轻化

2018年上海非公人才队伍中,35岁及以下人才数量占据主导地位,共158.9万人,占人才总量的45.4%;36~40岁70.2万人,占20.0%;41~45岁44.4万人,占12.7%;46~50岁31.3万人,占8.9%;51~54岁15.9万人,占4.5%;55岁及以上29.8万人,占

---

① 人才平均受教育年限=(初中及以下人才数×8+中专及高中人才数×12+大学专科人才数×15+大学本科人才数×16+研究生及以上人才数×18)/人才总数

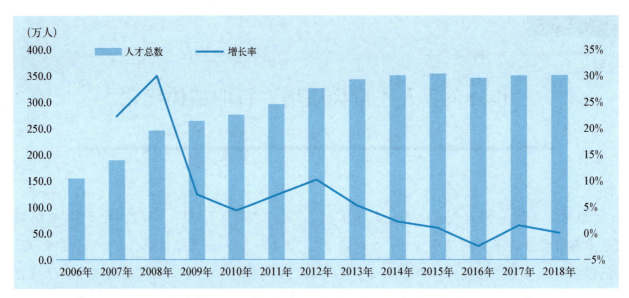

图 22-1　2006—2018 年上海非公企业人才总量及增速

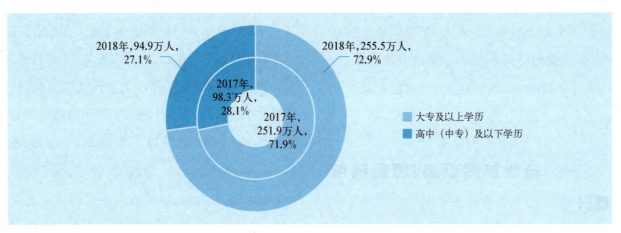

图 22-2　2017—2018 年上海非公企业人才学历分布图

8.5%（见图 22-3）。数据表明，上海非公企业人才队伍年龄结构在保持青年人为主的格局基础上，进一步趋于年轻化。

（四）高技能人才增长明显

从人才类型看，2018 年上海非公人才队伍中，经营管理人才最多，共 189.1 万人，比 2017 年增加 0.5 万人，增长 0.3%；其次是专业技术人才，为 165.7 万人，减少 17.1 万人，下降 9.4%；高技能人才最少，为 36.9 万人，比 2017 年增加 9.7 万人，增长 35.7%，增幅最大。值得关注的是，兼具管理才能和专业技能的复合型人才共 41.3 万人，较 2017 年减少 7.1 万人，下降幅度达 14.7%。

二、行业配置结构优化，区域分布显特点

近年来，上海不断深化改革推动上海产

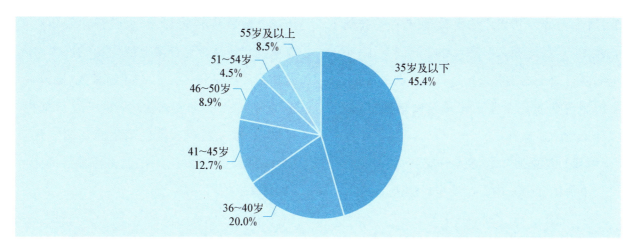

图 22-3　2018 年上海非公企业人才年龄分布图

业高质量发展,在制造业转型升级、服务业创新发展、科技创新产业升级等一系列产业布局调整的推动下,非公企业人才在行业和区域布局中呈现出明显特点。

(一)新兴技术行业领涨人才数量

随着上海进军具有全球影响力的科技创新中心的步伐不断加快,上海科技和产业发展水平不断提高,新动能推动新兴技术行业发展,进而提升人才凝聚力。调查显示,2018年上海各行业非公企业中,信息传输、软件和信息技术服务业及科学研究和技术服务业人才数量分别增加4.3万人和3.3万人,居前两位。同时,科学研究和技术服务业非公企业人才占从业人员比重为64.9%,居各行业之首,高出全市各行业非公企业平均水平22.8个百分点;其次依次为信息传输、软件和信息技术服务业及教育业,占比分别为64.7%和61.9%。

(二)服务业人才稳步增长

"十三五"期间,上海着力深化服务业供给侧结构性改革,坚持提升传统服务业和培育新兴服务业并举,提升"上海服务"品牌影响力,吸引集聚了大量人才。2018年,上海非公企业人才队伍中,服务业人才共235.4万人,比2017年增加10.1万人,增长4.5%,呈现稳步增长态势。其中,文化、体育和娱乐业共3.2万人,比2017年增长38.2%,在第三产业中增幅最大;其次为教育业,增长22.4%。数据表明,在一些传统意义上公有制单位集聚的行业领域,民营经济开始蓬勃发展。

(三)制造业人才减量提质

近年来,上海持续淘汰落后产能,制造业发展处于新旧动能转换,新老产业接续的关键时期,先进制造业正逐步取代传统制造业的地位,致使整个行业的人才结构也随之变化。调查显示,2018年上海非公企业人才队伍中,制造业仍为人才总量最多的行业,共93.5万人,占上海非公人才总量的26.7%,比2017年减少9.4万人,降幅达到9.2%。制造业非公企业人才中,大学本科及以上学历的有38.8万人,占41.5%,占比较2017年提高

3.1个百分点。从人才结构看,制造业高技能人才13.4万人,比2017年增长56.5%,高于上海各行业平均增幅20.7个百分点。可见,上海制造业非公企业人才总量回落明显,但整体质量明显提升。

(四)金融业人才"多点开花"

上海国际金融中心建设步伐加快,金融市场开放程度持续加深,金融行业聚集程度有所变化。从上海金融业区位熵①看,2018年黄浦区和浦东新区大于2,遥遥领先,同时,徐汇区、虹口区和静安区次之,在1~2区间内。可见,上海金融业从高度聚集浦江两岸逐步向外辐射,呈现出多点开花、多区发展的态势(见图22-4)。

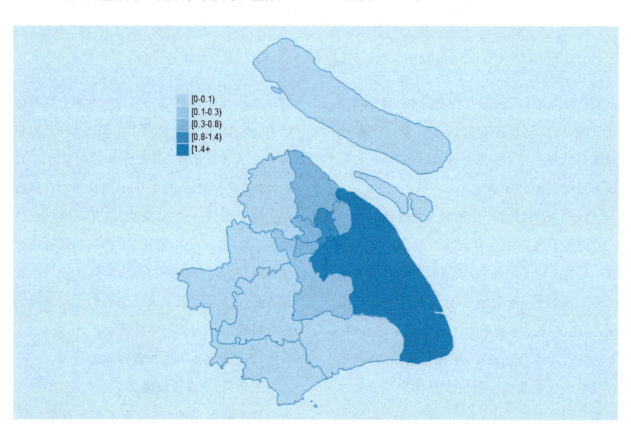

图22-4　2018年上海非公金融业人才区位熵

(五)浦东新区人才总量领先

2018年,浦东新区非公企业人才总量居各区之首,为87.0万人,占上海非公人才总数的近四分之一(24.8%),嘉定区和闵行区非公人才数量分别位列第二、第三,为30.1万人和29.9万人。与2017年相比,人才总量出现下降的有杨浦区、嘉定区、浦东新区、青浦区、奉贤区和崇明区等6个区;其余10个区人才总量均有不同程度的增长,人才总量的变化,与各区产业发展情况息息相关。

---

① 区位熵指的是某区域某一指标占比与全市这一指标占比之间的比值,较高的区位熵表示该区域这一指标具有一定优势。如某区金融业人才区位熵=某区金融业非公人才数占该区非公人才总量比重/全市金融业非公人才数占全市非公人才总量比重。

（六）中心城区质量齐增

调查显示，2018年上海中心城区人才总量114.5万人，比2017年增加1.8万人，增长1.6%。从学历结构看，大专及以上学历人才占人才总量的79.3%，比例较2017年高0.9个百分点，比郊区高9.5个百分点。分区看，大专及以上学历占比居前三位的区，分别为静安区、黄浦区和长宁区，均为中心城区。可见，中心城区经济发展水平相对较高，在资源聚集方面具有优势，对人才的吸引力更强。

三、上海非公企业人才发展面临瓶颈

（一）人才评价机制落后，新兴产业难兼容

一直以来，非公企业对于人才的培养和评价都偏向实用主义，重经验、重能力，对于证书和学历并不十分看重，随着产业转型升级，新兴产业快速发展，企业对于人才的培养和评价机制也不断更新，与传统的人才评价机制不再兼容，在一定程度上不利于人才的长期发展。调研显示，12.7%的非公企业不依据传统学历及相关证书情况评价人才，尤其是近两年涌现的一些新兴产业企业。在调研过程中了解到，大型新兴互联网行业企业根据企业自身发展特点及需求，内部建立独有的人才筛选评价机制，已基本脱离传统的依靠学历、证书等识别人才的标准体系，且缺少与外部企业兼容统一，不利于人才队伍整体的培养发展。

（二）人员流动率高，人才队伍难稳定

调查显示，2018年，有59.2%的企业有人员离职流动。员工平均跨界流动率49.8%，比2017年上升10个百分点。上海非公企业员工流动率较高，流动范围大，一方面由于非公经济转型发展，产业结构变化较大，造成人才流动频繁；另一方面由于非公企业人才观念不强，激励措施不足，注重使用人才但不注重发展人才的情况较为常见，造成人才归属感不强，流动意愿提高。长期来看，人员流动率的居高不下，造成了人才队伍结构的波动频繁，在一定程度上不利于非公企业人才队伍的长期发展。

（三）开放程度仍显不足，国际化人才高地难打造

调查显示，2018年上海非公企业使用境外劳动力7.3万人，占非公企业从业人员总数的0.9%，比2017年减少2.7万人，下降27.0%；非公企业人才中，有境外留学经历的11.0万人，比2017年减少2.7万人，下降19.7%。可见，上海非公企业对于国际化人才的吸引力仍显不足，打造国际化人才高地任重道远。

四、关于发展非公企业人才的几点建议

（一）创新人才评价机制

要把改革完善人才评价机制作为深化人

才发展体制机制改革的重要任务，全面深入了解非公经济发展对人才的需求，新兴行业对人才的评价依据，有针对性地创新人才评价机制，在健全制度体系、完善评价标准、改进管理服务等方面，做出大胆尝试，尽可能地建立一套统一完善的人才评价体系，以促进人才队伍整体布局发展。

（二）完善人才发展政策

以"聚天下英才而用之"为核心，进一步完善人才发展政策。把制度创新放在首位，以市场为导向，切实推进用人制度的市场化改革，在落实已有人才政策基础上，针对非公企业发展情况，出台更为行之有效的人才发展政策，以最大力度推动非公领域人才队伍发展，使人才引得来、留得住、用得好。

（三）提升人才开放程度

聚焦具有全球影响力的科技创新中心建设，以服务"一带一路"和长江经济带发展等国家战略为契机，进一步加大上海人才开放程度，对标国际化水平，全面创新人才市场开放及海外人才引进政策，努力形成具有国际竞争力的人才发展环境，全力打造国际化人才高地。

（供稿单位：上海市统计局，主要完成人：牛国庆，核稿人：傅鳌琦）

图书在版编目(CIP)数据

2019 上海民营经济/上海市工商业联合会等编. —上海:复旦大学出版社,2021.5
ISBN 978-7-309-15496-2

Ⅰ.①2… Ⅱ.①上… Ⅲ.①民营经济-经济发展-研究报告-上海-2019 Ⅳ.①F127.51

中国版本图书馆 CIP 数据核字(2021)第 023367 号

2019 上海民营经济
2019 SHANGHAI MINYING JINGJI
上海市工商业联合会 等 编
责任编辑/谢同君

复旦大学出版社有限公司出版发行
上海市国权路 579 号 邮编:200433
网址:fupnet@ fudanpress.com http://www.fudanpress.com
门市零售:86-21-65102580 团体订购:86-21-65104505
出版部电话:86-21-65642845
上海丽佳制版印刷有限公司

开本 890×1240 1/16 印张 17.25 字数 314 千
2021 年 5 月第 1 版第 1 次印刷

ISBN 978-7-309-15496-2/F·2781
定价:88.00 元

如有印装质量问题,请向复旦大学出版社有限公司出版部调换。
版权所有　　侵权必究